大学教师学术活力研究
个体、制度与历史

Faculty Vitality over the Academic Life Cycle
Individual, Institution and History

岳英 著

上海社会科学院出版社
SHANGHAI ACADEMY OF SOCIAL SCIENCES PRESS

图书在版编目(CIP)数据

大学教师学术活力研究:个体、制度与历史/岳英著.—上海:上海社会科学院出版社,2019
 ISBN 978-7-5520-2910-9

Ⅰ.①大… Ⅱ.①岳… Ⅲ.①高等学校-教师-科学研究工作-研究-中国 Ⅳ.①G644

中国版本图书馆 CIP 数据核字(2019)第 177203 号

大学教师学术活力研究:个体、制度与历史

著　　者:岳　英
责任编辑:曹艾达
封面设计:孙乙冉
出版发行:上海社会科学院出版社
　　　　　上海顺昌路 622 号　邮编 200025
　　　　　电话总机 021-63315947　销售热线 021-53063735
　　　　　http://www.sassp.org.cn　E-mail:sassp@sassp.cn
照　　排:南京理工出版信息技术有限公司
印　　刷:上海市崇明县裕安印刷厂
开　　本:890×1240 毫米　1/32 开
印　　张:9.5
插　　页:1
字　　数:220 千字
版　　次:2019 年 11 月第 1 版　2019 年 11 月第 1 次印刷

ISBN 978-7-5520-2910-9/G·865　　　　定价:58.00 元

版权所有　翻印必究

前　言

学术活力是大学教师工作状态体现的核心特征,也是高校核心竞争力的内在保障,同时它还关系到国家教育事业发展的长远利益。对大学教师个体而言,职业进程中的晋升、资助、奖励、认可等无不与之紧密相关,学术职业生涯的核心议题就是如何保持持续旺盛的学术活力;对高校而言,如何激发教师学术活力也是落实人才培养、科学研究和社会服务职能的关键,事关学校的核心竞争力和声誉,因此加强师资队伍建设,提高教师队伍素质,优化教师资源配置,一直是高校人力资源管理的重中之重。目前我国进入创新驱动发展的重要历史阶段,如何围绕国家经济和社会发展开展科学研究,培养高水平的创新与创业人才,也有赖于一支充满活力的高素质专业化教师队伍。纵观近年国家、地方政府以及各大高校发展规划纲要的内容,不难发现它们都将激发教师学术活力当作今后一段时间工作的重点内容和远景目标。因此,究竟如何认识、理解并采取有效措施激发教师学术活力,成为当下亟待解决的现实问题。

本书借助于生命历程这样一个多学科的理论视角,将学术人的成长过程视为个体生命、组织结构和历史环境共同型构的过程,采用量化研究和质性分析相结合的混合研究方法,考察了在此过程中大学教师学术活力的表现特征、变化趋势和影响机制问题。具体议题包括大学

大学教师学术活力研究：个体、制度与历史

教师学术活力的变化态势及其特征为何，个体层面哪些因素影响了教师工作的感受和学术活力的发挥，高校内部的组织制度环境在何时、何种程度上激励或制约了教师的学术活力，以及外部社会环境与不同入职同期群教师之间的互动对学术活力的影响等。本书的基本内容与观点如下：

首先，基于对我国研究生院高校教师大规模的实证调查数据分析发现，随着年龄的展开，大学教师的学术活力总体上呈现一种增长的形态，但这种增长并不是简单的线性递增，而是一种震荡式上升，其间会出现多个活力的波峰。年龄并不是影响学术活力的最重要因素，甚至不是显著的影响因素，两者之间并不存在简单的线性关系。学术活力的变化表现出波动性、累积性和分化性的特征，而在控制其他变量的情况下，个体身份特征、组织制度都是显著的影响因子，从而折射出学术人成长背后有复杂的个体性、结构性和历史性因素。

其次，从个体层面来说，学术人的职业成长过程也是个体生命历练和感悟的过程。质性资料分析研究发现，大学教师对学术工作的认知、兴趣、动力、目标、感受在不同职业阶段存在差异，而正是这些因素的不断角力和有限差异的持续累积导致教师学术活力呈现起伏不定的状态以及职业生涯的成就分化。

从组织的角度来看，以职称晋升制度为典型代表的组织制度对教师学术活力不是单纯的激励或抑制作用，而是存在着双向作用。具体表现在教师科研产出上升或下降的时间点同晋升制度的年限规定之间存在一定的耦合性：一方面，在晋升副教授之前，随着时间逼近晋升时限，教师科研产出呈增长趋势，这说明职称晋升制度对教师具有正向激励作用；但另一方面，晋升之后的一段时期内，教师产出又会出现下降，

前 言

而且这种抑制作用会在教师错过下一个"正常"晋升时间点后,随着时间的拉长而愈加明显。

通过比较1980年代、1990年代和2000年代三个不同入职同期群的职业路径,本研究发现宏大的历史变迁和社会发展进程影响了他们的早期教育经历、职业选择、研究训练、科研资源和条件等,从而导致不同出生群高校教师迥异的学术活力特征和成长轨迹,这进一步说明大学教师的学术职业发展还具有历史情境性。

最后,基于以上研究发现,本书提出由于大学教师在不同的职业阶段学术活力的内涵和呈现方式的差异性,当下教师的分类管理应该注意到他们在不同阶段的发展特征和诉求,针对他们的兴趣、能力等特点制定多层次多类型的教师发展计划,建立良性的学术激励和引导机制,提供具有个性化的支持。同时,本书还指出涉及学术人成长过程中的晋升、考核、退休、资助等相关政策时,应采用更加柔性的年龄规定,以保障教师自由探索的时间和空间。

目 录

前言 / 001

第一章 绪论 / 001
  第一节 研究背景及问题提出 / 002
  第二节 文献述评 / 007
  第三节 理论基础与分析框架 / 029
  第四节 核心概念的界定 / 038
  第五节 研究方法 / 044
  第六节 研究意义 / 050

第二章 大学教师学术活力表现的生命周期特征 / 052
  第一节 "科学是年轻人的游戏"？ / 053
  第二节 学术生命周期的数理模型 / 059
  第三节 我国大学教师的学术生命周期模式 / 072
  第四节 本章小结 / 092

第三章 学术人职业历程的感受与体悟 / 095
  第一节 从博士生到"超级博士生"的转变 / 098

第二节 谋定"生存"之后的转折 / 121
第三节 晚期守成与进取的迷茫 / 148
第四节 本章小结 / 154

第四章 职业展开过程中的学术阶梯 / 157
第一节 职称制度：嵌入组织内部的学术等级体系 / 159
第二节 作为一个事件的职称晋升 / 170
第三节 晋升事件前后学术活力的变化情况 / 192
第四节 个体与制度的互动：几个教师个案的分析 / 199
第五节 本章小结 / 206

第五章 世代效应：学术人成长历史环境的差异性 / 208
第一节 历史变迁、社会环境与教师的学术活力 / 209
第二节 时空嬗变与三代学术人的成长 / 213
第三节 本章小结 / 240

第六章 研究结论与讨论 / 243
第一节 学术活力的生命周期样态 / 244
第二节 对学术人成长过程的省思 / 247
第三节 研究的创新点及不足之处 / 253

附录一 2014年全国研究生院教师调查问卷（简版） / 257
附录二 访谈提纲 / 261
参考文献 / 263

第一章　绪　论

　　这是最好的时候,也是最坏的时候;这是智慧的年代,也是无知的年代;这是信仰的日子,也是怀疑的日子;这是光明的季节,也是黑暗的季节;这是希望之春,也是失望之冬;我们应有尽有,我们一无所有;人们直登乐土,却也直下苦境。[①]

——狄更斯

　　本书的核心议题是围绕大学教师学术活力在整个职业发展过程中的变化特征来展开的。之所以关注这个议题,一方面是由于笔者身居校园,在与同事日常交往过程中,无时无刻不体会到大学教师职业生存状态的堪忧;另一方面也是因为当前国家、地方政府以及各大高校不断强调加强教师队伍建设,激活教师学术活力的重要性。这种自下而上的需求和自上而下的要求之间似乎存在一种张力,甚至可以说存在某种程度上的错位。或许借用狄更斯的话来描述当下大学教师所处的境况颇为恰当:这是最好的时代,因为如今大学教师的社会地位得到了提升,科研经费增长迅速,科研条件得到了极大改善,越来越多的学者们能够相对自主地开展学术研究;同时这也是最坏的时代,越来越强化的

---

① 狄更斯.双城记[M].罗稷南,译.上海:上海译文出版社,1983:3.

政府问责,外部市场化的迫切要求,大学内部数目字式的学术评价与绩效考核,学生多样化的需求都给大学教师带来了前所未有的压力和挑战。笔者在对大学教师的访谈过程中,也始终能够感受到这个群体普遍的集体焦虑、紧张不安和彷徨。

第一节 研究背景及问题提出

一、学术职业发展的现实困境

恩德斯(J.Enders)认为当前全球范围内,学术职业都面临着前所未有的困境。[1]

首先,在知识经济时代,学术职业的功能日益凸显,但是学术职业的声望和地位却在下滑,同时还面临着财政紧缩、外部问责等重重压力。其次,学术工作变得异常繁杂。贝斯(J.Bess)发现,大学教师的日常工作事项涉及研究生教育、本科生教育、科研与专业活动、共同体服务和行政工作五个方面,粗略计算竟达 320 余项。[2]理想状态下,大学应该创造良好的环境激发教师的学术活力,让每一个个体发挥出最大的潜能,但现实中各种评价的指挥棒都是围绕着科研而展开的,因此科研与教学及其他事务之间又存在着一种内在张力。不管处于哪个职业阶段的教师,都不得不"为科研狂"。并且,由此衍生的以量化为主导的

---

[1] Enders J, Teichler U. A Victim of Their Own Success? Employment and Working Conditions of Academic Staff in Comparative Perspective[J]. Higher Education, 1997, 34(3):347—372.

[2] Bess J L. Organizational Implications of Faculty Role/Activity Preferences[A]. Paper Presented at the Annual Meeting of the American Educational Research Association, 1976.

评价更是带来一系列弊病。再次,教学时间相对固定,大量的行政以及琐碎事务又挤压了教师进行科研创作的时间,结果导致教师不得不牺牲个人的休息时间。一项对我国高校教师工作时间的调查发现,原"985工程"高校教师平均每周工作时间已超过50个小时,其中正教授的周工作时间达到56.5小时。[1]在各种压力之下,高校教师的学术工作越来越带有快节奏,甚至错乱与失序的特征。

此外,在高强度、收入相对有限和职业发展越来越具有不确定性的背景下,从事学术职业不啻为一场赌博。[2]近年来,我国不少高校正逐渐通过人事制度改革打破了传统上教师的"铁饭碗"制度,不仅年轻教师入职后就面临着两个聘期内"不晋升就走人"(up or out)的巨大压力,而且因为职称晋升的标准越来越严苛以及考核要求的从严,让其他不少教师也忧心如焚。随着我国越来越多的高校实行"非升即走"制度,已有多起青年教师由于未能在规定期限内升至副教授而遭到学校解聘的报道见于报端。

最后,学术职业的功能分化。为了应对高等教育多样化的需求,学者的角色和功能也出现了分化。不少高校开始探索教师的分类管理,比如浙江大学实行教学科研并重岗、研究为主岗、教学为主岗、社会服务与技术推广岗、团队科研/教学岗五种聘任形式。[3]聘任方式改变的不仅仅是合同期限和永久性质,它赋予学术工作以新的内涵。一方面,大学教师一直以来令人艳羡的职业稳定及其所拥有的学术自由特权遭

---

[1] 沈红,谷志远,刘茜.大学教师工作时间影响因素的实证研究[J].高等教育研究,2011(9):55—63.
[2] 陈先哲,刘晶.学术生涯:赌博还是游戏?[J].复旦教育论坛,2013(4):38—42.
[3] 浙江大学教师岗位分类管理实施意见(试行)[EB/OL].[2015-09-24]. http://www.zju.edu.cn/c1838/content_1448272.html.

到了极大的冲击。急速扩张带来的一个后果是高等教育所消耗的资源也越来越多，政府和私人投资者要求高等教育履行更大的责任。由此，一种问责文化出现，并开始影响学术职业。[1]另一方面，大学教师的教学、科研和社会服务三位一体的职能正慢慢趋向瓦解。这对学术职业的核心理念提出了巨大的挑战，今后将很难再用"学术职业"这个术语涵盖整个教师群体。笔者在访谈之初，经常向受访教师提的一个问题是：对于未来的职业规划，你是如何打算的？彼时令笔者不解的是很少有人能够明确给出未来的职业发展规划，顶多也只是说"做好手头工作""尽快升上副教授""还是希望退休前能够评上教授"，等等。后来笔者逐步意识到对于未来的计划来自对当下工作和生活的掌控感，也许这些受访者已然表达了自己的意愿，但是究竟如何发展却由不得自己控制。知识探索固有的不确定性以及这种愈加易变的外界环境，都在侵蚀着学者对于未来职业发展的信心。默顿提出的"普遍主义、公有性、无私性、有条理的怀疑主义"等科学规范受到极大的挑战，学术工作已经转向齐曼口中"专利的、本土的、权威的、委托性的专家工作"。[2]

面对来自外部政府的问责与社会各方的压力，大学不得不在主动与被动之中开展一系列的组织变革并采取一系列的行动措施，众多改革的压力以层层传递的方式，最终由教师来承受。作为大学的管理者，面对隔行如隔山的学科和专业，他们无法具体干涉大学教师的工作内容，但又因为忧心于放任而出现的松懈现象，不得不逐渐强化其外部控

---

[1] 阿特巴赫.变革中的学术职业：比较的视角[M].青岛：中国海洋大学出版社，2006：12.

[2] Leisyte L, Dee J R. Understanding Academic Work in a Changing Institutional Environment[A]//Smart J C, Paulsen M B. Higher Education: Handbook of Theory and Research. Netherlands：Springer，2012：123—206.

制特征。教师与大学组织之间的关系已由传统意义上互惠和信任的关系型转为交易型,教师以自己的特定知识和技能换取一定的回报。[1]阎光才指出,由于学术工作性质的变化,大学教师的研究目的越来越趋于工具化和功利化,研究过程的自主性日渐丧失甚至带有机械化色彩。他们从事研究的旨趣也不再是从学术劳动中获得精神满足,而更多的是为满足组织的业绩考核要求,获取丰厚的经济回报、可靠的工作保障和良好的职业前景,以及社会地位和声誉。[2]那么,在这样的情境和心境之下,大学教师的学术活力究竟如何呢?

二、 高校办学活力的潜在危机

新时期,国家提出了建设"世界一流大学和一流学科"(以下简称"双一流")的战略目标,具体包括建设一流师资队伍、培养拔尖创新人才、提升科学研究水平、传承创新优秀文化、着力推进成果转化为主要任务,其中一流的师资队伍是高校落实国家"双一流"建设目标的重要抓手和核心保障,没有高水平的教师队伍,就没有高水平的教育。随着建设方案的实施,各高校之间开展了激烈的人才竞争,主要做法可归纳为外部引进和内部培养两大类型。

就我国高校当下和可见的未来趋势而言,以教师校际流动和新教师招聘为主要手段的第一种做法虽然有效,但面临着制度和文化压力。长期以来我国高校一直被定位为国家事业单位性质,这种"单位组织在给予其成员社会行为的权利、身份和合法性,满足他们的各种需求,代

---

[1] Harley S, Muller-Camen M, Collin A. From Academic Communities to Managed Organisations: The Implications for Academic Careers in UK and German Universities[J]. Journal of Vocational Behavior, 2004, 64(2): 329—345.

[2] 阎光才.高校学术失范现象的动因与防范机制分析[J].高等教育研究,2009, 1(2): 10—16.

表和维护他们的利益的同时,也控制了他们的行为"[①]的管理方式,导致拥有"干部"身份的高校教师流动性意愿偏弱。即便1990年代以来各高校都在推行岗位聘任制和合同制,在很多高校,教师享受的依然是事实上的终身制,人才流动机制不畅。根据2010年笔者参与的一项对全国研究院高校教师的调查,发现具有流动意向的教师比例仅为32.7%,而能够实现事实上流动的比例估计会更低。[②]另一方面,自1998年高等教育扩招以来,我国普通高校专任教师的数量从原来的40.72万迅速增长到2014年153.45万,但随着这种扩招趋势的减缓,近5年来高校教师数量仅以3%左右的比例在缓慢增长[③],学术劳动力市场渐趋饱和,而与此同时,36—55岁这个中间年龄段教师的比例相对稳定(见图1-1)。

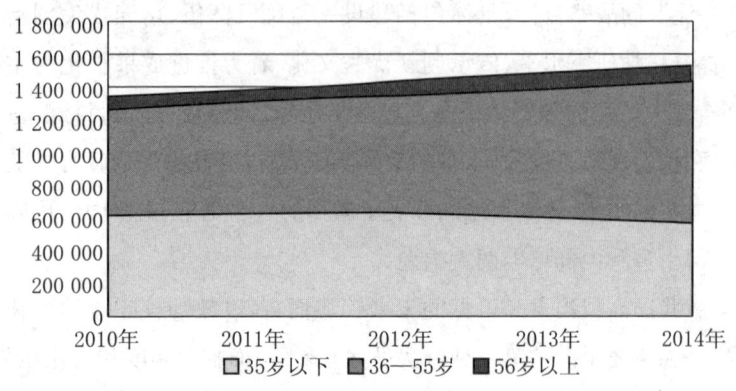

图1-1 我国普通高校教师年龄结构(2010—2014年)

资料来源:《中国教育统计年鉴2010—2014》。

[①] 李汉林.改革30年与中国单位制度的变迁——分析与思考[J].学术动态,2008(18):2—36.
[②] Yan Guangcai, Yue Y, Niu Menghu. An Empirical Study of Faculty Mobility in China[J]. Higher Education, 2015, 69(4):527—546.
[③] 数据来源于《中国教育统计年鉴2010—2014》,笔者通过整理分析后计算出该增长率。

第一章　绪　论

对于高校而言,这一趋势意味着以往通过吸收新鲜血液来调整师资结构的"人口红利"时代已经结束,可以想见在未来很长一段时间内,教师的供给和需求之间将处于一种常态化的平衡之中。显然,高校下一步所能做的,或者说不得不思考的将是在增加优质增量的同时,如何通过激活存量的积极性和创造性,提高教师的学术生产力,进而达到提升学校声誉的目标。在此,有两个亟待面对的问题:首先,高校如何使优质增量教师能够迅速适应组织环境,释放其创造活力?其次,那些"存量"教师目前的活力状态如何,需要何种组织层面的支持?

综上,无论是回应宏观层面国家经济、社会和教育事业发展的外部需求,还是基于高校自身内部结构变化的组织需要,抑或是对大学教师生存状态的现实观照,都使得关注大学教师的学术活力问题成为急需探讨的课题。本研究不仅在于考察不同职业阶段教师群体的学术活力呈现何种样态,回答"是什么"的问题,更在于尝试解释它们是如何发生变化的,哪些因素在其中发挥了作用以及它们是如何施加影响的,也就是"为什么"和"怎么样"的问题。因此,本书是将大学教师的学术活力嵌入到学术职业的展开过程之中进行分析,可以说有两条线索,直观的明线是学术活力的变化趋势,潜在的暗线是大学教师的生命和职业发展历程,基于这两条线索的梳理,最终可以对影响学术人成长的过程性因素展开探讨与解释。

第二节　文献述评

文献述评并不是对过往研究内容的简单回顾或罗列,其目的是在回顾已有研究的基础上找到开展进一步研究问题的价值和可能的创新方向。由于问题的不同,文献述评可以就已有研究结果、研究方法、理论取向等进行述评,并不存在一种标准化的呈现方式。本书借助于研究大学教师学术活力的变化特征来探讨学术人长时段的成长过程特征,涉及个体、群体、组织、社会环境等各个层面,相关研究纷繁复杂,因此笔者主要从学术活力的概念来源与内涵特征,以及学术人成长过程的理论视角两个方面予以综述。

一、教师学术活力与教师发展

如果要厘清"学术活力"(academic vitality[①])的历史发展脉络,首先不得不提及学术界经常使用的另一术语——"教师发展"(faculty development),因为前者是作为后者的替代概念而出现并逐步发展起来的。"教师发展"这一概念兴起于20世纪五六十年代的美国。当时美国高等教育规模急速扩张导致大学教师供不应求,水平参差不齐的人群拥入大学教师这个队伍中,同时在面对需求多样化的学生时,高校又亟待解决教师教学水平和专业化程度不高的问题,因此美国各大协会和高校针对职业初期阶段的教师设计了一系列培训项目以提高他们的教学知识和技能。随着大学教师整体职业化和专业化水平的提高,这项计划由于其固有的特性,越来越不能满足教师成长的需求,体现在以下几个方面。

首先,这个概念与教师发展计划(faculty development program)密切相关,具有工具性内涵,其所隐含的基本立场是教师是存有缺陷、需

[①] "学术活力"一词所对应的英文术语包括 academic vitality、faculty/professorial vitality,它们具有基本相同的概念内涵,差别可能在于后者的外延可能要宽于前者。由于前者的指称更加明确和具有聚焦性,凸显了大学教师工作的学术性与专业性,本研究中更倾向于使用"学术活力"这一术语。

第一章 绪 论

要被帮助和被指导的对象,它以一种消极和负面的态度来理解教师的发展,忽视了该群体自身的主观能动性。

其次,它赋予教师角色以及职业发展过程以形构性特征,侧重于通过外部力量来加强对教师的管理,比如教师教育政策的制定、教师队伍的建设、教师社会地位和经济地位的提高等,很少关注教师个体需求、个性化差异、情景化和动态化的体验和需求。① 这导致美国在 1975—1976 年建立的教学发展项目,因为效果欠佳,到 1980 年代初已有三分之一被终止,剩余一半以上面临着严重的资金紧缩的问题。②

再次,如伯顿·克拉克(B. Clark)所言,教师发展计划关注的对象主要是初任教师,侧重点在于教学技能的提升和专业间的工作转移方面,而不考虑内容专门化的问题。后来对教师培训项目的调查结果显示,在学术系统的每一个部门,压倒性多数的教师们强调懂得自己学科的重要性。当然这并不意味着教师们不重视教学工作,而是相比教学,如何跟上学科发展,掌握一个领域和懂得一门学科更为关键。③ 与此同时,由于外部学术环境,比如经费短缺和岗位削减导致教师流动机会大幅度减少,以及教师人口构成的变化,尤其是教师老龄化程度的不断攀升,教师发展概念已经完全不能覆盖教师职业发展所应具有的极为丰富和广泛的内涵,比如如何为教师创造新的职业发展机会,如何激发全

---

① 陈向明.从教师"专业发展"到教师"专业学习"[J].教育发展研究,2013(8):1—7.
② Toombs W. Faculty Development: The Institutional Side[A]//Baldwin R G, Blackburn R T. College Faculty: Versatile Human Resources in a Period of Constraint. New Directions for Institutional Research, No. 40, San Francisco: Jossey-Bass, 1983: 85—94.
③ 克拉克.高等教育系统——学术组织的跨国研究[M].杭州:杭州大学出版社,1994:35.

体教师特别是已经获得终身教职职位教师的工作士气和创造力等更为迫切需要解决的问题,而不是仅仅关注新教师的科研成长与教学技能提高的诉求。

为此,有研究者便提出用"学术活力"来替代"教师发展"的概念,以便更有效地把握教师成长的特征和内在诉求。①大学教师的学术活力指的是"教师所具有的那些基本的、必不可少的积极品质,且能够产生有意义的结果"②,它是以一种积极、正面的态度评价教师作为高校最重要的人力资源的作用。而且,它是自下而上地从教师自身出发,关注他们日常的实践、具体的工作内容以及个人化的工作感受,同时又考虑到外在的工作环境、组织制度等的影响,而不似"教师发展"更多还是指向教师教学方法、课堂组织能力、生师互动等技术层面。

二、 教师学术活力的特征及其影响因素

西方大学教师学术活力的早期研究者都承认他们是受到美国学者加德纳(J. Gardner) 1963 年所提出的自我革新理念的启发,进而将之迁移到高等教育研究领域,开始对大学教师进行研究。③加德纳将"自我革新"描述为个体、组织和社会持续不断地学习和成长的一种意识和能力。④具体拓展到高等教育领域,它主要是指教师在职业发展过程中通过不断

---

① Bland C, Schmitz C C. Faculty Vitality on Review: Retrospect and Prospect[J]. Journal of Higher Education, 1988, 59(2):190—224.

② Clark S E, Lewis D E.Implications for Institutional Response[A]//Clark S M E, Lewis D E. Faculty Vitality and Institutional Productivity: Critical Perspectives for Higher Education. New York: Teachers College Press, 1985.

③ Clark B R, Neave G R. The Encyclopedia of Higher Education[M]. New York: Pergamon Press Inc., 1992:1650.

④ Gardner J W. Self Renewal: The Individual and the Innovative Society[M]. New York: Harper and Row Publishers Inc., 1964.

第一章 绪 论

自我革新,从而表现出工作上拥有充沛的精力、有行动理念、有好奇心和上进心、充满热情和关爱他人、能够接受失败的风险等心理与行为特征。①

克拉克和科克伦(S.Clark & M.Corcoran)进一步提出具有学术活力的教师的典型特征:在教学、科研和专业服务上都保持持续的生产力,教学与科研的兴趣相对平衡或相对偏好科研。②明尼苏达大学规划委员会(Planning Council, University of Minnesota)基于对该大学拥有旺盛活力的教师进行的调查研究,提出教师未必在每一项工作内容上都是具有创造力的。如果一位教师在教学、研究和社会服务方面展示了持续的生产力,那么这位教师就是具有活力的。而所谓的生产力不是产出的数量,而是经同行评议的产出质量。如果一位教师能够不断创造新的知识,扩大我们对于这个世界的理解,那么他是具有活力的;一位教师如果能够在新式与传统的教学与科研方式之间寻求到一种平衡,他也是具有活力的;作为一名大学教师,如果他能为地方政府、国家乃至世界的发展提供政策建议,他同样也应被视为是具有活力的。有时,这种活力可能会以奖励和荣誉的形式加以认可,但更重要的是教师如果认为工作能够激发潜能,且能从中获得一种愉悦感和满足感,那么他就是有活力的教师。③鲍德温认为,克拉克他们试图在构建一个韦伯意义上理想型的具有学术活力的教师形象(ideal type),但在他看

---

① Gardner J W. Morale[M]. New York: W.W. Norton and Company, 1978:78.
② Clark S M, Corcoran M. Individual and Organizational Contributions to Faculty Vitality: An Institutional Case Study.[A]//Clark S M, Lewis D R. Faculty Vitality and Institutional Productivity: Critical Perspectives for Higher Education. New York: Teachers College Press, 1985.
③ Clark S, Corcoran M.A Proposal for a Study on the Future of Vitality of the Faculties of the University[R]. Minneapolis, MN: University of Minnesota Planning Council, 1980.

来,并不存在这么一个唯一的模型。有活力的教师既可以是充满激情的教学者,也可以是多产的研究者,也可以是一流的咨询者,还可以是优秀的管理者,但未必是全能型的,因为教师毕竟无法在每一项事务上投入同样的时间和精力,但最重要的是他/她要有智识追求的兴趣并能从中获得乐趣。[1]

赖安等人(M.Ryan & C.Frederick)基于心理学视角,把活力定义为一种个体精力充沛的积极态度。[2]以色列学者斯罗姆(A.Shirom)在其构建的员工活力量表(Shirom-Melamed Vigor Measure,SMVM)中又将活力具体分为体力、情绪和认知活力三个方面。[3]它不仅关系到个体的情绪变化和身体健康,具体到行为组织层面,活力同样是产生工作动机的直接因素之一,它还是一种与个体幸福感、组织绩效密切相关的心境状态。[4]布兰德(C.Bland)等人发现缺乏活力的教师的表现特征为:缺少教学技能,没有完整的科研时间,而可能造成教师活力欠佳的机构因素包括工作环境恶化,学术文化缺失而非文化因素突增,实际收入下降,教师没有参与学校聘用、财务预算决策的机会等。[5]

---

[1] Baldwin R G. Faculty Vitality beyond the Research University: Extending a Contextual Concept[J]. Journal of Higher Education, 1990, 61(2):160—180.

[2] Ryan R M, Frederick C.On Energy, Personality, and Health: Subjective Vitality as a Dynamic Reflection of Well-being[J]. Journal of Personality, 1997, 65(3):529—565.

[3] Shirom A.Feeling Vigorous at Work? The Construct of Vigor and the Study of Positive Affect in Organizations[J]. Research in Occupational Stress & Well Being, 2003, 3(6):135—164.

[4] 杜常贺,王明辉,杨振波,等.员工活力问卷(SMVM)的中文版修订[C].中国心理学会成立90周年纪念大会暨全国心理学学术会议,2011.

[5] Bland C J, Seaquist E, Pacala J T, Center B, Finstad D. One School's Strategy to Assess and Improve the Vitality of Its Faculty[J]. Academic Medicine, 2002, 77(5):368—376.

第一章 绪 论

学术活力还可以理解为一种集体氛围或精神状态,在这种状态下教师能够最大化地发挥潜能实现个体和组织目标的双赢。芬克尔斯坦(M.Finkelstein)认为教师学术活力同士气紧密相关。它受到教师工作动机、工作投入程度和工作目标的影响,此外,它还与机遇有关。有活力的教师总能持续找到动力的来源并有效地把握住发展的机会。[①]所以布朗(A.Brown)认为当教师在努力达致个人专业发展的最高层次时,同时也是在帮助高校实现其办学目标,这样的教师就可以被视为有活力的教师。[②]埃本等人(Ebben & Mahe)也认为应该将教师学术活力与组织发展结合起来,他们指出应促使个体参与组织目标的实现。布兰德等人也认为教师学术活力理应是教师达成个人和组织目标的能力。[③]达尼克斯克(Dankoski)从满意度、产出以及服务三个层面针对医学教师的学术活力进行了研究,回归分析发现工作单位的氛围和领导风格,职业和生活的掌控能力能够解释59%的教师活力变化。[④]为此,克拉克等人(S.Clark, M.Corcoran & R.Darrell)概括性地提出,教师学术活力的内涵除了包括以结果为导向的产出和效率外,还应包括质量和效益,以及精力、士气等维度,教师学术活力的测量必须考虑

[①] Finkelstein M J. Faculty Vitality in Higher Education[A]//National Center for Educational Statistics Conference Report. Integrating Research on Faculty: New Ways to Communicate about the Academic Life of Faculty. Washington D C: U.S.Department of Education, 1996:71.

[②] Brown A L. Bridges and Barriers to Faculty Vitality: The Grossmont College Project, 1995—1996[A]. Paper Presented at the National Institute for Staff and Organizational Development Conference on Teaching and Leadership Excellence, 1996.

[③] Bland C J, Seaquist E, Pacala J T, et al. One School's Strategy to Assess and Improve the Vitality of Its Faculty[J]. Academic Medicine, 2002, 77(5):368—376.

[④] Dankoski M E, et al. An Expanded Model of Faculty Vitality in Academic Medicine[M]. Advances in Health Sciences Education, 2012, 17(5):633—649.

以下几点：教师在组织内长期的职业发展应是增值的；不同职业阶段技能的提升；内部纵向和横向流动的机会；同事之间，以及赞助者和指导教师都营造的一种共同体的归属感；参与影响单位或学校发展的决策等维度。①

概言之，正如克拉克等人所言，学术活力是一个原生概念（primitive concept），它将高等教育研究中一个涉及众多独立因素的驳杂现象整合到一个概念中，从而提供了一个研究学术人职业发展的整合思路，避免简单化和单一化的思维方式，同时也有助于从不同角度、不同侧面深入剖析教师工作的内容和本质，理解学术人成长的独特性和复杂性。②

同时，大学教师的学术活力并不是一个静态的现象或结果，它会随着职业的展开而发生变化，在不同的职业阶段呈现多样化的形态。教师活力不仅仅是教师个人的问题，它受到机构层面的影响，这包括组织目标、各项组织制度、同事关系等。最后，外部社会环境的变迁也制约着群体，当然也包括个体学术活力的发挥。

三、理解学术人成长过程的三种理论进路

本书希望考察的是大学教师学术活力的长时段变化特征，以此来管窥学术人成长过程的多变性和复杂性。综观国内外有关学术人成长过程的理论视角大致包括三个基本取向，笔者将分别用年龄说、结构化和组织化予以概括并分别阐释其理论贡献及存在的不足之处。在此基

---

① Clark S M, Corcoran M, Darrell R L. The Case for an Institutional Perspective on Faculty Development[J]. Journal of Higher Education, 1986, 57(2):176—195.

② Clark S M E, Lewis D R E.Faculty Vitality and Institutional Productivity: Critical Perspectives for Higher Education[M]. New York: Teachers College Press, 1985:6.

础上，引出本研究意欲使用的一个分析视角——生命历程理论。这是近年来逐渐兴起的一种新理论，它完善了过往研究中相对忽略的一个维度，但在具体分析过程中，笔者并不会照搬或者说拘泥于某个特定的理论，而是针对特定问题运用不同理论进行解释。

(一) 学术人成长的年龄说：职业发展的阶段性特征

学术人成长的年龄说，指的是学者在不同年龄段所表现出来的职业心理状态和特征，它的理论基础主要来自心理学的相关研究，即从个体发生学的角度出发研究随着年龄的增长，个体行为模式的自然演变过程。传统上对个体随着年龄变化而变化的特征都倾向于诉诸心理学的解释，其基本预设就是作为一个自给自足的有机体，个体的发展遵循既定的序列。

成人发展理论作为其中一个分支，兴起于20世纪七八十年代，它提出成年人也在不断地变化和发展，而且这些跟年龄息息相关的变化势必会影响到个体职业的发展。埃里克森(E.Erikson)提出人格发展八阶段理论，其中最后三个阶段跟成人发展相关，每个时期解决特定的任务，即成年早期的亲密与孤独(18—30岁)、成年期的生成与停滞(31—60岁)、老年期的完善与绝望的整合(60岁至生命结束)。[1]莱文森(D.Levinson)也认为人生阶段和年龄紧密相关，个体的0—20岁属于儿童期和青春期，20—40岁是成年早期，40—60岁是成年中期，60岁以后是成年晚期，而且两个阶段之间都有一个过渡期。整个人生就是由一系列相互交替的稳定期和过渡期所组成(见图1-2)。[2]他尤为强

---

[1] Erikson E. Childhood and Society[M]. New York: Norton, 1964.

[2] Levinson D J, Darrow C M, Klein E B, Levinson M H, McKee B. The Season of a Man's Life[M]. New York: Ballantine Books, 1978.

调过渡期的重要性,因为个体在此期间会对前期的目标和活动进行重新评估。

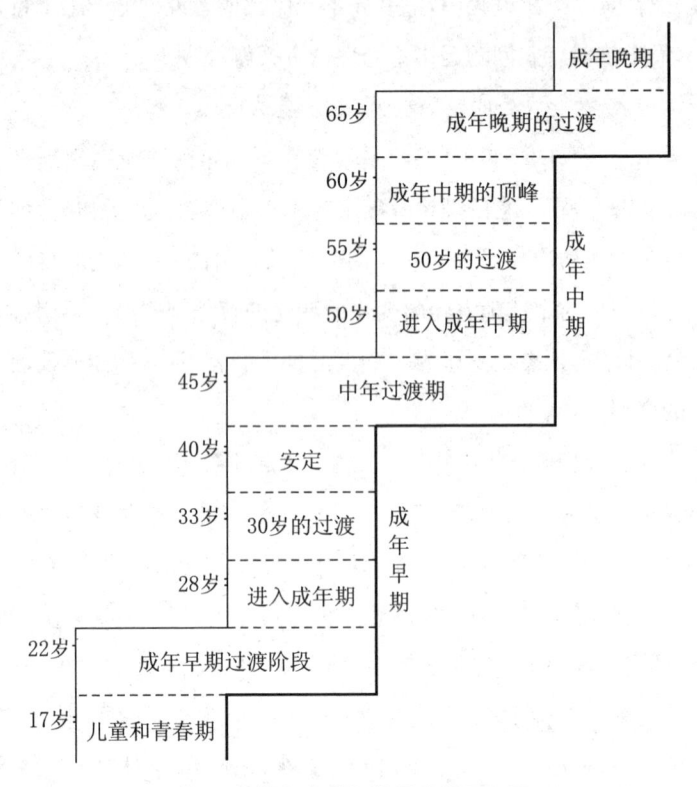

```
                            ┌──────────
                    65岁    │ 成年晚期
                    ───────┤
                            │ 成年晚期的
                            │ 过渡
                    60岁    ├──────────┐
                            │ 成年中期的│
                            │ 顶峰      │
                    55岁    ├──────────┤ 成
                            │ 50岁的过渡│ 年
                    50岁    ├──────────┤ 中
                            │ 进入成年  │ 期
                            │ 中期      │
                    45岁    ├──────────┘
                            │ 中年过渡期
                    ───────┤
                            │
                    40岁    ├──────────┐
                            │ 安定      │
                    33岁    ├──────────┤ 成
                            │ 30岁的过渡│ 年
                    28岁    ├──────────┤ 早
                            │ 进入成年期│ 期
            22岁    ───────┤           │
                    │ 成年早期过渡阶段  │
            17岁    ├──────────────────┘
                    │ 儿童和青春期
```

图 1-2　莱文森成年发展阶段示意图

资料来源:Levinson, et al., 1978:57。

　　受埃里克森和莱文森的成人发展阶段理论的启发,后来的研究者如霍奇金森、鲍德温、布莱克本等人将之应用在对大学教师的系统研究上。霍奇金森(H.Hodgkinson)基于他对自己职业发展经验式的反思将高校教师职业分为七个阶段:进入成人世界阶段(22—29岁);30岁左右的转变阶段(约 28—32 岁);成家和向上发展阶段(30—35 岁);成为自己阶段(35—39 岁);中年阶段(39—43 岁);重新稳定阶段(43—50 岁);老年阶段(50 岁到退休)。[1]鲍德温及布莱克本(R.Baldwin & R. Blackburn)以职称等级和工作时间为依据把学术职业分成五个阶段,包括入职不足 3 年的助理教授阶段、入职超过 3 年的助理教授和副教授阶段、距离退休还有 5 年以上时间的正教授阶段、距离退休不足 5 年时间的正教授阶段,他们发现教师的态度、专业兴趣、角色偏好、职业目标和满意度在不同年龄段有着明显的不同(见表 1-1)。[2]弗内斯(W.Furniss)将大学教师职业发展描述为一个三阶段发展模型,每个阶段任务不一。在职业早期,教师需要寻找到一个导师,拿到教职,职业趋于稳定;职业中期,教师获得更多的自主权,成为导师,扩大兴趣范围;第三个阶段为职业晚期,处于这个阶段的老师竞争力下降,更多依靠经验和智慧。[3]国内学者在这个方面的研究基本都属于引介性质,或者是借助国外既有的年龄阶段划分依据来研究我国高校教师的发展特点。典型如李颖将我国教师的职业发展分为职业准备期、职业生涯初期、中期和后期,然后提出不同职业阶段的发展任务和需求。[4]

---

[1] Hodgkinson H L. Adult Development: Implication for Faculty and Administrators[J]. Educational Record,1974,55(4):263—274.
[2] Baldwin R G, Blackburn R T. The Academic Career as a Developmental Process: Implications for Higher Education[J]. The Journal of Higher Education, 1981, 52(6): 598—614.
[3] Furniss W T. Reshaping Faculty Careers [M]. Washington D C: American Council on Education,1981.
[4] 李颖.高校教师职业生涯发展及其管理激励创新研究[D].苏州:苏州大学,2004.

表 1-1　鲍德温和布莱克本学术职业发展的五阶段

	阶段Ⅰ：入职不足3年的助理教授阶段	阶段Ⅱ：入职超过3年的助理教授阶段	阶段Ⅲ：副教授阶段	阶段Ⅳ：距离退休还有5年以上时间的正教授阶段	阶段Ⅴ：距离退休不足5年时间的正教授阶段
个体层面	职业目标远大 对工作充满热情	职业发展未达到预期目标导致的失望情绪 对未来发展存疑，不时考虑转换工作	总体对职业发展满意，但有时也担心职业出现平缓期	处于职业转折期，有时甚至质疑学术职业的价值	整体上满足于个人取得的职业成就 对职业发展期待较低，对可能的机会半推半就
教学方面	担心能否胜任教师职业	对自己的教学技能比新教师有自信	/	对教学和科研的热情降低	害怕知识是否过时
科研方面	积极投入科研	寻求认可和晋升	享受终身教职带来的同行认可	必须决定坚持以往研究或变换方向	有时会被年轻同事孤立
组织层面	努力适应岗位要求 不熟悉高校的治理结构和非正式规则 善于接受同事帮助	对即将到来的终身教职评审心存惶恐 了解高校运行模式，知道如何办成事情	成为单位骨干力量，积极参与学校事务，尤其是各委员会工作	通过咨询、专业机构等寻求组织外的影响力 变动机会有限	逐渐推卸掉各种责任 试图独立处理各种问题 特别热心学校和院系服务工作

资料来源：R.Baldwin & R.Blackburn, 1981。

　　学术人成长的年龄说，为我们了解大学教师职业提供了一个独特的视角，具有极强的解释力，它指出教师职业发展存在着稳定期和过渡期。每个发展阶段都有各自的特征和功能，表现为不同的任务、动机、

第一章 绪 论

满意度等,进而会影响到教师的学术活力。然而该理论过于强调发展的普遍性特征,认为个体必须完成上一个阶段的任务才能进入到下一个阶段,这种看似简单明晰的划分方式带有达尔文生物进化论的倾向,其实是一种静态的、直线型发展模式。它将年龄与职业发展阶段一一对接,默认特定年龄范围对应一定的职业阶段,从而具有独特的发展特点和能力,因而带有自然化和模式化的倾向,漠视教师职业发展的多样性。虽然霍奇金森也用年龄作为划分职业发展阶段的依据,但他清醒地意识到不可严格用年龄将个体限于一个个时间格中,结果可能会导致自证预言效应,反而制约了个体能动性的发挥,阻碍了自身的发展。[1] 考虑到具体情境和个体差异,大学教师未必沿着一条特定职业发展路径朝着预定的目标行进,有人可能中途转向行政,有人可能因为家庭原因暂缓职业进度,各种现实情况不一而足,因此并非必然从一个阶段自然过渡到另一个阶段。而且这些模型基本都是以白人男性为研究对象建构起来的,忽视了女性以及少数族裔职业发展的特殊性。

另一方面,该理论过于强调发展的内在规律,忽略了外在结构要素(组织、社会文化等)对于个体工作选择和赖以生存的社会关系的作用。对于栖息于大学这个学术组织内的教师而言,组织的兴衰荣败和个体的发展休戚相关。芬克尔斯坦(M. Finkelstein)也指出,大学这个组织机构,有时甚至是教师所在的学科形塑了其职业发展路径。[2] 更糟糕的是,它将大学教师置于社会文化的真空之中,罔顾各国不同的学术管理

---

[1] Hodgkinson H L. Adult Development: Implication for Faculty and Administrators[J]. Educational Record, 1974, 55(4):263—274.

[2] Finkelstein M J. The American Academic Profession: A Synthesis of Social Scientific Inquiry since World War II[M]. Columbus, OH: Ohio State University Press, 1984:43.

体制对于大学教师职业发展的影响。比如美国的教师晋升由具体的院校决定,它对年轻教师进行严格的考核,一般持续六至七年左右,成功拿到终身教职方能获得一种职业安全的保障。而在德国的高等教育体制中,教授拥有公务员身份,其终身制是法律赋予的一种任职权力,但学者的整个学术晋升过程非常艰难和漫长,大部分已经进入职业生涯中期的学者依然无法享有稳定的工作保障。在我国,大学被定性为国家事业单位,大学教师原本拥有干部身份,从受聘开始就享有事实上的终身制,俗称"铁饭碗",但现在的人事制度也在朝着美国模式的方向改革。可以想见,身处不同的模式之中,即便处于同一职业阶段的学者也必然呈现不同的学术面貌和心态。

(二)学术人成长的结构化:学术系统内部的分化机制

这里所谓学术人成长的结构化指向的是其核心价值——专业主义(professionalism),涵盖三个层面的内容:个体层面上信奉研究的相对自主和自由,集体层面上遵循内部自我管理和同行评议,价值层面上认可普遍主义的规范,这些信念贯穿学术人整个职业生涯,成为其从业规范和行为守则。学者有可能在不同高校之间流动,但很少人频繁地转换学科,失去专业共同体这个依托。在学术共同体内部的奖励中,收入和金钱对个人而言固然重要,但更重要的是共同体对个体学术劳动价值和贡献的认可和荣誉。[1]

社会分层是任何群体或团体在一个等级制度中的位置安排,传统上分层的依据包括道德、行为规范、权力、财产、声望等。迪尔凯姆

---

[1] Gaston J. The Reward System in British and American Science[M]. A Wiley-Inter-science Publication,1978:2.

(E.Durkheim)认为,社会分层是社会分工的必然结果,同时也是社会对人们以道德和行为规范为标准划分等级的结果。韦伯(M.Weber)认为任何社会的等级体系都建立在财产、权力和声望这三个相互独立而又相互作用的基础上,财产差别产生阶级,权力差别产生政党,声望差别产生地位不同的集团和阶层。帕森斯(T.Parsons)进一步提出,其实家庭出身、职业等都可以用来作为社会分层的依据。[1]默顿认为,学术界是一个建构在贤能基础上的等级系统,由于知识占有程度的不同而形成相对明显的地位分层,由此带来不同群体在声望、权力、资源等各方面的差异。朱克曼(H.Zuckerman)发现,相对于每个诺贝尔奖获得者,全美科学工作者、科学家、院士的相应人数,恰好构成了金字塔形的分层结构(见图1-3)。[2]

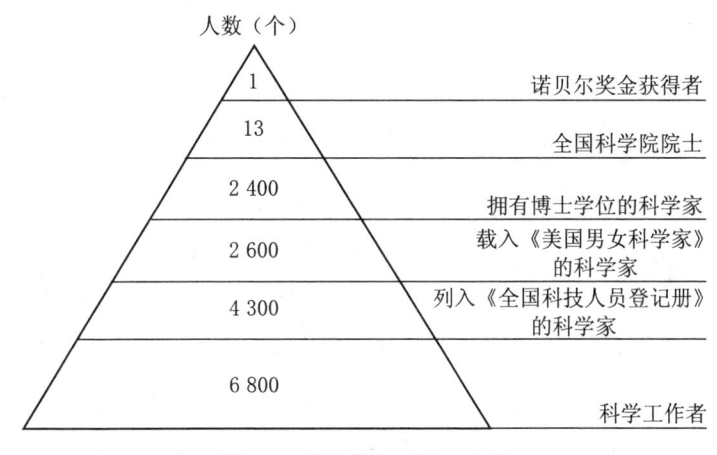

人数（个）	
1	诺贝尔奖金获得者
13	全国科学院院士
2 400	拥有博士学位的科学家
2 600	载入《美国男女科学家》的科学家
4 300	列入《全国科技人员登记册》的科学家
6 800	科学工作者

图1-3　学术等级系统示意图

资料来源:朱克曼,1979:12—14。

---

[1] 顾昕.科学共同体的社会分层[J].自然辩证法通讯,1987(4):21—29.
[2] ［美］哈里特·朱克曼.科学界的精英——美国的诺贝尔奖金获得者[M].北京:商务印书馆,1979.

其实威尔逊(L.Wilson)早在 1942 年就对大学教师所处的学术等级系统、学术地位、成长过程及功能进行了系统的社会学研究,他较早采用结构主义的视角来看待学者的成长过程,重点关注的是大学和学科如何影响了个体进入和在体系中的移动。[1]

以默顿为代表的科学社会学派对科学的运行机制进行了大量的研究。他认为,科学家早期所取得成就和声望通常会给后期发展带来更大的成功,即便他们不再具有突出的才能和贡献,他援引《圣经》里的一句话"凡有的,还要加给他,叫他有余;而没有的,连他所有的也要夺过来"描述了这种现象,并称之为"马太效应"。[2]科尔(S.Cole)发现,科学家确实在三十岁末四十岁初发表数量最多,但从统计数据上看,年龄与科研产出之间并不存在线性关系。他对 1947—1950 年毕业的 497 名博士同期群进行分析,结果发现在长达 15 年的时间里,其中只有 10%的人科研发表模式发生了重大变化。高产者依然高产,但随着时间的流逝,低产者的比例下降了,从而导致零产出者的比例增加了。[3]学者内部之所以产生分化的原因,除了荣誉和声望的分配外,还在于科学的奖励机制,它影响了科学成就的分布并在荣誉与取得科学成就的条件之间不断地起着相互促进的作用。职业早期较高的产出有利于他们到知名的机构任职,有利于获取稀缺研究资源,从而更容易带来后期的成功,呈现一种累积优势。但对于那些早期发表较少的科学家来说,这种机制则是一种抑制作用。但科尔坚信,虽然累积优势的过程有助于某

---

[1] Wilson L.The Academic Man[M]. London: Oxford University Press, 1942.
[2] [美]R.K.默顿.科学社会学:下[M].鲁旭东,林聚任,译.北京:商务印书馆,2010:605—632.
[3] Cole S.Age and Scientific Performance[J]. American Journal of Sociology, 1979, 84(4):958—977.

第一章 绪 论

些科学家得到并保持其优先的纪录,但科学的奖励和分配机制总体上还是具有普遍性的、合乎理性的,一个人在分层体系中的地位最终仍然是取决于他发表的科学成果。总之,默顿学派认为学术人才的成长受制于个人层次之上的制度过程和社会互动,那就是科学界存在着普遍主义和特殊主义两套运行机制,但他们倾向于认为至少在美国的科学界,荣誉、地位和资源的分配基本还是符合普遍主义原则的。

艾里森和斯图尔特(P.Allison & J.Stewart)进一步证明了优势累积效应是导致科学家科研分化的原因。[1]布莱克本等人(R.Blackburn, C.Behymer & E.Hall)发现,环境依然对学者的科研产出发挥着至关重要的作用。所在高校的声誉高低与学者的产出高低高度相关。而且,它还会关系到能否拥有宽广的正式或非正式的学术网络,进而影响到学者的学术产出。[2]莱斯金(B.Reskin)发现,仅在博士在读期间,导师本身就是高产的学者或者在读期间他与导师能够合作开展研究是影响博士科研表现的重要因素,但是这种直接影响随着博士正式开始工作而日渐式微。相比较而言,博士毕业院校声誉的影响具有一定滞后性和持久性,它与博士毕业后的五至十年的科研产出和被引密切相关。[3]换言之,他们都认为科学家的行为是社会强化作用的结果,社会机制通过认可、资源的倾斜使得高产出者更加高产,而低产出者更加低产。

---

[1] Allison P D, Stewart J A. Productivity Differences among Scientists: Evidence for Accumulative Advantage[J]. American Sociological Review,1974,39(4):596—606.

[2] Blackburn R T, Behymer C E, Hall E.Research Note: Correlates of Faculty Publications[J]. Sociology of Education,1978,51(2):132—141.

[3] Reskin B F. Academic Sponsorship and Scientists' Careers[J]. Sociology of Education,1979,52(3):129—146.

大学教师学术活力研究：个体、制度与历史

但博士授予单位、工作单位、导师等中介变量在其中也发挥着重要的作用。朗和福克斯(J.Long & M.Fox)指出，普遍主义原则并不能保证机会的平等，学术业绩并不纯粹是学者禀赋、动机等个体因素的产物，它还受到导师身份、学术合作、团队研究以及设备仪器等特殊主义原则的影响。①在国内学者中，阎光才借助于科学社会学的理论对学术系统、学术活动以及学术精英的成长进行了系统性分析。②李志峰将职称和岗位作为主要学术职业分层符号，从学术职位满意度、影响因素、权力、流动性、收入差异和阶层地位等若干领域论证了学术职业分层的影响因素及其后果。③张俊超通过考察青年教师这个特定群体发现，他们在经济收入、教学、科研、管理以及心理等各个方面都遭受着一系列冲击和困扰，我国研究型大学并非一个平等探究真理的学术共同体，而是一个等级森严的科层场域，而青年教师的态度立场就导致了他们截然不同的学术职业发展状况及走向。④

从研究对象来看，这个领域的研究过于关注学术精英群体，比如朱克曼对于诺贝尔奖获得者的研究，当然这并不是贬损这些研究的价值，只是这些群体在整个学术组织中所占的比例较低。林曾还认为诺贝尔奖获得者往往从事的是革命性研究，而大多数研究者进行的可能只是常规性研究，如果把前者获得成果的年龄同后者发表成果的年龄混为

---

① Long J S, Fox M F. Scientific Careers: Universalism and Particularism[J]. Annual Review of Sociology, 2003, 21(1): 45—71.
② 阎光才.学术认可与学术系统内部的运行规则[J].高等教育研究,2007(4): 21—28.
③ 李志峰.必要的不平等:高校学术职业分层[M].北京:知识产权出版社,2015.
④ 张俊超.大学场域的游离部落——研究型大学青年教师发展现状及应对策略研究[D].武汉:华中科技大学,2008.

一谈,其结论容易产生偏颇。①这样造成的后果就是我们往往忽略了"中间的大多数"群体,而把少数人的问题当普遍性问题处理,这是一个有着强势的中心权力的"未完成的学术共同体"的常见逻辑。②学术系统是一个等级和地位差异的系统,这种差异并不是一种静态的结果,而是随着学者整个生命历程逐步展开的累积过程。默顿强调的是学术职业意义上的结构化,即在某一领域或学科内基于专业能力而构建的一套地位等级系统,但我们更关注学术职业的发展历程,即侧重个体所开展相关的活动和获取的地位,或者说随着时间的推移,工作生活的展开方式。而学术职业价值规范的习得、内化和维持又与另一种组织建制——学术人所栖身的大学组织密不可分。

（三）学术人成长的组织化:嵌入大学组织的学术人

如维克多(V.Shaw)所言,学术人的成长绝非一个自给自足的发展过程,它是一定时空下学者与组织互动的过程。③赖特(D.Light)以医生职业作为参照对象,对于大学组织与学术人的关系有过形象的论述:不管医生受聘于哪里,他依然是医生,但学术职业就与此不同,只有其受聘为高校机构时,才能称呼其为教师。换言之,受聘机构的运行机制决定了后者的职业性质和行为方式。④从组织的视角来看,大学为学术

---

① 林曾.夕阳无限好——从美国大学教授发表期刊文章看年龄与科研能力之间的关系[J].北京大学教育评论,2009, 7(1):108—123.

② 林小英,宋鑫.促进大学教师的"卓越教学":从行为主义走向反思性认可[J].北京大学教育评论,2014, 12(2):47—72.

③ Shaw V. Life Course of Academic Professionals: Substantive Tasks, False Assumptions, Institutional Accommodations, and Personal Adjustments[J]. Advances in Life Course Research, 2005, 9(9):331—347.

④ Light D. Introduction: The Structure of the Academic Professions[J]. Sociology of Education, 1974, 47(1):2—28.

人的生存和发展提供了物质报酬和内部认可,决定了他们职业展开的模式:获得本学科内的最高学位后进入学术职业,之后历经助教、讲师、副教授,最后达致教授这个最高职称等级。当然由于各国教育体制,甚至高校管理制度不同,可能略有差异,但整体上,大学教师在组织内的职业发展大致遵循以上模式。

上节论及的学术人专业规范的习得主要是在大学这个实体性社会机构中完成的,它经由一系列特殊的组织制度和学科建制不断塑造着学者的价值取向。在社会学里,制度主要被看作是在主流意识形态和价值观念基础上建立起来的、被认可、被结构化和强制执行的一些相对稳定的行为规范和取向。[1]新加入者需要学习业已在特定社会中存在的观念、习俗、技能、知识、信仰和规范,在这种学习的过程中他们实现由自然人到社会人的转化,齐美尔(Georg Simmel)将这一过程称为社会化(socialization)[2]。不难看出,它更为强调外界力量如何形塑了个体的职业和生活。就高等教育这一领域来看,一种学术职业要获得其应有的地位,得到社会的认同,需要以深奥的知识体系作为基础,能够训练新一代的从业人员,并通过建立专业学会和出版期刊形成本职业从业人员共同体、建立职业标准和职业道德伦理,获得知识的排他性和一定的职业地位,从而实现职业的自治权利。[3]而对个体而言,这些正式或者非正式的制度是先在的,他如果想要进入该职业,必须掌握这一职业的态度、行为、知识、技能和规范等,继而在专业组织中得到承认,

---

[1] 李汉林.改革30年与中国单位制度的变迁——分析与思考[J].学术动态,2008(18):2—36.

[2] [德]盖奥尔格·西美尔.社会学:关于社会化形式的研究[M].林荣远,译.北京:华夏出版社,2002.

[3] 阎光才.美国的学术体制:历史、结构与运作特征[M].北京:教育科学出版社,2011:31.

完成由局外人向局内人的转变,才能具备作为专业人员的资格,并获得权力、声誉和资助等各种资源。

蒂尔尼和罗茨(W.Tierney & R.Rhoads)认为大学教师的社会化是一个不断发展变化的持续过程,并将其划分为两个阶段:预期社会化(anticipatory socialization)和组织社会化(organizational socialization)。①

第一个阶段主要指的是本科,尤其是在研究生阶段的学术训练。库恩将专业态度、观念、技能等统称为范式(paradigm),他认为这些范式的习得必须经过共同体内的专业训练,包括在实验室里、在考试中或在科学教科书中遇到的具体问题解答,还有某些在期刊文献中常见的技术性问题解答,这些文献为科学家在毕业后的研究生涯中所必读,并通过实验示范他们的研究应怎么做。②当然,有时这种共同体的规范也可能是以潜移默化的方式对个体产生了作用。比彻和特罗勒尔(T.Becher & P.Trowler)在说明博士生社会化时曾援引格霍尔姆的分析,"任何人在加入一个新的群体时,如果立志成为一名完全合格的成员,就必须学习遵守该群体基本的文化规则。这也适用于大学中的各个院系。为了与老师、同学以及秘书(行政人员)相处融洽,学生还需要大量的技巧。而其中的绝大部分会在与别人的交往中慢慢习得,不会有人特意来教授新成员这些游戏规则。然而,如果没有遵守这些隐形规则,则毫无疑问地会影响学生在这个群体中的地位"。③伯顿·克拉克(B.

---

① Tierney W G, Rhoads R A.Conceptualizing Faculty Socialization[A]//Altbach P G. Contemporary Higher Education: International Issues for the Twenty-first Century. New York: Garland Publishing, Inc., 1997.

② 托马斯·库恩.科学革命的结构[M].金吾伦,胡新和,译.北京:北京大学出版社,2012:149—157.

③ 托尼·比彻,保罗·特罗勒尔.学术部落及其领地:知识探索与学科文化[M].唐跃勤,等,译.北京:北京大学出版社,2008:52—53.

Clark)认为所谓大学教师的社会化,简言之,就是学习如何成为一名大学教师。从文化的角度来说,就是要适应影响大学教师生活的各种文化力量,这既包括上文提及的学科文化、组织文化,还应包括职业文化和社会文化。①默顿认为,作为社会建制的科学为了有效践行其社会契约,科学家身上具备某些共同的精神气质(ethos)。所谓科学的精神气质,是指用以约束科学家的有感情色彩的一套规则、规定、惯例、信念、价值观的基本假定的综合体,包括普遍主义、共有主义、无私利性和有条理的怀疑主义等体现在科学的道德共识中的制度化的规范。②

第二个阶段主要从受聘为某个高校开始算起,高校主要借助资源配置、评价机制和奖励机制等来规范和约束教师的行为。国内学者目前在这方面的研究相对较少。周艳和钟海青认为高校通过正式和非正式制度影响了高校教师的专业社会化。③张莉提出专业教育、实习、职前培训、在岗训练都是实现教师专业和职业社会化的有效手段。④缪榕楠对贯穿大学教师的职业全过程的录用、晋升、评价、解聘与申诉,从学术组织和新制度主义的视角出发予以分析,讲述了组织是如何形塑个体的角色认知和职业发展。⑤

但社会化理论本质上依然带有结构主义倾向,它强调的是个体如

---

① Clark B. Academic Profession: National, Disciplinary, and Institutional Settings[M]. Berkeley: University of California Press, 1987.
② [美]R.K.默顿.科学社会学:上[M].鲁旭东,林聚任,译.北京:商务印书馆,2010:363—365.
③ 周艳,钟海青.社会学意义的高校教师专业发展[J].广西师范学院学报:哲学社会科学版,2004,25(2):79—83.
④ 张莉.教师职业社会化与教师专业发展[J].西部法学评论,2007(3):87—88.
⑤ 缪榕楠.学术组织中的人:大学教师任用的新制度主义分析[M].南京:南京师范大学出版社,2008.

何受外界环境的影响,从而在行为、价值观和信念等方面发生了改变。因此,社会学家倾向于去研究社会机制是如何发生作用,他们通过定义并测量这些作用对于个体行为的影响,最后说明这些行为是如何随着时间的改变而改变的,在这个过程中容易忽视个体的主观能动性。该理论与职业发展阶段理论的共同点是依然没有跳出个人层次的解释,只是更为强调社会或制度对于个体的同化作用。

概言之,"学术人成长的年龄说"借助于个体发生学的理论,提出教师的心理状态、偏好等都呈现出阶段性特征;"学术人成长的结构化"说明学术人职业伦理和精神气质的内核,以及学术界分层和分化机制,强调优势累积和马太效应;"学术人成长的组织化"更多是强调大学组织内部的聘用、考核和晋升制度等怎样形塑了个体的职业道路。

第三节 理论基础与分析框架

一、生命历程理论:不同研究进路的合流

已有文献对于学术人成长过程的研究主要从年龄说、结构化、组织化三个角度切入,共同点是都看到了个人成长的过程性特征,但相比较而言,年龄说视角强调个人职业发展过程中自然而然的阶段性特点,却忽视了外界环境的影响;结构化取向似乎呈现的是在科学的理想王国中学术人成长的一般规律,看不到市场以及不同国家制度和文化的作用;组织化的维度则侧重组织或制度对于个体的规训,结果是掩盖了人的主观能动性。而生命历程理论代表了一种学科融合的趋势,它对以上各个理论进行了批判式继承,注重较长时段的纵向研究,关注随着年龄的变化,个体在生理、心理和社会层面发生了何种"变化",因此既关

注制度如何规约了个人的发展,又张扬个体的主观能动性,同时还加入了历史这个因素,增加了理论分析的厚度和力度。以此视角来理解学术职业,我们得以观察在流动的生命里,学术人如何与组织、社会进行互动。

(一) 何谓生命历程理论?

生命历程理论(life course)最早源起于20世纪初芝加哥学派对于生活史方面的研究,他们一改以往史学家侧重对英雄人物自上而下的书写和社会学界惯用的社会普查方法,主张自下而上地去理解普通人物的生活状况,在方式上要么对研究对象进行深度访谈,要么收集研究对象生活经历的文献资料,特别是信件、报刊等,让他们发声讲述自己的生活故事。托马斯和兹纳涅茨基(W.Thomas & F.Znaniecki)的《身处欧美的波兰农民》被誉为其中的经典之作。在该研究中,他们运用生活史、生活记录和情景定义的方法研究了社会变化和移民的生活轨迹,包括家庭背景与亲属关系、社会变迁、代际关系、代际传递和代际地位等生命过程之间的关系。更重要的是他们无意中将移民和年龄结合起来进行的思考对生命历程理论的发展至关重要。[1]移民们在一个只存在于记忆中的世界里完成了社会化,成人之后却进入了一个完全不同的世界。在这些个体的发展和适应中,他们所离开和进入的社会的生发路线完全对立,社会角色的基本顺序也完全不同。

1960年代之后,这种生活史的家庭视角逐渐被年龄与生命历程所替代,其转而关注生命与时代、时间点、相互联系的生命和个体能动性之间的关系等。在埃德尔(G.Elder)看来,生命历程指的是在人的一生

---

[1] 包蕾萍.生命历程理论的时间观探析[J].社会学研究,2005(4):120—133.

第一章 绪 论

中通过年龄分化而体现的生活道路。他认为人是生活在一定时空中的,在一定社会阶段的人同某种历史力量相联系;人是在相互联系的社会中的;社会生活时间性的背后是一种生命过程的时机;最关键的是人并不是完全受制于社会历史时间,是可以能动选择的。①此后,雷德尔(N. Ryder)将"同期群"(cohort)概念引入生命历程研究,赖利(M.W. Riley)又提出年龄分层理论(age stratification),从而逐渐形成了生命历程研究视角的主要分析框架。该分析框架主要包括三部分内容:一是关注整个生命历程中年龄的意义;二是研究社会模式的代际传递;三是分析宏观事件和结构特征对于个人生命史的影响。②从这种意义上来说,生命历程理论符合米尔斯眼中社会学想象力的任务和承诺,通过年龄这一要素将历史、社会结构和个人生活历程结合起来。在米尔斯看来,历史维度的研究议题包括某个特定历史时期的由来和影响,对于整体人性发展的意义;社会结构的维度则是将特定社会视为一个整体的结构形态,关注结构的组成要素及其相互关系,以及结构的持续和变化意味着什么;个人生活历程维度关注的是这种社会这个时期人们的行为和生存状态为何,如何变化,这种变化背后的机制又是什么。③

近年来涌现的一些本土化研究中,周雪光考察了在我国历史变迁的背景中,国家社会主义再分配模式及其对个人生活机遇的影响,包括教育分层、职业流动、官员升迁、经济利益分配等领域中城市居民的再

---

① Elder G H. Time Human Agency and Social Change:Perspectives on the Life Course[J]. Social Psychology Quarterly, 1994, 57(1):4—15.
② 李强,邓建伟,晓筝.社会变迁与个人发展:生命历程研究的范式与方法[J].社会学研究,1999(6):1—18.
③ [美]米尔斯.社会学的想象力[M].陈强,张永强,译.北京:生活·读书·新知三联书店,2012:6—7.

分配和分层情况。[1]郭于华和常爱书分析了我国社会转型对大龄下岗人员生命历程造成的制度性紊乱,如非常态的生活轨迹、受限制的行为选择、异常的体验和认知等。[2]徐静和徐永德分析了老年贫困现象,并区分了不同贫困老人的生命发展轨迹类型及成因。[3]吴开泽研究了住房市场化背景下宏观和微观因素对城市居民二套房获得的影响,考察了宏观的世代因素、中观的单位因素以及微观的家庭和个体因素。[4]这些研究都对我们理解生命历程理论和构建分析框架给予了不少启发,但相对而言,它们主要集中在人口学和社会学领域,国内鲜有学者将之运用到教育学,尤其是学术职业的研究。

(二)流动的学术职业

个体的职业发展与其生命的展开密不可分,因此两者之间错综复杂的关系曾被视为"斯芬克斯之谜"(the Sphinx's Riddle)。[5]从职业过程的角度来看,个体经历教育、进入职业、职业发展、职业流动与升迁到最终退出职业,而与此同时,作为一个生命体和社会人,其又要遵循着一定的社会时间表,历经结婚生子等一系列角色和身份的转换,而往往这两个过程交织在一起。

借助生命历程的范式思考学术职业的发展,并不是对以上学术职

---

[1] 周雪光.国家与生活机遇:中国城市中的再分配与分层 1949—1994[M].郝大海,等,译.北京:中国人民大学出版社,2014.

[2] 郭于华,常爱书.生命周期与社会保障——一项对下岗失业工人生命历程的社会学探索[J].中国社会科学,2005(5):93—107.

[3] 徐静,徐永德.生命历程理论视域下的老年贫困[J].社会学研究,2009(6):122—144.

[4] 吴开泽.生命历程视角的城市居民二套房获得[J].社会,2016(1):213—240.

[5] Burack E H. The Sphinx's Riddle: Life and Career Cycles[J]. Training & Development Journal, 1984, 38:52—61.

业年龄说、结构化和组织化取向的全盘否定,而只是在此之外提供了另一个解释学术人成长的历史情境性视角。借助于时间或者说年龄的维度发现了个体、社会和历史的一个结合点,生命历程理论弥补了成人发展阶段理论对于社会结构忽视的不足,也避免了学术系统分化机制的理想主义倾向以及社会化理论的去个人中心问题。

生命历程理论认为,人们的职业生涯和生活经历由许多连续的个人机遇组成,它们构成了一个人不断变化的生活轨迹。在这样的生活轨迹中,先前发生的生活事件会对后来的生命历程产生重要的影响,甚至形成个人生活轨迹的转折。同时,即使是同样的生活事件,在不同的历史时期,由于社会制度条件的不同,它的发生过程具有很大的差别,对一个人后来的生命历程的影响也具有不同的意义。[1]它一方面强调年龄层级性,即同一事件是否发生在关键期对人的意义完全不同,另一方面认为生命历程是由社会建构的,即具有社会的规定性。[2]包蕾萍认为,生命历程理论解构了生物学意义上的年龄概念,从社会和心理的角度对年龄进行多元化分析,包括生命时间、社会时间和历史时间三个角度。[3]所谓生命时间指的是时序年龄(chronological age),本质上来讲只是一种计时方法,它是对个体的生理、心理和社会特征综合考量之后给出的一种时间标记或符号;社会时间指的是在特定的年龄分层结构中,年龄所被赋予的功能,也是一种社会产品,由一系列组织有序的事

---

[1] 刘精明.向非农职业流动:农民生活史的一项研究[J].社会学研究,2001(6):1—18.

[2] 包蕾萍,桑标.习俗还是发生?——生命历程理论视角下的毕生发展[J].华东师范大学学报:教育科学版,2006,24(1):49—55.

[3] 包蕾萍.生命历程理论的时间观探析[J].社会学研究,2005(4):120—133.

件构成,且在不同的社会建制内有不同的表现形式①;历史时间,更准确来说,只是一个维度,可以被还原为社会结构及变迁阶段的具体情景,从而得以去观察在政治、经济和社会事件面前个体采取怎样的应对态度和行动策略。历史时间塑造了社会时间,社会时间进而又创造了一组动态的年龄规范和年龄分层体制,从而影响了个体的生命历程。但这并不意味着我们认为个体完全受制于外在制度和结构,个体在制度中仍有选择的空间,而且正是因为个体这种多样化的选择创造出不同的生命轨迹,使其生命历程更富有变化。丹妮夫(D.Dannefer)认为生命历程理论既能体现个体适应环境的能力,也能看到结构的多样性和环境的复杂性,还能体现环境作为符号意义对于个体发展的调节作用。②因此,当我们以生命历程理论的视角去看待大学教师的职业发展时,实际上看到的是教师成长的变化是个体特质和制度因素在特定的情境下共同作用,双向互动的结果。

生命历程涵盖个人从出生到死亡的全过程,包括由年龄区分的生活经历、发展路径、各种机会和重要的生命事件,因此它与年龄变量紧密相关,因为在不同的年龄段,个体在社会生活中具有不同的社会参与结构和参与性质。人们正是经由重要的生命事件来认知和调适自己的社会角色,转换相应的权利、义务、规范和期望关系,社会分配机制伴随着年龄而变化,个体在不同的生命历程阶段上享有相应的社会地位。

---

① Featherman D L, Lerner R M. Ontogenesis and Sociogenesis: Problematics for Theory and Research about Development and Socialization Across the Lifespan[J]. American Sociological Review, 1985, 50(5):659—676.

② Dannefer D. Adult Development and Social Theory: A Paradigmatic Reappraisal [J]. American Sociological Review, 1984, 49(1):100—116.

第一章 绪 论

吉登斯认为对每个人来说,在日常生活时空路径中的定位过程都同时是其生命周期或生活道路的定位过程。①德国社会学家希瑟·霍夫梅斯泰(H. Hofmeister)提出,与其把生命历程称作为一种理论或范式,不如把它视作一个实证主义的定位策略(orienting strategy),即这些策略告诉我们哪些问题是重要的,哪些问题是可以忽略不计的,以及如何处理我们认为重要的信息。②其中生命历程理论有四个重要的概念需要说明:

1. 个人能动性(human agency):个体的能动性表现在每一个人都拥有特定的能力、目标、兴趣和技能,而个体如何利用以上资源,调整策略以适应变化的环境,这些都是个性化的选择。

2. 相互联系的生活(linked lives):比如在大学教师的学术职业历程中,从博士阶段,进入学术职业,迈过各个职业阶梯,再到退出学术职业,视为一系列相关关联的事件。此外还有社会关系网络,家庭的影响(孩子的出生对于职业发展的影响)。

3. 一定时空中的生活(context-lives in time and place):比如,科研环境必然会对不同时期进入学术职业的教师的研究训练和知识生产带来差异化的影响。

4. 生活的时间性(timing):个体在生命历程的早期选择何时进入或者退出劳动力市场,何时结婚等都是机会性事件,同时具有时间的累积性,都会对之后的生活机会和生活质量产生巨大的影响。布莱克本

---

① 安东尼·吉登斯.社会的构成[M].李康,李猛,译.北京:生活·读书·新知三联书店,1998.
② Hofmeister H. Life Course[A]//Immerfall S, Therborn G. Handbook of European Societies: Social Transformations in the 21st Century. Netherlands: Springer, 2010:385—411.

和哈维格斯特(R. Blackburn & R. Havighurst)对美国74位年长教师的研究发现,60岁之后仍然处于学术活跃状态的教师在比较年轻的时候就获得了博士学位,而那些不活跃者一般都要到34岁之后才拿到博士学位。[1]因此,某一生活事件在何时发生甚至比这一事件本身更具意义。[2]

总之,生命历程理论从个体化和群体差异的视角出发,指出学术人成长中社会历史背景的迥异以及随之而生的机会结构和发展路径的差异性。也许正是因为学术人成长过程的复杂性,任何单一的理论模型都不足以提供准确的解释,所以才需要融合多种理论之长,借助多维度的视角来理解学术人的成长过程。

二、研究思路与分析框架

本研究的基本立场是大学教师的学术活力并不是一种静态的结果,而是随着学者整个职业生命历程逐步展开的累积过程,则其必受制于个体性、结构性和历史性因素的影响。具体内容包括对我国大学教师学术活力随年龄增长而变动的动态特征进行描述,并对影响大学教师学术职业发展的因素进行分析,待检验的特定议题——个体、组织及社会环境的影响——都需要不同的研究设计和分析策略,这些根据行文需要将在每一部分另行说明。核心议题表述如下:

1. 大学教师学术活力的特征及其变化态势为何?
2. 个体职业发展过程中的兴趣、动机和偏好的变化如何影响了教

---

[1] Blackburn R T, Havighurst R J. Career Patterns of U.S. Male Academic Social Scientists[J]. Higher Education, 1979, 8(5):553—572.

[2] Hagedorn L S.Conceptualizing Faculty Job Satisfaction: Components, Theories, and Outcomes[J]. New Directions for Institutional Research, 2000, 2000(105):5—20.

师活力的发挥和工作的感受?

3. 高校内部的组织制度环境在何时何种程度上激励或制约了学术人的成长?

4. 外部社会环境与学术人之间有怎样的互动关系?

以上即是本书意欲研究和尝试回答的问题,其最终目的在于基于对教师在不同职业阶段的发展状况以及问题的诊断,来探讨教师职业发展所需要的政策、制度以及环境支持。

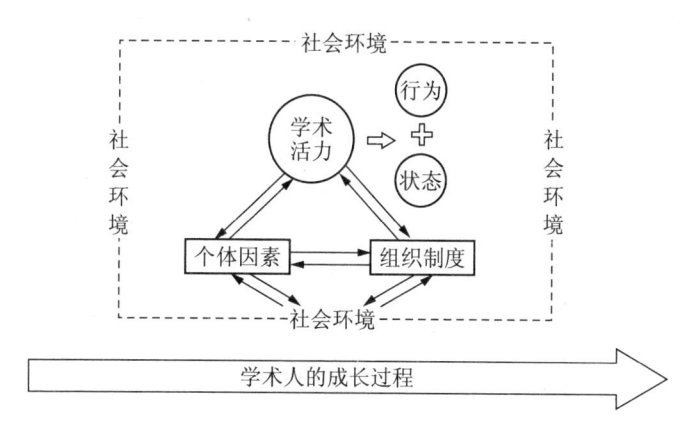

图 1-4　本研究的分析框架

全书共分为六章,具体内容如下:

第一章为绪论,涵盖学术活力、学术人成长过程等相关研究的文献综述,以及本研究的理论依据和分析框架,并交代了具体分析中所使用的研究框架、核心概念、研究方法和研究意义。

第二章先采用文献研究的方法梳理了学术生命周期现象的研究,在此基础上利用实证调查数据对我国大学教师学术活力变化的年龄特征及影响因素进行了本土性的考察。结果发现年龄并不是影响学术活力的最重要因素,甚至不是显著的影响因素,两者之间并不存在简单的线性关系。学术活力的变化表现出波动性、累积性和分化性的特征,而在控制其他变量的情况下,个体身份特征、组织制度都是显著的影响因素,从而折射出学术人成长背后有复杂的个体性、结构性和历史性因素。

第三章借助访谈资料从个体层面展示了大学教师对学术工作的认知、兴趣、动力、选择、感受在不同职业阶段的变化,各种因素的角力下教师活力的起伏不定,展示了学术人的职业成长交织着生命历练和感悟的过程。

第四章过渡到大学组织层面,通过自建数据库以职称晋升这一教师职业发展过程中的关键事件为例,剖析性别、学科、学缘关系、学术发表、年资等因素如何影响了不同群体的发展速度,最后落脚点是制度中的时间设置是如何影响了教师学术活力和心态的变化。

第五章比较了 1980 年代、1990 年代和 2000 年代三个不同入职同期群的职业路径,分析发现宏大的历史变迁和社会发展进程影响了他们早期教育经历、职业选择、研究训练、科研资源等,从而造就了不同出生群高校教师迥异的成长轨迹和学术活力特征,进一步说明大学教师的学术职业发展还具有历史情境性。

第六章为基本结论及对学术人成长的政策反思,还有本研究的局限性及未来可拓展的研究空间说明。

第四节 核心概念的界定

本研究的核心概念为"活力"(vitality)、"学术活力"(academic vitality)以及"学术生命周期"(academic life course),同时"学术职业"(academic career)和"大学教师"这两个重要概念在本研究中所指涉的具体内涵,也有必要在此一并予以阐释。

一、活力

《现代汉语词典》对于"活力"一词的解释是"旺盛的生命力",而"生命力"指的是"事物具有的生存、发展能力"。[①]与之相对应的英文词语为 vitality[②],从词源学的角度来说,vitality 来自拉丁词"vitalis",也指的是生命相关的质量或者说维系生命的质量,其衍生词"vital"也就具有了"必不可少的"或"不可或缺的"的含义。当下,"活力"一词在社会学、经济学、心理学、教育学等学科中都有广泛的应用,产生了诸如社会活力、经济活力、教育活力、学校活力、教师活力、学术活力等众多衍生术语。

二、学术活力

在教育学研究领域,教师学术活力是个多维度的复杂概念体系。国内学界目前较少将教师学术活力作为一个专门术语进行研究。笔者在知网期刊数据库所有年份中模糊检索"教师活力""学术活力"两个关键词,仅有134篇相关文章,其中跟高校教师紧密相关的仅有33篇,涉及大学活力、教学活力、创新活力几个方面,但绝大多数仅是在标题中出现而已,只有少数学者对其概念内涵或影响因素进行了探讨。陈邦

[①] 中国社会科学院语言研究所词典编辑室.现代汉语词典:第7版[M].北京:商务印书馆,2016:591,1168.

[②] 在积极心理学中学者们也常使用 vigor 一词,笔者发现西方学者在使用这两个词语时并未进行严格的区分,如 Shirom-Melamed Vigor Measure 量表中使用了 vigor,而 Subjective Vitality Scale 主观活力量表中则使用了 vitality 一词。可以说,两者的基本含义相同,只是不同学科领域中学者们所惯用的术语不同而已。

峰提出,活力是事物的生存能力,而教师活力指的是其充满生机、蓬勃发展的力量。[1]栗洪武将教师活力等同为学术能力,认为其受到教师个体学术志趣、学术制度和学术生态的影响。[2]白治堂和王建梁从心理契约的角度对美国大学中老年教师活力的研究进行了综述,并从心理契约违背的角度提出活力丧失教师通常会选择退出学校或院系活动,不参与学术交流与合作,放弃对年轻教师的指导或者给予其消极的建议。[3]张蓓从创新的角度考察了高校青年教师的活力,并构建了由健康状况、生活环境、福利待遇、思想动态、情感满足、角色认同、职业发展七个结构变量组成的创新活力影响模型。[4]阎光才认为学术活力指的是高校教师在教学、研究以及管理与社会服务等学术工作中的活跃程度。这种活跃程度有内在和外显两种表现形式:前者包括高校教师投身学术工作的动机、激情、价值取向与精神欲求等,后者则可以通过教师投入时间与精力的程度以及工作绩效等指标进行测量。[5]

阿玛蒂亚·森(Amartya Sen)主张根据一个人做有价值的活动或达致有价值的状态的能力来探讨处理个人福祉(wellbeing)和利益的问题,而能力又是根据功能来派生地定义的。功能性活动(functionings)代

---

[1] 陈邦峰.论教师继续教育的活力与动力——兼谈教师继续教育的模式与机制[J].继续教育,1997(4):41—42.

[2] 栗洪武.高校教师学术能力提升的活力要素与激励机制运行模式[J].陕西师范大学学报:哲学社会科学版,2012(6):154—157.

[3] 白治堂,王建梁.心理契约的违背对美国大学中老年教师活力的影响[J].当代教育科学,2008(7):41—43.

[4] 张蓓.高校青年教师创新活力影响因素实证分析——基于广东33所高校的调查数据[J].教育发展研究,2014(3):14—21.

[5] 阎光才,牛梦虎.学术活力与高校教师职业生涯发展的阶段性特征[J].高等教育研究,2014(10):29—37.

表了个人状态的各个部分——特别是他或她在过一种生活时成功地做成或成为的各种事物。一个人的能力反映了这个人能够获得的功能性活动的可选择的组合,他或她可以从该组合中选择一个集合。如果有 n 个相关的功能性活动,那么一个人对所有这些功能性活动的成就范围相应地就能够以一个 n 元组来表示。[①]那么,借用森的观点,对大学教师学术活力的定义也可以根据其能力,进而从其所从事的学术工作予以定义。对大学教师而言,发现的学术、综合的学术、应用的学术和教学的学术这四种不同形式的智力活动构成了学术工作这个相互依赖的有机整体。[②]

由此,本研究认为:学术活力代表了大学教师完成知识发现、综合、应用和教学等学术工作的程度和状态。它是一种行为和状态的组合体,前者可以通过客观工作业绩、教学时间投入、社会服务时间投入予以测量,后者则可以通过学术活动信心、发展目标和工作喜好程度等指标进行测量。一个有学术活力的教师应该是对教学充满激情,或专心投入学术研究,或发挥专业特长服务于学校、学术共同体以及社会的发展,但教师本人要能够从任何一项学术工作之中获得一种满足感和成就感。然而,一方面由于本书聚焦于研究型大学的教师,因此对于学术活力的测量更为偏重发现和综合的学术,即科研工作,另一方面也是因为应用的学术和教学的学术等方面的活力较为难以测量而不得已为之。

---

① [印]阿玛蒂亚·森,玛莎·努斯鲍姆.生活质量[M].龚群,聂敏里,王文东,等,译.北京:社会科学文献出版社,2008:36—44.

② [美]欧内斯特·博耶.学术水平反思——教授工作的重点领域[A]//发达国家教育改革的动向和趋势:第 5 集.北京:人民教育出版社,1994:23.

三、学术生命周期

生命周期(life cycle)原为生物学术语,指一个生物体从出生、成长、衰老到死亡所经历的各个阶段和整个过程,经引申和扩展后,其研究对象不仅包括具有生命特征的物体,也包括类生命物体,包括组织、家庭、产品等,目前已成为在社会科学各学科中广泛应用的一种观察问题的视角或方法。例如,在经济学领域,弗农(R.Vernon)指出产品和生物一样也具有"生命",从它进入市场到退出市场,在这个过程中也历经形成、成长、成熟和衰退这样的周期。[1]组织行为学认为一个团队也有生命周期。塔克曼(B.Tuckman)提出团队的成长也具有生命周期的特点,可以被划分为形成期、激荡期、规范期和高效期四个阶段。[2]关于学术生命周期这个概念,国外文献中虽然有大量有关年龄与个体创造力或学术活力关系的研究,但并无这个名词的专有定义。国内学者袁曦临较早使用了学术生命周期这一概念,用来指称学术成果的生命周期,即某项研究成果对以后的学术研究而言,其具有参考价值的时间长度,并继而提出科研人员的成长也具有生命周期的特征,一般包括初创与成长期、规范与稳定期、个性与创造期及老化与衰退期四个阶段。[3]在此,"学术生命周期"带有职业生涯的意味,指的是大学教师进入直至退出学术职业的全过程。

---

[1] Vernon R.International Investment and International Trade in the Product Cycle[J]. International Economics Policies & Their Theoretical Foundations, 1966, 8(4):190—207.

[2] Tuckman B W.Developmental Sequence in Small Groups[J]. Psychological Bulletin, 1965, 63(63):384—399.

[3] 袁曦临,曹春和.基于学术生命周期理论的高校人才价值评价[J].科技管理研究,2009(8):242—244.

第一章 绪 论

四、学术职业

据布莱登斯坦(B.Bledstein)的考证,英语中"职业"(career)一词来源于法语"carrière",其含义是"车走的跑道"、"人、马、老鹰等快速移动的轨迹"、"行动路线",直到19世纪中叶,尤其是20世纪它才逐渐有了现在的"职业"概念,意指个体在某一专业领域取得的进步和发展。①雷蒙·威廉斯(R.Williams)认为该词不同于work、job等一般意义上工作概念之处,主要在于它暗含有某种明显的内在进程,连续性以及生涯的意味。②

国内外有关大学教师学术职业的研究可谓浩如烟海。在西方国家,尤其是在美国,"二战"以后随着学术职业化进程的加速和新学科的兴起,有关大学教师学术职业方面的问题进入学术视野,成为炙手可热的研究议题。而国内的研究相对起步较晚,直到20世纪末"学术职业"一词才在一篇引介性的文章中出现。③概括来看,学术职业具有广义和狭义,物质和精神之分。学术职业作为一种研究议题肇始于20世纪30年代,一般认为威尔逊所著《学术人》为最早的研究。学术职业(academic profession)的概念源自西方,特指高校教师从事的职业。④广义上指的是以学术为工作对象的群体。现代对"学术职业"这一概念的阐发大致都是从马克思·韦伯"以学术为业"的演说中缘起的,他赋予学

---

① Bledstein B J. The Culture of Professionalism-the Middle Class and the Development of Higher Education in America[M]. New York:W.W. Norton & Company,1978:171—172.
② 雷蒙·威廉斯.关键词:文化与社会的词汇[M].刘建基,译.北京:生活·读书·新知三联书店,2016:83.
③ 杨锐.当代学术职业的国际比较研究[J].高等教育研究,1997(5):92—100.
④ 李志锋,沈红.论学术职业的本质属性——高校教师从事的是一种学术职业[J].武汉理工大学学报,2007,12(6):846—850.

术工作以精神和物质的内涵。韦伯认为与苏格拉底时代多数智者的知识生活更多响应于一种外在社会或神灵的召唤而产生的"天职感"不同,现代知识分子之所以选择以知识生产为业,主要来源于一种"非此不可的内在志趣",即"志业感"的驱策,[1]但他同时肯定了学术职业也具有一般物质意义上世俗职业的内涵。芬克尔斯坦借助于职业的一般概念和测量维度给出了学术职业的定义,他认为学术职业是拥有专业知识背景的、易受新知识生产影响的、随着学术劳动力市场波动的、遵循共同学术规则和学术伦理的自主性职业。[2]沈红又给出了具有本土语境的定义,她认为学术职业指的是具有以学术为生,以学术为业,学术的存在和发展使从业者得以生存和发展特征的职业。[3]本研究偏向使用学术职业的狭义概念,指的是在大学中从事教学、科研、服务等活动的一种职业类型。

五、大学教师

本研究所指的大学教师特指研究型大学中从事教学、科研的专职教师,另外文中"大学教师""学术人""学术人才"等词有时会交替使用,并不进行严格意义上的区分。

第五节　研究方法

研究大学教师学术职业历程中宏观和微观因素的影响及其作用机

---

[1] 姜丽静.历史的背影:一代女知识分子的教育记忆[D].上海:华东师范大学,2008.
[2] Finkelstein M J, Seal R, Schuster J H. The New Academic Generation: A Profession in Transformation[M]. Baltimore: Johns Hopkins University Press,1998.
[3] 沈红.论学术职业的独特性[J].北京大学教育评论,2011,09(3):18—28.

第一章 绪 论

制,应采用一种前瞻式的研究设计,聚焦一组有代表性的个体样本,追踪记录下他们在一个观察期内的职业经历,但受制于研究的可操作性和资料的可获取性,一个切实可行的策略是采用回溯式方法收集资料,即通过个人履历、访谈等,详细记录大学教师职业发展不同阶段中的重大事件、职业取向、研究兴趣、职业状态等。本书采取的正是这种研究策略:采用个案访谈的方式获取了 39 位大学教师的职业发展历程资料,同时辅以 2011 年和 2014 年我国研究生院高校教师横向调查数据[①]以及基于引文数据库等信息来源构建的微观科研产出历时性数据。不同于以往比较泛化的研究取向,当下较为细致的微观资料收集也许是理论创新和突破的关键所在。具体来看,本书主要使用的研究方法包括文献计量法、问卷调查法、访谈法和内容分析法等。

一、 文献计量法

文献计量法是图书情报学研究中常用来描述和评价文献信息的分布、结构及数量关系,进而预测其发展规律的一种方法。比如著名的洛特卡定律就是美国学者洛特卡通过对化学和物理学领域中作者数量和论文数量分布情况进行计量分析而发现的,即社会知识生产的一般规律是写 n 篇论文的作者的频率(占作者总数的比例)为 f(n),那么:$f(n)=C/n^2$(C 为常数)。[②]本研究中,笔者借助于教师个人主页、中国知网及 Web of Science 数据库搜集了大学教师生平履历及历年学术发表数据,自建一个 136 位教师的职称晋升事件数据库,采用事件史的分析方

[①] 两项调查的数据资料分别属于阎光才教授主持的教育部重大攻关项目和国家自然科学资金项目课题组,已获得授权使用。

[②] Lotka A J. The Frequency Distribution of Scientific Productivity[J]. Journal of the Washington Academy of Sciences,1926,16(12):317—323.

法对教师职称晋升的时间风险率、影响因素以及晋升事件对教师学术活力的作用进行了分析。学术发表和被引数据能够更客观细致地描述教师职业发展的过程性特征，同时又借助于深度访谈资料对其深层次的影响因素进行剖析。这种将文献计量和访谈相结合的分析方法，既能丰富客观数据的描述，又能弥补访谈法中的自说自话所引发的质疑，形成数据间的相互印证。

二、问卷调查法

问卷调查是定量研究中最常用的数据收集方法之一。2014年笔者参与了华东师范大学阎光才教授主持的国家自然科学基金项目组对我国56所研究生院高校教师开展的问卷调查工作，包括问卷设计、前测、抽样设计、问卷发放和回收、数据清洗和分析等。在研究过程中，笔者利用这部分数据对我国大学教师整体的学术活力状况和影响因素做了一个全貌式的分析，从而为后续探讨影响教师学术活力的个体、制度和社会环境的生发机制做了一个铺垫。另外，在分析不同大学教师入职同期群职业发展的世代效应时，笔者还使用了少量2011年全国研究生院高校教师的数据。为了保持研究思路和分析的连贯性，调查设计和样本特征会在每个章节具体分析时进行详细说明。

三、访谈法

为了更细致地了解大学教师职业发展的过程性特征，笔者结合上述问卷内容，考虑了学校特征、年龄、性别、职称、学科分布、行政经历等特征，进行目的性和关键性抽样，最终选取了某地区四所研究型大学39位大学教师进行了半结构化的访谈。在对每个访谈者进行访谈之前，笔者都会事先了解其教育经历、工作经历、研究领域、科研成果发表情况、项目参与、获奖及社会服务工作等个体背景资料，以确保访谈的流畅性和相关信息的验证。关于样本的饱和状态,科尔宾和施特劳斯认为,完全饱和的状态可能永远无法达到,但是如果研究者认为一种类属为理解一个现象提供了具有相当深度和宽度的信息,而且与其他的类属之间的关系已被澄清,那么就可以说抽样已经足够充分,研究已经饱和。① 在访谈和资料分析同步进行的过程中,研究者认为已经充分获得了有关大学教师职业发展的信息,很难再发现新的主题,抽样至此结束。

表1-2 访谈对象的分布情况

编号	编码	访谈地点	性别	年龄	职称	学科类型
1	A-EDU1	图书馆	女	45	副教授	社科
2	A-EDU2	校车	男	38	副教授	社科
3	A-EDU3	咖啡馆	女	36	讲师	社科
4	A-MATH1	办公室	女	39	副教授	理科
5	A-MATH2	图书馆	男	51	副教授	理科
6	A-MATH3	办公室	男	36	副教授	理科
7	A-MATH4	办公室	男	66	教授	理科
8	A-HIS1	办公室	女	45	副教授	人文
9	A-HIS2	办公室	男	57	教授	人文
10	A-HIS3	办公室	男	40	副教授	人文
11	A-HIS4	办公室	男	34	副教授	人文
12	A-MATH5	办公室	男	43	教授	理科
13	A-HIS5	会议室	男	53	教授	人文

---

① [美]科尔宾,施特劳斯.质性研究的基础——形成扎根理论的程序和方法:第三版[M].朱光明,译.重庆:重庆大学出版社,2014:108.

续表

编号	编码	访谈地点	性别	年龄	职称	学科类型
14	A-HIS6	图书馆	男	52	副教授	人文
15	A-MATH6	办公室	男	43	副教授	理科
16	A-ELEC1	办公室	女	41	副教授	工科
17	A-ELEC2	办公室	男	38	副教授	工科
18	B-ELEC1	咖啡馆	男	43	副教授	工科
19	C-ENG1	电话访谈	男	38	副教授	人文
20	A-ELEC3	图书馆	男	38	副教授	工科
21	A-ELEC4	办公室	男	49	教授	工科
22	A-PHI1	办公室	女	62	教授	人文
23	D-MEC1	办公室	男	37	讲师	工科
24	D-MATH1	办公室	男	62	教授	理科
25	A-PHI2	办公室	男	49	教授	人文
26	C-ELEC1	办公室	女	36	副教授	工科
27	A-ELEC5	电话访谈	男	48	教授	工科
28	C-LAW1	电话访谈	男	37	副教授	社科
29	C-ELEC2	电话访谈	男	42	副教授	工科
30	D-MATH2	电话访谈	女	54	教授	理科
31	A-PHY1	办公室	男	35	教授	理科
32	A-PHY2	办公室	女	47	副教授	理科
33	B-MATH1	电话访谈	女	39	副教授	理科
34	B-PHY1	办公室	男	49	副教授	理科

续表

编号	编码	访谈地点	性别	年龄	职　称	学科类型
35	B-MATH2	办公室	男	39	副教授	理科
36	B-MATH3	办公室	男	37	教授	理科
37	B-CIV1	办公室	男	54	教授	工科
38	B-LIT1	办公室	女	51	教授	人文
39	B-CIV2	办公室	男	45	教授	工科

四、内容分析法

内容分析是一种搜集与分析文章内容的技术，由于研究者不可能影响到原作者通过文本中的文字、信息、符号的安排运用与读者或接收者交流的过程，因此它是一个相对客观的文本编码方法。[1]在第五章中，研究者搜集了A大学的校志，人事管理政策、文件、通知、工作实施意见等相关文本，采用内容分析法对其进行了编码和解读，展现了教师职称评聘程序和资格条件的历史演变过程。其中涉及政策的出台原因、具体实施情况等，笔者还对A校人事处相关管理人员进行了多次非正式的访谈，以确保对于相关文本信息理解的准确性。

研究方法本身并无优劣之分，关键在于其与研究问题的适恰与否，而根据问题的不同或一个问题的不同面向采用两者相结合的方法还能进行三角验证。在把定量数据的结果与定性数据进行比较的过程中，观点可以得到更好地解释、例证、改进和澄清，而且某个方法的结果还可以用来丰富另外一种方法的结论，引发对问题的重新思考和剖析，从

---

[1] ［美］纽曼.社会研究方法：定性和定量的取向［M］.郝大海，译.北京：中国人民大学出版社，2007：391.

而扩展了研究的广度和深度。①因此,在本研究中针对问题的不同,既采用了定量方法,又采用了质性研究方法去收集资料和分析问题。

第六节 研究意义

从理论层面来说,本研究借助心理学、科学社会学、组织学等多学科的研究视角,尝试运用一种跨学科、长时段、结构性的生命历程研究框架,以学术活力的变化为切入点来剖析影响学术人才成长的因素,拓展了理论的应用空间。

从政策设计的角度来说,当下我国学术职业正处于一种被重新型构的过程之中,通过考察随着年龄增长,教师学术活力的变化特征,可以更深刻地理解年龄与学术人才成长的关系,对于当下学术管理制度和政策中盛行的年龄主义取向具有一定的警醒作用。

从现实层面来说,笔者之所以选择大学教师这个群体作为研究对象,内心却是有一种"忍不住的关怀"。十余年兜兜转转的校园时光中,大学教师是笔者最熟悉的群体,成为笔者人生最重要的指路人,工作上的亲密伙伴,生活中的可爱朋友,但细想之下他们又是一个陌生的群体,除了事务性工作上有所交集,笔者似乎很少认真聆听过他们作为大学教师的所思所想。而大学作为一个组织在忙于应对外部竞争和问责之时,或许不应将教师视为实现政策的工具,而是需要停下来问问老师们的工作体验和感受。本研究希望不再是静态、割裂地看待大学教师

---

① [美]马奇(Machi L A),麦克伊沃(McEvoy B T).怎样做文献综述[M].陈静,等,译.上海:上海教育出版社,2011.

第一章 绪 论

的学术职业发展历程,而将之视为一定时间和空间条件下嵌入大学这个组织的一分子。在访谈过程中,许多老师表示"根本没有空"反思自己的职业发展,就这么日复一日,年复一年地忙碌着、挣扎着。但正如米尔斯所言,当个人型的焦虑不安被集中体现为明确的困扰,公众也不再漠然,而是参与到公共论题中去。[①]从这个意义上来说,本研究若能够触动大学教师这个群体对自身职业的反思,进而主动地去促使或参与学术制度的设计、实施和优化,于笔者而言已是最大的慰藉。不少受访者希望笔者能将"调研结果写成政策或建议呈给上面的领导",所以假使还能有助于高校管理者思考如何助力教师成长,保持他们持久发展的动力和活力,甚至能够让象牙塔外的人关注这个特殊的群体和职业,那则是锦上添花了。

---

① [美]米尔斯.社会学的想象力[M].陈强,张永强,译.北京:生活·读书·新知三联书店,2012:10.

第二章　大学教师学术活力表现的生命周期特征

  在可数量计算的前提下,每个人在出生率、结婚率、犯罪率,等等之中,有其自己的位置。情况不变时,这些比率维持不变,但却因人而异。于是,这变得相当明显:这些与出生、结婚、犯罪、自杀,等等相关的行动范畴,并不单单依赖个体的善变性,却表现为一个恒定且界定清楚的社会状态,其强度可以测量。于是,社会生活中的东西,而且是其中看似最具波动的面相,乃呈现出一致性和稳定性,这很自然地可以加以科学探讨。①

——迪尔凯姆

  本章将利用实证调查数据回答一个最基础性的问题,即大学教师的学术活力随着年龄的增长而呈现何种变动形态和特征。常识似乎是年轻人学术活力旺盛,才思泉涌,而年老者已如朽木,行将枯萎,年龄与学术活力之间似乎存在一种类似定律的反向关系。对此,西方不少学者虽然进行了大量的实证研究,构建出若干模型,但学界至今并未达成共识。

---

① 迪尔凯姆.社会学方法的准则[M].狄玉明,译.北京:商务印书馆,1995.

第二章 大学教师学术活力表现的生命周期特征

第一节 "科学是年轻人的游戏"？

学校强制要求 50 多岁的教师还要做科研不现实，比如每年发表多少数量的论文确实没必要。(A-MATH5，男，理科)

35 岁以下医学、生物学相关专业及相关交叉学科毕业的海外知名院校博士或博士后。(某高校教师招聘要求)

长江学者规定自然科学类、工程技术类年龄不超过 45 周岁，人文社会科学类不超过 55 周岁。(长江学者申请条件)

以上的第一个案例是一位受访者对 50 岁以上大学教师科研状况所作的一种评价，他认为科研能力受到年龄限制，到了一定年龄将很难再继续科学创造活动。第二个事例是某高校在引进青年人才招聘时，除了对申请者科研能力等提出要求外，还有一道不可逾越的年龄警戒线。笔者周围就有这样一个鲜活的例子：某海外毕业博士，1981 年生，去年进入某国内高校工作。他形容自己能够进入该高校为"生逢其时"，因为后来他从人事部门得知，别说再长一岁，甚至差几个月，他连该校的招聘初选资格都没有，因为他在本科毕业后又工作几年才继续攻读硕士和博士学位，待学成归来恰好满 35 岁。第三个是某项高层次人才计划对申报者年龄设置的关卡，它只奖励理工科学者 45 岁，人文社科学者 55 岁之前的学术成就。换言之，它默认有影响力的成果一般出现在这个年龄之前。以上事例共同说明无论学者自身还是政策的制定者都隐约意识到大学教师的研究能力是随着年龄的变化而变化的，在不同年龄段的学术活力呈现一种不均衡性。而且，他们倾向于认为年纪越轻,学术潜力越大,因此把年龄视作预测大学教师学术能力的一种重要因素。

其实,此种看法并不新鲜。科学界早就盛传"科学是年轻人的游戏"。牛顿24岁发现了万有引力,爱因斯坦提出狭义相对论时年仅26岁,达尔文提出自然选择理论时也不过29岁。爱因斯坦本人也支持这种观点,甚至公开表示:"一个人在30岁之前还未做出重大科学贡献的话,他这辈子就别想了。"[1]然而这些例子并不足以说明科学界中做出重大贡献的都是年轻人,因为相反的例子也是不胜枚举。薛定谔创立量子理论的波动力学时已是37岁。普朗克提出量子理论的时候已是47岁。第一位诺贝尔物理学奖获得者伦琴50岁时才发现X射线。[2]造成此种信念的生发机制并不是本章旨在解决的主要问题,但简述几位代表性人物的主要观点还是有助于理解这道历久弥新、悬而未决的难题。

据称该说法可追溯到近代统计学之父比利时数学家阿道夫·凯特勒(A.Quetelet),他在1836年针对法国和英国剧作家连续五年话剧产量与年龄关系作了一个直观的分布图,他发现年龄与创造能力之间呈负相关关系。[3]另一位助推了这种观点的人当属美国著名心理学家莱曼(C.Lehman),他耗时三十余年对此问题进行了系统的实证研究,结果发现,创造力的高峰期确实出现在年轻时期(30—39岁之间)。[4]最初

---

[1] Adanms C W. The Age at which Scientists do Their Best Work[J]. Isis, 1946, 36:166—169.

[2] Paula E S, Levin S G. Striking the Mother Lode in Science: The Importance of Age, Place and Time[M]. New York: Oxford University Press, Inc., 1992.

[3] Quetelet A.A Treatise on Man and the Development of His Faculties[M]. New York: Franklin, 1968:20.

[4] Lehman C H. Age and Achievement[M]. Princeton: Princeton University Press, 1958.

他借助化学史料搜集到 244 位化学家做出的 993 项重要贡献及其完成的对应时间,分析发现这些化学家最多产的年龄在 30 至 39 岁之间,39 岁之后的贡献数量急剧减少。此后,他采用了类似的方法又对工程师、心理学家、哲学家、音乐家、作家、艺术家、运动员、政治与军事领袖等各类创造性人才进行了研究,虽然不同领域的创造性年龄出现的区间略有差异,但基本都是落在 30 岁至 39 岁这个年龄区间。西蒙顿(D.K. Simonton)是莱曼的忠实拥趸,他认为莱曼的研究结论不仅经得起时间和空间的考验,还适用于不同时代、不同文化背景中的科学家的状况。[1]

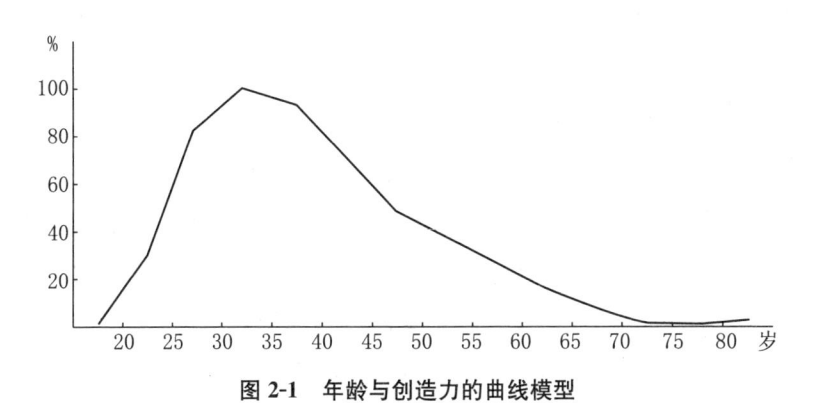

图 2-1 年龄与创造力的曲线模型

资料来源:C.H. Lehman,1958:5。

但美国科学社会学家科尔(S.Cole)认为莱曼的研究具有方法论上的致命错误,因为他在对比年轻与年长者的贡献时忽略了他们各自在其年龄群体中所占的比例,这不是科学家的年龄分布问题,只是反映了

---

[1] Simonton D K. Age and Literary Creativity:A Cross-cultural and Trans-historical Survey[J]. Journal of Cross-Cultural Psychology,1975,6(3):259—277.

科学家中最优秀的成果都是在相对年轻的时候取得的而已。①普赖斯(D.Price)指出,科学家的数量呈指数型增长,年轻科学家在任何时代所占的比例都是最大的,因此相应的,他们做出贡献的比例比较大也就不足为奇。②另外,心理学家丹尼斯(W.Denice)批评莱曼的研究没有考虑寿命长短对各个年龄层的成就分布有侧重的影响。③为此,他选取了738位从1600年至1820年出生且寿命超过79岁的研究样本,结果发现,在学者、科学家和艺术家三个主要群体中(除美术与文学家外),20岁至30岁是学术产量最少的十年,研究产出的高峰期出现在30岁至40岁期间,或40岁以后。但从40岁开始,学者的产量并未如莱曼所言出现滑坡式的下降,而只是略有下降。过了60岁以后,产量才大幅度下降。

而众多对于科学精英,尤其是诺贝尔奖获得者的研究也发现,获奖者多是中年人,而且科研创造峰值年龄还在不断增长。比如朱克曼(H.Zuckerman)发现,诺贝尔奖获得者中,自然科学领域并非完全是年轻人一统天下,中年学者依然活跃其中并大展宏图;对比之下,虽然普通科学家的创造力比率低于精英科学家,但他们的学术生命甚至可能更长,学术创造力的高峰甚至出现在50岁以上这个年龄段,超过60岁以后才开始下降,详见图2-2。④雷(K.Wray)对这个问题的最新研究也

---

① Cole S. Age and Scientific Performance[J]. American Journal of Sociology,1979,84(4):958—977.
② D.普赖斯.小科学,大科学[M].宋剑耕,等,译.上海:世界科学社,1982.
③ Dennis W. Age and Productivity among Scientists[J]. Science,1956,123:724—725.
④ [美]哈里特·朱克曼.科学界的精英——美国的诺贝尔奖金获得者[M].北京:商务印书馆,1979:233.

发现,并不是年轻科学家,而是中年科学家做出了重大的贡献。①琼斯和温伯格(B.Jones & B.Weinberg)对1901—2008年间525位物理、化学和生理学诺贝尔奖获得者取得重要成果的年龄进行统计发现,整个时段内获奖者取得重要成果的平均年龄分别为37.2岁、40.2岁和39.9岁,而如果仅观察1985年之后的情况,其平均年龄分别增长至50.3岁、46.3岁和45.0岁,因此科学家科研创造峰值年龄在不断增长。②

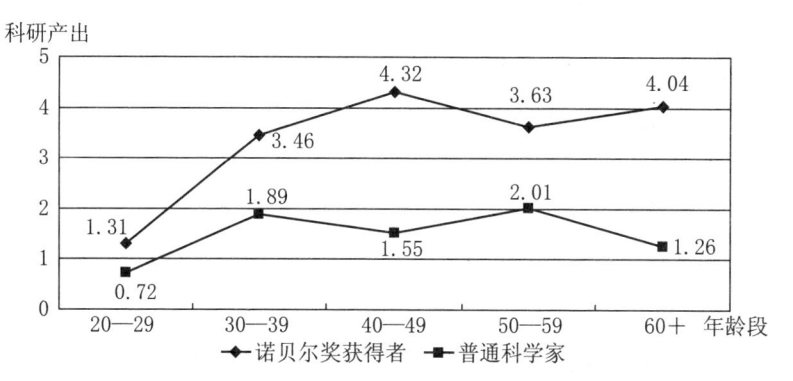

图2-2 不同年龄段诺贝尔奖获得者和普通科学家每年的创造力比率

资料来源:朱克曼.1979:附录五。由笔者根据该附录五中的科学家每年的科研发表数据制作而成。

对此,美国社会学家默顿的解释是所谓"科学是年轻人的游戏"并不主要是指科学家的年龄分布,相反,它只是反映了一种普遍的信念,即科学中最优秀的成果都是在相对年轻的时候取得的。③然而一旦这

---

① Wray K B. Is Science Really a Young Man's Game? [J]. Social Studies of Science, 2003, 33(1):137—149.

② Jones B F, Weinberg B A. Age Dynamics in Scientific Creativity[J]. Proceedings of the National Academy of Sciences of the United States of America, 2011, 108(47): 18910—18914.

③ [美]R.K.默顿.科学社会学:下[M].鲁旭东,林聚任,译.北京:商务印书馆,2010:689.

种信念被纳入学术聘任、晋升、资助、奖励及退休政策之中,一些年长的科学家不情愿地发现自己不得不委身于教学、行政管理和咨询活动之中,结果惊奇地发现科学家的学术生产力确实随着年龄的增加而不断地下降。托马斯定理即说明了这样一种现象:如果人们把情境定义为真实的,那么其结果终就成为真实的。①研究表明相比年轻人,年长者受到的评价更为严苛②,工资增长的机会更少③,缺乏培训或交流机会④,而这些年龄刻板印象确实对老年人在工作绩效方面都有消极影响。⑤而科学家一旦接受年长者无法做出重大贡献这一说法,他们也就丧失了继续追求突破的动力。

总之,年龄与学术生产力的反向关系似乎只能说明上述政策达到了预期效果,而并不能证明年长者科研能力或活力的下降,因为也许是一系列来自外界的评价,甚至研究环境的恶化导致科学家研究产出的降低。1990年代以后美国大学对于教授并无强制退休年龄的规定,但是霍伊(A. Howe, et al.)等人的研究发现年龄与获得外界科研资助的概率呈负相关关系,所以他们认为并不是年龄导致科研活力或质量的下降,而是科研资助中存在一定的年龄歧视现象。⑥斯特罗

---

① 斯坦因·拉森.社会科学理论与方法[M].任晓,等,译.上海:上海人民出版社,2002:113.

② Cleveland J N, Landy F J. The Influence of Rater and Ratee Age on Two Performance Judgments[J]. Personnel Psychology, 1981, 34(34):19—29.

③ Siegel P, Ghiselli E E. Managerial Talent, Pay, and Age[J]. Journal of Vocational Behavior, 1971, 1(2):129—135.

④ Lawrence B S. New Wrinkles in a Theory of Age: Demography, Norms, and Performance Ratings[J]. Academy of Management Journal, 1988, 31(2):309—337.

⑤ Kirchner C, Voelker I, Bock O L. Priming with Age Stereotypes Influences the Performance of Elderly Workers[J]. Psychology, 2015, 6(2):133—137.

⑥ Howe A B, Smith S P. Age and Research Activity[A]. Paper Prepared for the Project on Faculty Retirement. New Jersey: Princeton University, 1990:22.

毕(W.Stroebe)描述了德国学术界的情况：荣誉教授退休后要把整个实验室转交给下任负责人,除非得到允许,否则无法继续使用实验仪器。而且临近退休时,教授也不能再招研究生或者申请研究资助。[①]缺少了设备、研究助手和资金这些必要的研究条件,可以想见学者怎么可能再维持持续的高产出！

继莱曼之后,美国学术界在20世纪70年代又涌现了一批研究年龄与创造力/学术活力关系的学者。普赖斯指出,科学的发展已由"指数型增长"的小科学进入了"逻辑斯蒂型增长"的大科学时代,但美国面临着老龄科学家比例增多,而年轻科学家供给不足的问题,因此亟须为解决这一难题提供政策证据。不少学者采用实证方法对此进行了研究且成果颇丰,但依然并未达成共识。[②]年龄是不是区分学者创造力或学术活力的显著因子,以及两者之间到底存在何种关系,都需要进一步的探讨。

第二节 学术生命周期的数理模型

年龄与学术人才成长之间的关系是一个跨学科的研究领域。在不同领域内,学者对两者关系的理论预设不同,导致关注点,以及对影响两者关系的因素选取和分析也不尽相同,继而衍生出各式各样,甚至截然相悖的学术生命周期形态。拜尔和达顿(A.Bayer & J.Dutton)曾对

---

① Stroebe W. The Graying of Academia: Will It Reduce Scientific Productivity? [J]. American Psychologist, 2010, 65(7):660—673.
② 林曾.夕阳无限好——从美国大学教授发表期刊文章看年龄与科研能力之间的关系[J].北京大学教育评论,2009,7(1):108—123.

大学教师学术活力研究：个体、制度与历史

年龄与学者科研产出之间的非线性模型进行过验证性的分析①，笔者在他们的研究基础上结合大量的实证研究成果，更加详尽地说明该现象的复杂性。归纳来看，年龄与学术人才的关系模型主要包括以下三大类：零相关、线性相关和非线性关系，同时这三大类又可细分为七种具体形态。以下一系列"年龄与学术活力关系"图中，纵轴代表学术活力，横轴代表年龄。

第一种最简单的形态为零相关，即认为年龄与学术活力之间在统计上并不相关。对此的一种解释是认为两者之间实际上并无关系，还有一种解释认为这可能是因为有其他因素存在，导致年龄对学术活力的影响被消解了。比如普赖斯就认为年轻教师的学术活力高于年长教师只是由于年龄分布问题。②欧维尔(R.Over)的研究发现，科研发表的数量和质量与科学家的自然年龄和工作年龄之间都不存在相关关系，比如年龄与质量（被引）之间的相关系数仅有 0.02。他对心理学家在权威期刊上发表的文章进行了统计，虽然绝大多数是由 40 岁以下的学者发表的，但他发现这是由于心理学家的年龄分布造成的，并不是年长者的能力不济所致。而且年长学者和年轻学者在高被引文章发表上并不存在统计学意义上的差异。③布莱克本(R.Blackburn)发现年龄与教学业绩之间并不相关，只是年长学者的内部差异性较大。④马什(H.Marsh)

---

① Bayer A E, Dutton J E. Career Age and Research-Professional Activities of Academic Scientists: Tests of Alternative Nonlinear Models and Some Implications for Higher Education Faculty Policies[J]. The Journal of Higher Education, 1977, 48(3):259—282.

② D.普赖斯.小科学，大科学[M].宋剑耕，等，译.上海：世界科学社，1982.

③ Over R. Does Scholarly Impact Decline with Age? [J]. Scientometrics, 1988, 13(13):215—223.

④ Blackburn R T. Faculty Career Development: Theory and Practice[A]//Clark S M, Lewis D R. Faculty Vitality and Institutional Productivity. New York: Columbia University, Teachers College Press, 1985:55—85.

第二章　大学教师学术活力表现的生命周期特征

对 195 位教师长达 13 年的教学效能进行了研究,结果发现个体之间具有较大的差异性,但是这些差异性并没有随着时间的改变而改变,或者说经验的增加对于教学有效性的提升并没有显著的作用。①

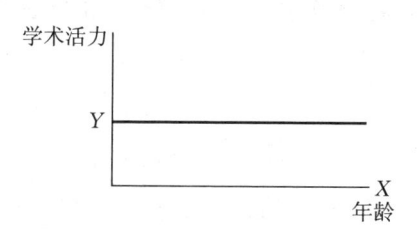

图 2-3　年龄与学术活力关系(1)

第二种形态认为年龄和学术活力之间为线性负相关关系。罗兹(S.Rhodes)发现生理上的衰老会引起基本认知能力与运动知觉能力的减退从而造成工作绩效的下降。②但哈佛大学一个研究团队对 1 000 名物理学家的认知测试发现,25—35 岁年龄组与 45—55 岁年龄组的差异显著大于 45—55 岁年龄组与 65—75 岁年龄组之间的差异。虽然总平均分和小项平均分确实随着年龄的增长而下降,但很多认知功能在 65 岁之前并没有明显变弱,甚至有些到 75 岁也没有明显的变化。③西蒙顿(D.K.Simonton)推测造成学者科研产出的数量和质量都随年龄

---

① Marsh H W. Do University Teachers Become more Effective with Experience? A Multilevel Growth Model of Students' Evaluations of Teaching over 13 Years[J]. Journal of Educational Psychology, 2007, 99(99):775—790.

② Rhodes S R. Age-Related Differences in Work Attitudes and Behavior: A Review and Conceptual Analysis[J]. Psychological Bulletin, 1983, 93(2):328—367.

③ Weintraub S, Powell D H, Whitla D K, Catlin R, Funkenstein H H, Kaplan E F. Patterns of Cognitive Change with Aging in Physicians: Results from Computerized Assessment of Mental State[A]. Paper Presented at the Annual Meeting of the American Association for the Advancement of Science, 1991.

的增加而下降的原因,还可能来自智力的下降。[1]

心理学研究发现影响创造力的智力类型可以进一步分为晶体智力和流体智力两大类,前者主要是指个体阅读、写作、语言理解等习得能力,而流体智力是以生理为基础的认知能力,主要表现在注意力、视觉运动记忆、识别能力的速度和精准度等方面。随着年龄的增长,两者的变化速度并不一致,前者较后者下降速度慢。[2]但哈代格里(A. Hardigree)认为如果考虑工作类型,智力的下降并不必然带来工作业绩的下降。对于流体智力要求较高的工作类型,年龄与工作业绩之间的相关系数呈递减趋势,而对于晶体智力要求较高的工作类型,并未有证据显示两者之间呈现增长趋势。[3]怀特和福纳(M. White & A. Foner)证实了哈代格里的观点。他们发现,鞋匠在40岁时产能最高,之后持续下降,而文员的工作业绩直到65岁都在持续增加。[4]

沙依(K. Schaie)也不认同智力随着年龄的增长而下降的观点,他借助于"西雅图纵向研究"(the Seattle Longitudinal Study)的数据对整个成年人智力能力的变化过程及其原因进行了研究。结果发现,语言理解、归纳推理、空间定向、数字和言语流畅等基本心理能力至少自成年早期(约25岁)到中年早期(约45岁)都是缓慢增长的,虽然各能力获得最高峰的年龄和随年龄增长的变化程度存在差异,但至少在60岁

---

[1] Simonton D K. Age and Outstanding Achievement: What do We Know after a Century of Research? [J]. Psychological Bulletin, 1988, 104(2):251—267.

[2] Horn J L, Cattell R B. Age differences in Fluid and Crystallized Intelligence[J]. Acta Psychologica, 1967, 26(2):107—129.

[3] Hardigree A E. Meta-Analysis of Age and Job Performance Relation: Is Job Complexity a Moderator? [M]. Houston: Rice University, 2006.

[4] White M, Foner A. Aging and Society, Volume 1: An Inventory of Research Findings[M]. New York: Russell Sage Foundation, 1968.

第二章 大学教师学术活力表现的生命周期特征

之前并没有显著的衰退。而且虽然在 67 岁之前确实发现所有能力均有衰退的迹象,但这种衰退很缓慢,甚至可以延续到 80 岁,并且对于绝大多数个体来说,其衰退都不是线性的,而是阶梯式的。因此,他认为年长者的智力水平并没有下降,只是他们的知识和技能变得陈旧了。[1] 这一情况也适用于大学教师在教学上的表现,他们不愿尝试新的教学技术或先进的设备,导致学生对于年长教师的教学认可度较低。[2]霍纳 (K.Horner)等人也发现随着年龄的增长,不仅教学的总体评价呈下降趋势,而且年长教师在语言表达、课堂准备、组织管理、教学方式、教学热情等各个指标上均低于年轻教师。[3]

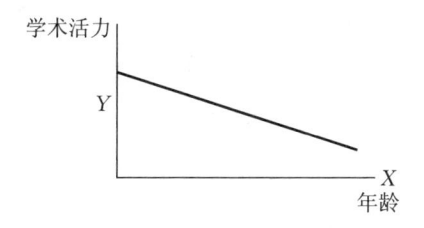

图 2-4 年龄与学术活力关系(2)

第三种形态体现的是年龄与学术活力之间存在线性正相关关系。拜尔等称之为累积增长函数(cumulative growth function),其基本假设是随着年龄的增长,学术人的经验越来越丰富,因此其学术活力也是

---

[1] Schaie K W. Age Changes in Adult Intelligence[A]//Woodruff D S, Birren J E. Aging: Scientific Perspectives and Social Issues. New York: D. Van Nostrand Company, 1975.

[2] Blackburn R T, Lawrence J H. Aging and the Quality of Faculty Job Performance[J]. Review of Educational Research, 1986, 56(3): 265—290.

[3] Horner K L, Murray H G, Rushton J P. Relation between Aging and Rated Teaching Effectiveness of Academic Psychologists[J]. Psychology & Aging, 1989, 4(2): 220—229.

呈上升趋势。[1]默顿认为这背后的作用机制是年龄与专业认可之间高度相关，因为那些非常有名望的科学家更有可能被认定取得了特定的科学贡献，并且随着年龄的增长，这种可能性会不断增加，而对于那些尚未成名的科学家，这种承认就会受到抑制。[2]坎崔尔（D.Cantrell）发现若仅仅以论文来衡量科研产出，工程系教师在 50 岁达到高峰，随后下降，但假如将书籍、项目等全部计入其中，总产出会随年龄持续增长。[3]经验的正向作用在人文与社会科学领域相较理工科更为明显，因为前者的知识积累与生命体验是相通的。另外，登达尔和刘易斯（H. Dundar & D.Lewis）发现，随着年龄的增长，学者与他人合作和交流的机会也会增加，一定程度上提高了科研产出。[4]拜尔和斯马特（A.Bayer & J.Smart）对 1960—1962 年获得博士学位的一个化学家同期群 25 年间发表论文的类型进行了研究，结果发现独立作者的论文在整个职业生涯呈下降趋势，但合作作者的论文会随时间而大幅增加。[5]金尼等人（D.Kinney & S.Smith）发现在人文学科中，直到 50 岁，教学评价都会随着年龄的增长而增长，而社会科学领域更是达到 65 岁以上。[6]总体

---

[1] Bayer A E, Dutton J E. Career Age and Research-Professional Activities of Academic Scientists: Tests of Alternative Nonlinear Models and Some Implications for Higher Education Faculty Policies[J]. The Journal of Higher Education, 1977, 48(3):259—282.

[2] [美]R.K.默顿.科学社会学：下[M].鲁旭东，林聚任，译.北京：商务印书馆，2010:614.

[3] Blackburn R T. Tenure: Aspects of Job Security on the Changing Campus[R]. Southern Regional Education Board, 1972.

[4] Dundar H, Lewis D R. Determinants of Research Productivity in Higher Education[J]. Research in Higher Education, 1998, 39(6):607—631.

[5] Bayer A E, Smart J C.Career Publication Patterns and Collaborative "Styles" in American Academic Science[J]. Journal of Higher Education, 1991, 62(6):613—636.

[6] Kinney D P, Smith S P. Age and Teaching Performance[J]. Journal of Higher Education, 1992, 63(3):282—302.

第二章 大学教师学术活力表现的生命周期特征

上,无论是线性负相关关系,还是正相关关系,都将两者的关系过于简单化,缺少坚实的理论基础。①

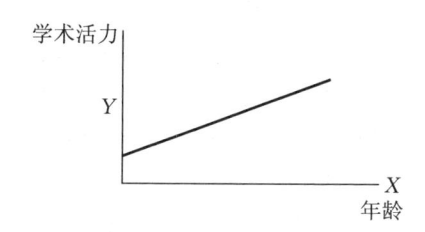

图 2-5 年龄与学术活力关系(3)

不同于第三种模型认为学术活力会随着年龄的增长而持续增长,第四种形态的假设是到了一定阶段后,这种增长的速度会放缓。拉扎斯菲尔德等人(P.Lazarsfeld & W.Thielens)的研究发现社会科学家在41—50 岁之间的产出跟之前相比翻了一番,50 岁之后还会继续增长,只是增长的速度趋缓。②凯韦克(S.Kyvik)在多产的研究者身上也发现了这种趋势。③海默尔(E.Hammel)利用纵向数据对加州大学化学教师进行了研究,结果表明同 40 岁以上的教师相比,只有 61 岁以上的教师平均科研产出略有下降,51—55 岁以及 56—60 岁这两个出生组的科研产出随着年龄的增长趋于平稳化。此外他将科研发表、教学活力、社会服务三个指标的总和再次进行测量发现,曲线的形态依然未发生改变。④

---

① Greller M M, Stroh L K. Careers in Midlife and Beyond: A Fallow Field in Need of Sustenance[J]. Journal of Vocational Behavior, 1995, 47(3):232—247.

② Lazarsfeld P F, Thielens W Jr. The Academic Mind: Social Scientists in a Time of Crisis[M]. Glencoe, Illinois: The Free Press, 1958.

③ Kyvik S. Age and Scientific Productivity: Differences between Fields of Learning [J]. Higher Education, 1990, 19(1):37—55.

④ Hammel E.Report of the Task Force on Faculty Renewal[R]. Berkeley: University of California, Population Research, 1980.

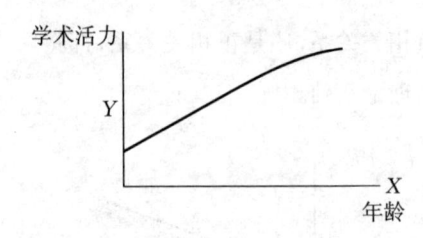

图 2-6　年龄与学术活力关系(4)

第五种形态表现为年龄与学术活力之间呈现一种倒 U 形曲线关系,这也是目前学界相对比较认可的一种关系模型。上文提及的美国心理学家莱曼对化学家、工程师等各类创造性人才进行了研究,都发现年龄与创造力之间呈现一种倒 U 形的发展形态。[1]科尔[2]、塔克曼[3]、戴维斯[4]、利兰[5]等进行的大量实证研究也表明年龄与科研产出之间存在这一变化样态。弗里德曼[6]、金尼等[7]人,以及林斯基等人[8]都认为,大学教师的教学评价跟年龄之间也是这种曲线关系。

---

[1] Lehman C H. Age and Achievement[M]. Princeton：Princeton University Press, 1958.

[2] Cole S. Age and Scientific Performance[J]. American Journal of Sociology, 1979, 84(4)：958—977.

[3] Tuckman H P. Publication, Teaching and the Academic Reward Structure[M]. Lexington, Mass：Lexington Press, 1976.

[4] Davis R A. Note on Age and Productive Scholarship of a University Faculty[J]. Journal of Applied Psychology, 1954(38)：318—331.

[5] Axelson L J. Differences in Productivity of Doctorates in Sociology[J]. Journal of Educational Sociology, 1959, 33(2)：49—55.

[6] Feldman K A. Seniority and Experience of College Teachers as Related to Evaluations They Receive from Students[J]. Research in Higher Education, 1983, 18(1)：3—124.

[7] Kinney D P, Smith S P. Age and Teaching Performance[J]. Journal of Higher Education, 1992, 63(3)：282—302.

[8] Linsky A S, Straus M A. Student Evaluations, Research Productivity, and Eminence of College Faculty[J]. Journal of Higher Education, 1975, 46(1)：89—102.

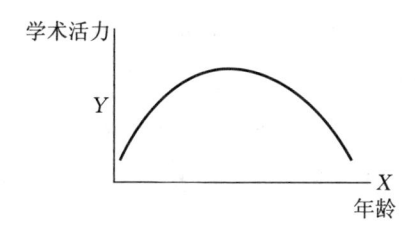

第二章　大学教师学术活力表现的生命周期特征

图 2-7　年龄与学术活力关系(5)

大量生理学和心理学对此的实证研究发现,记忆力、接受新事物的能力、问题处理能力等到了一定年龄之后确实随着年龄的增长而呈现下降的趋势。[1]比尔德(G.Beard)通过研究一千多位天才完成最重要贡献时的年龄发现,他们创作的最佳年龄区在 30 岁至 45 岁之间。[2]对此,他的解释是创造主要受热情(enthusiasm)与经验(experience)两大要素的影响。前者是创造的动机来源,后者为创造提供了辨识能力。一般来说,在人的一生当中,这两个因素起伏不定,热情在生命早期就能达到峰值,然后稳定下降,而经验随着年龄的逐步增加,两者达致平衡的时期在 40 岁左右。整体上,两个因素叠加的结果就是一种倒 U 形的曲线。

戴蒙德(A.Diamond)还从人力资本的角度出发对学者的学术生命周期进行了分析。他认为,随着年龄不断增长,学者的人力资本存量越来越高,但用于产生新增人力资本的时间却越来越少,而相比科研,行政、咨询等事务的投资回报率可能会更高,因此学者减少了科研

---

[1] Aiken L R. Aging：An Introduction to Gerontology[M]. Thousand Oaks：SAGE Publications，Inc.，1995:38.

[2] Beard G M. Legal Responsibilities in Old Age[M]. New York：Russell Sage Foundation，1874:15—37.

的人力资本投资,结果导致科研产出的质量和数量都随着年龄的增长而不断下降。[1]列文和斯蒂芬(S.Levin & P.Stephan)对学者投资驱动行为的进一步研究发现,在物理和地球科学的六个分支领域内,除了粒子物理学外,其他五个领域的学者都表现出明显的投资驱动现象。[2]他们的解释是,不同于其他学科,粒子物理学家对知识的追求带有一种"宗教般的虔诚",或可理解为韦伯口中的"天职"(calling)。

但斯蒂芬认为人力资本模型在解释科学知识的生产之时有点力不从心,一个很重要的原因是科学家的职业模式在不断发生变化。[3]工作复杂程度也是影响工作表现的一个重要因素。[4]芬克尔斯坦援引帕森斯和普拉特的观点分析了学者的研究取向,他发现随着年龄的增长,学者由以往关注非常具体、实证性和分解性的问题转向特别宏大、理论性、综合性跨学科的问题,而这种转向可能导致研究的周期拉长,不会快速见到成效。[5]总之,这是目前学术界较为承认的一种模式,但也有学者认为这未能解释职业后期另一个小高峰的存在,即第六种变化形态。

有些学者发现,学术活力并不是在达到顶峰后就呈下降趋势,而是

---

[1] Diamond A M Jr. The Life-Cycle Research Productivity of Mathematicians and Scientists[J]. Journal of Gerontology, 1986, 41(4):520—525.

[2] Levin S G, Stephan P E. Research Productivity Over the Life Cycle: Evidence for Academic Scientists[J]. The American Economic Review, 1991, 81(1):114—132.

[3] Stephan P E.The Economics of Science[J]. Journal of Economic Literature, 1996, 34(3):1199—1235.

[4] Sturman M C.Searching for the Inverted U-Shaped Relationship Between Time and Performance: Meta-Analyses of the Experience/Performance, Tenure/Performance, and Age/Performance Relationships[J]. Journal of Management, 2003, 29(5):609—640.

[5] Finkelstein M J. The American Academic Profession: A Synthesis of Social Scientific Inquiry since World War II[M]. Columbus, OH: Ohio State University Press, 1984:102—103.

第二章 大学教师学术活力表现的生命周期特征

会出现第二个小高峰。[①]之所以会出现这种变化,一方面是因为处于职业中期的学者可能会转向行政管理岗位,导致学术活力的下降,反映在曲线上就是一个下降趋势,而与此同时,经验的积累和学术奖励制度运行所带来的优势累积又会导致其在职业晚期学术活力的增长,形成一个小高峰。

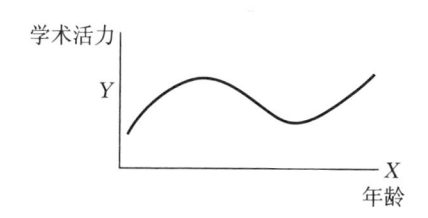

图 2-8 年龄与学术活力关系(6)

最后一种形态可以看作是第五和第六种模型的综合体,它既考虑到职业中期角色变化的影响,又考虑到中后期外在奖励制度的作用,还考虑到职业晚期年龄所带来的消极影响,最终使得年龄与学术活力之间呈现一种双驼峰的曲线关系(saddle-shaped curve)。佩尔兹和安德鲁斯(D.Pelz & F.Andrews)在 1966 年《组织中的科学家》一书中论述了年龄同科研产出之间先上升,后下降,然后再上升的变化模式,并且从智力下降、行政工作、成功后的懈怠、过度专业化以及技术退化五个角度对此进行了解释。[②]拜尔和达顿利用美国教育委员会全国高校教

---

① Bayer A E, Dutton J E. Career Age and Research-Professional Activities of Academic Scientists: Tests of Alternative Nonlinear Models and Some Implications for Higher Education Faculty Policies[J]. The Journal of Higher Education, 1977, 48(3):259—282.

② Pelz D C, Andrews F M. Scientists in Organizations: Productive Climates for Research and Development[M]. New York: John Wiley & Sons, 1966.

师调查的数据对物理、地球科学等七个学科进行了检验,结果发现该模型适用于其中五个学科。[1]但西蒙顿从模型的简约性出发对此提出了质疑,他认为四阶多项式双驼峰曲线的预测性并未有较大的提高,而且有研究表明双驼峰曲线可能是虚构的,并不真实。[2]也有学者提出职业晚期峰值出现的原因可能是由于总体异质性的结果。随着时间的推移,那些学术活力较弱的教师逐渐退出了学术职业,能够留下来的都是学术活力较强的教师,因此在统计模型上会出现一个较小的波峰。布莱克本[3]、凯维尔[4]等众多学者的研究确实证实了这一点,他们认为存在两个产出的高峰期:第一个巅峰大致出现在 30 岁后期到 40 岁早期,第二个次峰值出现在 60 岁左右。

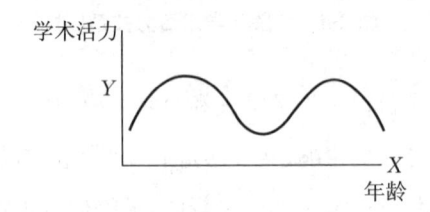

图 2-9 年龄与学术活力关系(7)

由以上实证研究可以看出,年龄与学术人的活力之间是否存在关系,关系的相关程度如何以及关系的变化形态,并未有一个确凿的

---

[1] Bayer A E, Dutton J E. Career Age and Research-Professional Activities of Academic Scientists: Tests of Alternative Nonlinear Models and Some Implications for Higher Education Faculty Policies[J]. The Journal of Higher Education, 1977, 48(3):259—282.

[2] Simonton D K. Age and Outstanding Achievement: What do We Know after a Century of Research? [J]. Psychological Bulletin, 1988, 104(2):251.

[3] Blackburn R T, Behymer C E, Hall D E. Research Note: Correlates of Faculty Publications[J]. Sociology of Education, 1978, 51(2):132—141.

[4] Kyvik S. Age and Scientific Productivity, Differences between Fields of Learning [J]. Higher Education, 1990, 19(1):37—55.

第二章 大学教师学术活力表现的生命周期特征

结论。不仅不同领域有不同的解释(如表 2-1 所示),即便在同一理论指导下由于测量方法、研究对象的不同也未能达成共识。克莱门特(F.Clemente)认为这一领域的研究成果并不是累积性的,甚至当我们对其了解得越多,越会发觉其研究结果模糊不清,甚至相互冲突。[1]此外,绝大多数研究是直接将年龄与生命活力、经验、动力相关联,测量年龄与学术活力双变量之间的关系,忽略了学术奖励以及环境等外在制度对学术人成长的影响。还有,以上绝大多数研究都是基于对西方国家学者的研究,因此其结论限于一个相比较而言较为成熟、规范、自主的学术环境,那么对于学术环境处于激烈变革,学术共同体尚未发育成熟的中国而言,这又是怎样的光景呢?

表 2-1 年龄与学术活力变化样态的关系类型及作用机制

类　型	作用机制
不相关	科研产出未下降,只是科研活动的改变[2] 研究兴趣从微观层面转向宏观层面[3] 科研活力并未减弱,角色发生了分化[4] 总体科研产出并未变化,科研内涵发生了改变 年龄与科研产出并无关联[5]

---

[1] Clemente F. Early Career Determinants of Research Productivity[J]. American Journal of Sociology,1973,79(2):409—419.

[2] Pelz D C, Andrews F M. Scientists in Organizations: Productive Climates for Research and Development[M]. New York: John Wiley & Sons,1966.

[3] Parsons T, Platt G M. The American Academic Profession: A Pilot Study[M]. Cambridge, MA: Harvard University Press,1968.

[4] Cole S. Age and Scientific Performance[J]. American Journal of Sociology,1979,84(4):958—977.

[5] Over R. Does Research Productivity Decline with Age? [J]. Higher Education,1982,11(5):511—520.

续表

类　型	作用机制
正相关	正向强化与反馈① 经验积累和合作机会的增加②
负相关	知识和技术陈旧导致科研产出下降③ 成就动机导致科研产出下降④ 从事科研的动力下降⑤ 接受新知识和新技术的能力下降⑥

第三节　我国大学教师的学术生命周期模式

本节将对我国研究型大学教师的学术生命周期模式及影响因素进行分析，数据来自华东师范大学阎光才教授课题组于2014年对全国研究生院高校教师进行的调查。调查以教育部学位与研究生教育中心公布的2012年一级学科排名和2012年博士生的分科招生情况为依据对

---

① Allison P D, Stewart J A. Productivity Differences among Scientists: Evidence for Accumulative Advantage[J]. American Sociological Review, 1974, 39(4):596—606.

② Dundar H, Lewis D R. Determinants of Research Productivity in Higher Education[J]. Research in Higher Education, 1998, 39(6):607—631.

③ Mcdowell J M. Obsolescence of Knowledge and Career Publication Profiles: Some Evidence of Differences among Fields in Costs of Interrupted Careers[J]. American Economic Review, 1982, 72(4):752—768.

④ Pelz D C, Andrews F M. Scientists in Organizations: Productive Climates for Research and Development[M]. New York: John Wiley & Sons, 1966.

⑤ Diamond A M J. The Life-Cycle Research Productivity of Mathematicians and Scientists[J]. Journal of Gerontology, 1986, 41(4):520—525.

⑥ Baldwin R G, Lunceford C J. Faculty in the Middle years: Illuminating an Overlooked Phase of Academic life[M]. The Review of Higher Education, 2005:29, 97—118.

高校和学科教师进行分层抽样,同时在具体抽样时兼顾地区差异,最后56所研究生院高校中共有49所返回问卷,又经处理并剔除无效问卷后,获得有效问卷3 674份,样本具体信息分布如表2-2所示。其中,男教师占比为66%,女教师为33.8%。学科涵盖人文、社科、自然和工程四大类,其比例同以上设定的各学科教师比例相当,以工程类教师为主。各职称等级中,副高职称占比最多,为42.1%。各年龄组中以36—45岁这个年龄段的中青年教师居多。

表2-2 问卷调查基本信息分布情况

基本信息		比例(%)	基本信息		比例(%)
性 别	男	66.0	职 称	正高级	29.2
	女	33.8		副高	42.1
	缺失	0.2		中级	24.7
学科类别	人文	19.9		初级及以下	3.7
	社科	22.5		缺失	0.4
	自然	16.6	年 龄	≤35周岁	26.0
	工程	41.1		36—45周岁	40.2
行政职务	是	20.4		46—55周岁	25.4
	否	72.0		≥56周岁	6.9
	缺失	7.6		缺失	1.5

一、 教师职业生涯学术活力状况的描述

教师学术活力是一种行为和状态的组合体,可以从客观表征和主观状态两个维度进行测量,前者指标包括科研产出、教学时间投入、服务时间投入等,后者包括工作信心、工作目标和工作喜爱程度。

大学教师学术活力研究：个体、制度与历史

（一）教师学术活力的客观表征

1. 科研产出

林曾教授在利用问卷调查数据对美国大学教师科研活力与年龄之间的关系进行研究时，对资料进行了技术化的处理，采用的是各个年龄段教授科研发表数量的平均值，追踪了一个统计意义上学术人的科研轨迹。[①]在此，本研究借鉴了他的处理方法，但考虑到国内教师的实情，通常情况下国内博士毕业平均年龄为28岁，大学教师法定退休年龄为60岁，因此笔者将样本中小于28岁者计为28岁，超过60岁的计为60岁，并计算出每个年龄值上学术产出的平均值，然后观察随着年龄的展开，大学教师科研活力的变化情况（见图2-10）。考虑到不同学科由于知识属性、研究范式、价值取向的不同，最后呈现的成果形式也存在极大的差别[②]，在此，科研产出的形式不仅包括学术论文、发明专利，还有专著，而在最后计算时候又以CSSCI论文为参考进行了加权赋值，得出科研产出＝CSSCI论文数量＋EI论文数量＋2×（SCI＋SSCI论文数量）＋0.5×其他期刊论文数量＋发明专利数＋4×专著数量。

数据结果显示，科研活力在职业初期表现为一个上升趋势，随后进入一个相对较为平缓的发展期（38—44岁），职业中后期又出现一个快速增长期，之后在经历较大起伏后达到职业巅峰，学术产出最旺盛的时期出现在58岁左右职业晚期这个阶段。哈维格斯特（R. Havighurst）等人发现，学者的工作和生活方式都遵循一种惯性原则，他们会继续做研究，发表论文，并不会受到退休这一事件的影响。[③]总体来看，随着年

[①] 林曾.夕阳无限好——从美国大学教授发表期刊文章看年龄与科研能力之间的关系[J].北京大学教育评论，2009，7(1)：108—123.

[②] 顾建民.学科差异与学术评价[J].高等教育研究，2006(2)：42—46.

[③] Havighurst R J, Mcdonald W J, Maeulen L, et al. Male Social Scientists: Lives after Sixty[J]. Gerontologist, 1979, 19(1): 55—60.

龄的增长,大学教师的学术产出总体上呈现增长的趋势,与国外实证分析的第四种模型较为相似。但这个过程并不是简单的线性上升,而是出现多个峰值。这也与魏钦恭等人针对我国理工农医科技工作者所做的研究结果基本一致,研究人员的论文产出量在年龄维度上呈多峰分布,年龄越大论文的产出越多。①

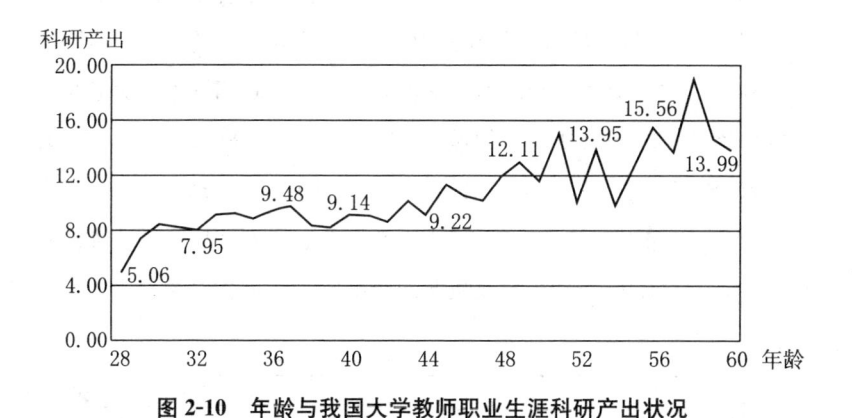

图 2-10　年龄与我国大学教师职业生涯科研产出状况

具体到不同的学科,自然科学和工程类教师整体的学术产出高于人文和社会科学类,但在职业晚期,后两者的学术产出呈现井喷式的增长(见图 2-11)。若深入到不同学科内部,人文学科类教师在职业晚期(52 岁之后)的产出具有较大的波动,最高的学术产出量出现在这个时期,但波动的最低值仍高于职业早期的产出。社会科学类教师整个职业历程的学术产出较为平稳,在即将退出职业时出现峰值。自然科学类教师的学术产出随着年龄的增长较快地增长,职业晚期有较大的下

---

① 魏钦恭,秦广强,李飞."科学是年轻人的游戏"?——对科研人员年龄与论文产出之间关系的研究[J].青年研究,2012(1):13—23.

降,但在退出职业时又有所回升。工程类教师的学术产出表现为较为均匀的增长,但在50岁之后出现较大幅度的下降。凯韦克对挪威高校教师的实证研究结果与本研究的发现有类似之处:社会科学教师的科研产出在整个职业生涯保持着较为稳定的科研产出;人文学科教师的科研产出在55—59岁出现下滑,但在60岁以后又出现一个新的高峰,但不同的是他们发现自然科学教师的科研产出是随着年龄的增长而持续下降。对此,他们的解释是新知识、技术手段和设备的更新速度而引发的知识或技术退化是造成不同学科学者在职业晚期学术活力表现差异的原因。相较于自然科学领域,人文社科领域中知识的革新速度较慢,所以他们在整个职业生涯都保持着较为平稳的创造力,甚至到了职业晚期,由于知识和经验的累积,科研产出的数量不减反增。比如同样年龄的社会医学科学家在职业晚期的产出要高于生物医学科学家。①

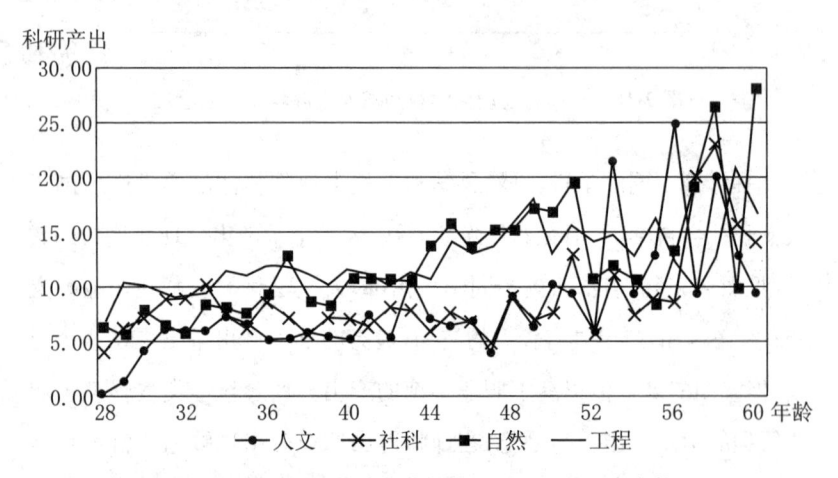

图 2-11 我国不同学科大学教师职业生涯科研产出状况

---

① Kyvik S. Age and Scientific Productivity: Differences between Fields of Learning [J]. Higher Education, 1990, 19(1):37—55.

第二章 大学教师学术活力表现的生命周期特征

数据显示,大学教师职业生涯中学术活力的变化轨迹存在着性别差异(见图 2-12)。随着年龄的增长,男女教师整体的学术产出曲线变化趋势类似,呈现一个逐步增长的样态,这同全部样本的变化情况一致。但是在整个职业生涯中,女性的学术产出始终低于男性,而且其波动幅度较大。在职业初期(30—36 岁),女性与男性的差距有逐渐缩小的趋势;但在职业中期(40—46 岁),女性进入了一个低落期,而男性则是缓慢上升,推测可能的原因是女性由于在家庭的投入而导致职业发展受阻;之后女性的产出有所回升,但到了职业晚期(52—56 岁),女性的学术产出跌至职业生涯最低期,两性的差距也在这时达到了最高值。推测可能的原因是退休年龄的规定影响了女教师的工作积极性,从而导致科研产出的急速下跌。我国对男女教师实行不同的退休年龄政策:男性高级职称(包括正高级、副高级)一般为 60 岁退休,相应职称的女性教师退休年龄为 55 岁。但到了 56—60 岁这个年龄段,女性的科

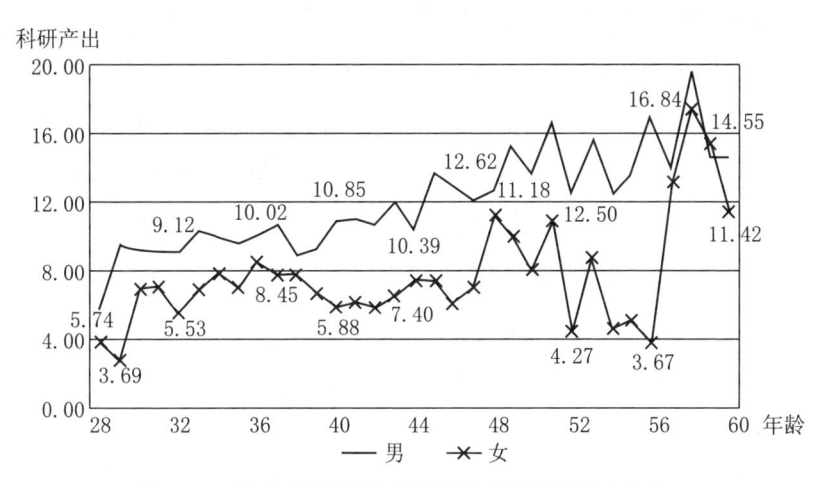

图 2-12 我国不同性别大学教师职业生涯科研产出状况

研产出又有所回升。可能的情况是如果过了退休年龄依然能够继续留在工作岗位,可能都是同辈中的佼佼者,其科研产出较高也就不足为奇,所以这里存在着一个样本的筛选效应。总体来看,年龄的增长对于男教师的学术活力并没有负面影响,而对女性则有一定程度的消极作用,学术活力起伏不定,尤其是在职业晚期更是到了一个低谷。

2. 教学时间投入

以往研究对于教学活力的测量指标包括教师自评、学生评价、同行评议、毕业生评分等,但测量工具的信度和效度一直为教师们所诟病,教学评价也被视为行政部门展示政绩的一种行为,并未真正起到改善教学效果的作用。[1]在此,本研究使用"教学时间投入"这个指标来测量大学教师的教学活力。之所以采用这个指标,一方面是因为教学是一门需要时间累积,在实践中反复操练才能日渐纯熟的技能;另一方面,教学还是一份良心活。在学术评价中所占分量不重的情况下,时间投入的多寡在一定程度上能够反映教师对待教学工作的客观投入情况,因此使用这个指标不失为一种良好的权宜之计。如图2-13所示,随着年龄的增长,教学投入基本呈现一个上升趋势,45—49岁出现第一个小高峰,最高值出现在55岁以后这个年龄段。但无论在哪个年龄段,教学方面的时间和精力投入始终居于科研活动之后,两者之间的最大差距出现在职业初期,最小差距出现在45—49岁这个年龄段。

(二) 服务时间投入

相对于教学和科研而言,不同类型高校、学科甚至群体,对于大学

---

[1] Mccallum L W. A Meta-analysis of Course Evaluation Data and Its Use in the Tenure Decision[J]. Research in Higher Education, 1984, 21(2):150—158.

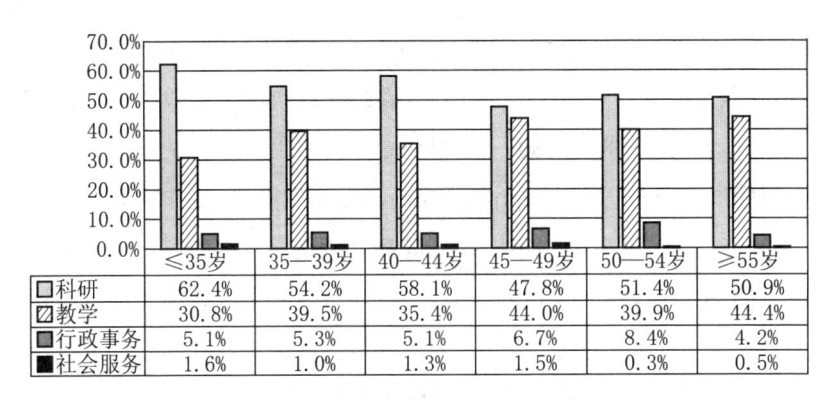

	≤35岁	35—39岁	40—44岁	45—49岁	50—54岁	≥55岁
科研	62.4%	54.2%	58.1%	47.8%	51.4%	50.9%
教学	30.8%	39.5%	35.4%	44.0%	39.9%	44.4%
行政事务	5.1%	5.3%	5.1%	6.7%	8.4%	4.2%
社会服务	1.6%	1.0%	1.3%	1.5%	0.3%	0.5%

图 2-13 我国不同年龄段教师在各项事务中的时间精力投入占比

教师的服务工作的认识和界定相距甚远,因此很难进行比较和评价。布莱克本甚至提出除了教学和科研工作之外的一切事务都可以统称为服务工作。[①]李琳琳从学科、机构和社会三个层面对大学教师的服务工作进行了分类。[②]其中,学科服务包括在本学科领域内参与学会及期刊创立、文章评审、外校教师职称评审、项目评审、学位论文评议等,但它与科研工作之间存在交叉重叠,比如文章评审的过程也是一个吸收新知识,拓宽研究视野的过程;机构服务包括参与学校、学院和系的事务,现实生活中它与行政事务之间的界限并不明确;社会服务包括委托课题研究和培训、讲座、咨询等。在此,研究者将服务工作分为大学组织内和组织外服务工作两类,分别包括行政事务和社会服务,同样采用时间投入这个指标进行测量(见图 2-13)。相对于科研和教学而言,本研究的调查样本中大学教师在行政和社会服务上的投入较少,其中在

---

① Blackburn R T, Lawrence J H. Faculty at Work: Motivation, Expectation, Satisfaction[M]. Baltimore: The Johns Hopkins University Press, 1995:222.

② 李琳琳.我国大学教师服务工作特征探析[J].高等教育研究,2014(11):47—52.

45—54这个年龄段,教师在行政事务上的时间投入最多,55岁之后最少,尤其是在45—49岁这个年龄段,教师在行政事务上投入的时间大幅上升,而与此同时出现了一个科研投入的最低谷。相关研究发现这个时间段是职业高原期(career plateau)的频发阶段,工作内容缺乏新鲜感,专业能力短时间内难以提升等都可能是导致教师科研投入下降的原因。①同时,为了寻找其他职业发展的途径,不少教师转向行政岗位。这也印证了戴蒙德等人的观点,教师会增加在行政等事务的投资以提高人力资本回报率;②50岁之后在社会服务上大幅下降,其他年龄段则大体相同,为5%左右。

综合来看,从大学教师在科研、教学和服务工作上的时间投入可知,无论在哪个阶段,研究型大学教师始终在科研上投入了最多的时间和精力;在整个职业生涯过程中,科研始终占据着主导位置。

(三)教师学术活力的主观维度

本研究使用问卷中四道题项来测量教师的主观学术活力,包括"我对自己的教学工作有信心""我对自己的科研能力有信心""我很清楚自己的学术发展目标"和"我热爱当前的工作",李克特七级量表中"1"代表"非常不符合","7"代表"非常符合",数值越大,代表活力程度越强。

从整个职业生涯来看,教师主观学术活力在四个维度的变化趋势较为相似,总体上随着年龄的增长,呈上升趋势,但在35—39岁之间开始下滑,至40—44岁之间出现一个拐点,后又不断提升。其中教学信

---

① Patterson L E, Sutton R E, Schuttenberg E M. Plateaued Careers, Productivity, and Career Satisfaction of College of Education Faculty[J]. The Career Development Quarterly, 1987, 35(3):197—205.

② Diamond A M J. The Life-Cycle Research Productivity of Mathematicians and Scientists[J]. Journal of Gerontology, 1986, 41(4):520—525.

心在职业初期最低,其他三项均是在40—44岁这个阶段跌至最低,具体原因有待于在下一章通过访谈资料予以剖析。纵向比较来看,除了在职业初期,教师的教学信心处于中等水平外,在其他职业阶段均高于其他指标;对于工作的热爱程度在职业初期高于其他指标,之后就位于教学信心指标之下,科研和学术发展目标之上;职业中期教师对自己科研能力的信心和学术发展目标在整个教师群体中跌至谷底,之后又慢慢回升。仅从教师科研产出、教学和服务时间投入来看,职业中期教师表现不俗,但从教师活力的主观维度来看,职业中期教师在教学信心、科研信心、职业发展目标、工作热爱程度四个指标上均处于低谷,因此尤为值得关注。斯蒂芬和莱文指出,学者在40岁左右面临着一个人生和职业价值观的重塑时期,他们会盘点(stock-taking)过去的经历,评估未来的努力方向。①

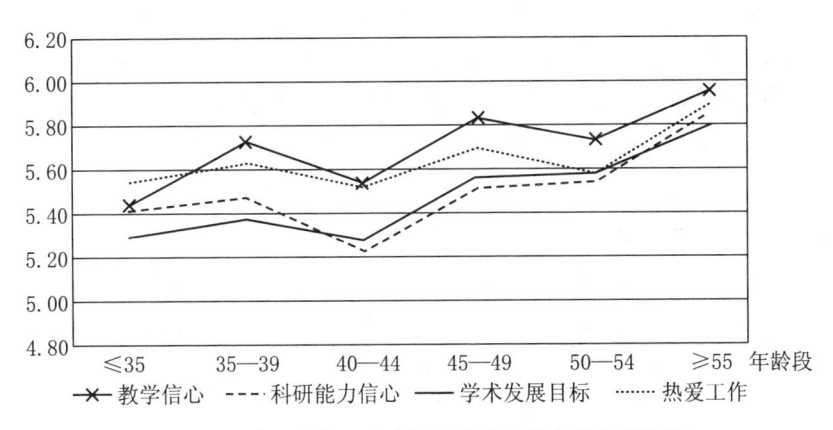

图 2-14 我国教师职业生涯学术活力的主观表现特征

① Stephan P E, Levin S G. Age and the Nobel Prize Revisited[J]. Scientometrics,1993,28(3):387—399.

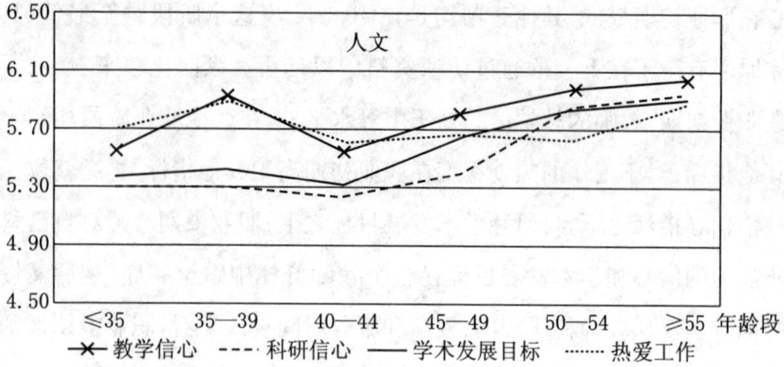
6.50
6.10
5.70
5.30
4.90
4.50
人文
≤35
35—39
40—44
45—49
50—54
≥55
年龄段
教学信心
科研信心
学术发展目标
热爱工作

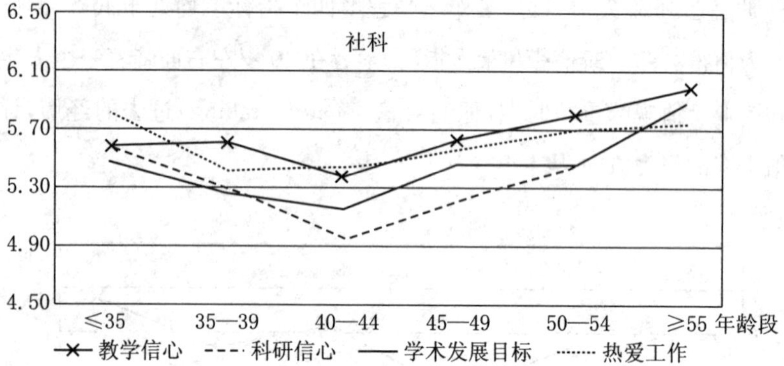
6.50
6.10
5.70
5.30
4.90
4.50
社科
≤35
35—39
40—44
45—49
50—54
≥55
年龄段
教学信心
科研信心
学术发展目标
热爱工作

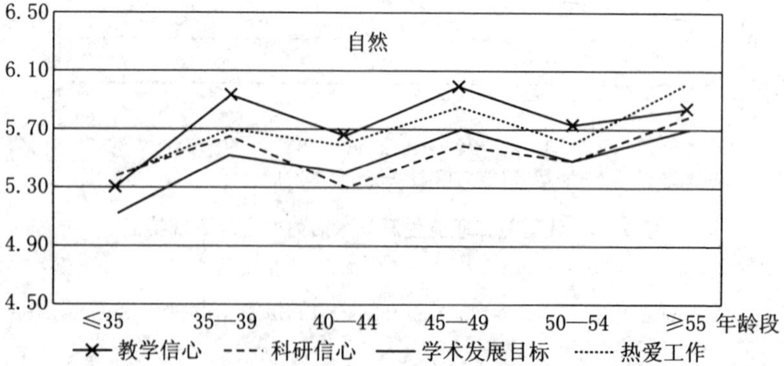
6.50
6.10
5.70
5.30
4.90
4.50
自然
≤35
35—39
40—44
45—49
50—54
≥55
年龄段
教学信心
科研信心
学术发展目标
热爱工作

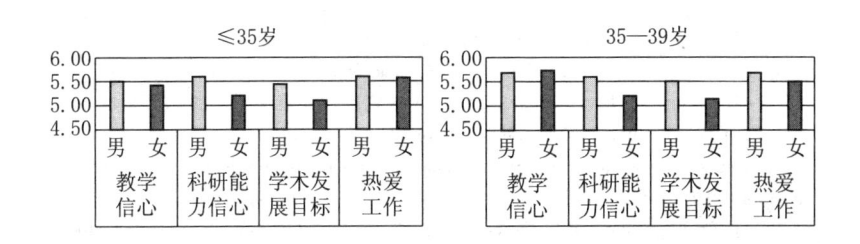

第二章 大学教师学术活力表现的生命周期特征

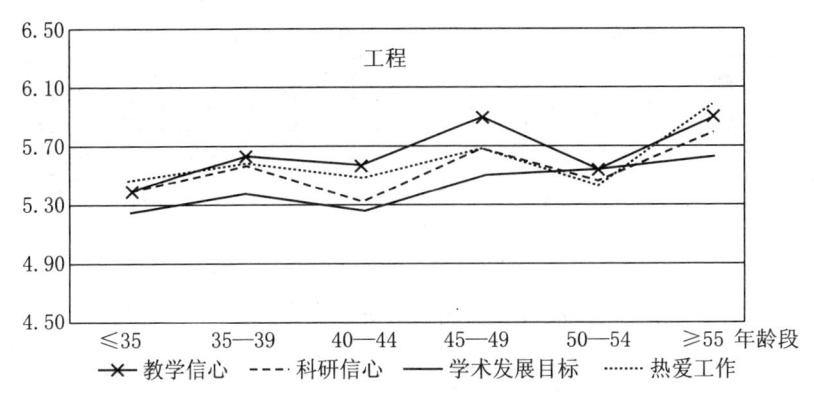

图 2-15 我国教师职业生涯学术活力主观表现特征的学科差异

就不同的学科来看,在教学信心指标上,人文与社科类,自然与工程类较为相似。人文学科教师在科研信心和学术发展目标两个指标上呈递增发展态势,而社科类教师则是呈现 U 形。自然和工程类则较为相似,呈波状变化趋势。在工作喜爱程度上,四个学科整体上是上升趋势,但变化模式没有太多共性。另外,学术活力在主观维度上也存在性别差异。女教师整体上的教学信心均高于男教师,但在科研能力和学术发展目标上均弱于男性;在对于工作的热爱程度上,女性在职业初期弱于男性,但到了职业中后期又超过了男性(见图 2-16)。

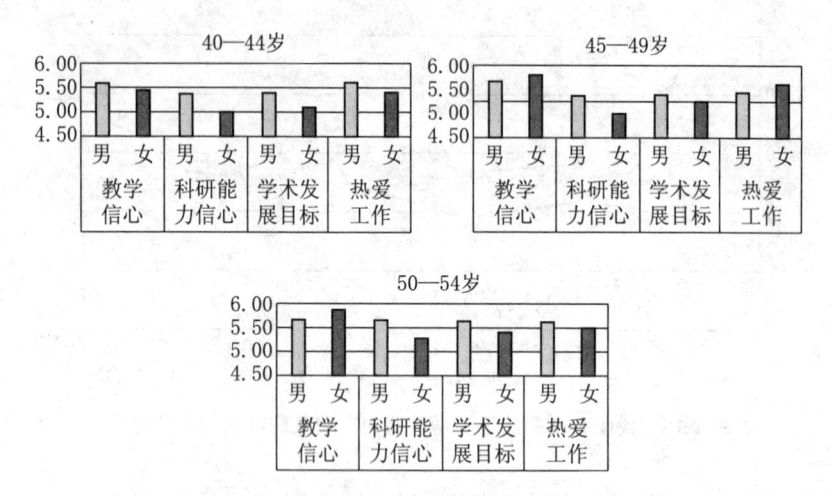

图 2-16　我国教师职业生涯学术活力主观表现特征的性别差异

二、学术活力影响因素的回归分析

本部分以大学教师的科研活力为代表进行分析，探究在控制了其他变量的情况下，影响教师学术活力的因素主要有哪些，尤其关注年龄这个要素是否是影响学术活力的重要因子。根据以往研究，大致可以分为内在和外在两大因素。芬克尔斯坦认为内在动机，而非机构因素，是驱使学者进行科研发表的动力。[1]布莱克本及劳伦斯认为学者对于研究的偏好，对于科研活动的持续投入等，对科研产出具有重要影响。[2]莱斯金和朗等人都发现博士就读学校对于持续产出至关重要。[3][4]克兰

---

[1] Finkelstein M. The American Academic Profession: A Synthesis of Social Scientific Inquiry since World War II[M]. Columbus, OH: Ohio State University Press, 1984:97.

[2] Blackburn R T, Lawrence J H. Faculty at Work: Motivation, Expectation, Satisfaction[M]. Baltimore: The Johns Hopkins University Press, 1995.

[3] Reskin B F. Academic Sponsorship and Scientists' Careers[J]. Sociology of Education, 1979, 52(3):129—146.

[4] Long J S, Allison P D, McGinnis R. Entrance into the Academic Career[J]. American Sociological Review, 1979, 44(5):816—830.

第二章 大学教师学术活力表现的生命周期特征

认为院校出身比单位声誉对学者科研产出影响更大。[1]布莱克本等人也认为外界环境对学者的科研产出发挥着至关重要的作用。所在高校的声誉高低与学者的产出高低高度相关。而且,它还会关系到能否拥有宽广的正式或非正式的学术网络,进而影响到学者的学术产出。[2]福克斯则认为诸如年龄、性别等个体特征,学科、院校出身、单位声誉等组织因素对大学教师的学术活力具有重要的影响。[3]此外,研究发现,强有力的家庭支持也是学者职业发展的重要保障。[4]据此,本研究利用调查数据分析究竟哪些因素影响了我国大学教师的学术活力。

回归模型对于学术活力的解释力为18.2%,其中组织因素对于学术活力的解释力最高,R方的变化量达到12.3%,其次是人口学中的性别因素,再次为时间投入和分配,最后才是家庭因素。具体分析情况如下:

表2-3 我国大学教师学术活力的多重线性回归分析

	模型1	模型2	模型3	模型4
男性(参照组:女性)	0.131***	0.053**	0.023	0.020
年龄	−0.059	−0.448	−0.273	−0.252
年龄平方	0.195	0.409	0.256	0.240

---

[1] Crane D. Scientists at Major and Minor Universities: A Study of Productivity and Recognition[J]. American Sociological Review, 1965, 30(5):699—714.
[2] Blackburn R T, Behymer C E, Hall D E. Research Note: Correlates of Faculty Publications[J]. Sociology of Education, 1978, 51(2):132—141.
[3] Fox M F. Publication Productivity among Scientists: A Critical Review[J]. Social Studies of Science, 1983(13):285—305.
[4] 刘爱玉,佟新.性别比较视角下的女性专业人才职业生涯[C].中国社会学年会"中国女性人才发展规律与政策研究"论坛,2012.

续表

	模型 1	模型 2	模型 3	模型 4
最高学位毕业院校(参照组:211 高校)				
海外高校		0.062***	0.060**	0.062**
985 高校		0.090***	0.075**	0.074**
学科类型(参照组:人文)				
社科		0.021	0.017	0.018
自然		0.078***	0.081***	0.082***
工程		0.136***	0.135***	0.130***
工作单位(参照组:非 985 高校)		−0.031	−0.026	−0.031
所在工作单位学科地位(参照组:一般)		−0.031	0.075	−0.031
国家重点		0.096***	0.070**	0.069**
省重点		0.006	−0.029	−0.029
职称(参照组:讲师及以下)				
教授		0.347***	0.311***	0312***
副教授		0.114***	0.092***	0.089***
行政职务(参照组:未担任行政职务)		0.139***	0.142***	0.141***
每周工作时间(参照组:40 小时以下)				
41—50 小时			0.002	0.002
51—60 小时			0.044	0.042
61—70 小时			0.080**	0.085**
70 小时以上			0.107***	0.106***
本科教学工作量			−0.015	−0.020
科研活动的时间充裕			0.078***	0.075***
来自行政事务性工作的压力			0.027	0.027

续表

	模型 1	模型 2	模型 3	模型 4
家庭经济负担				0.037
子女教育的压力				−0.006
赡养父母的压力				−0.033
R^2	0.039	0.162	0.180	0.182
调整后的 R^2	0.038	0.159	0.174	0.176
R^2 的变化量	0.039	0.123	0.018	0.001
F 值	48.493***	49.659***	31.395***	27.578***
样本量	3 614	3 614	3 026	2 996

注：*、**和***分别表示显著性水平为 $p<0.05$、$p<0.01$、$p<0.001$。

首先，在控制了其他变量的情况下，年龄在统计学意义上并不是影响学术活力的显著因子。虽然在上述的描述分析中可以看到，随着年龄的增长，大学教师的学术活力确实呈现增长的趋势。研究者利用1960—1963 年出生的大学教师同期群的科研表现数据进行分析[1]，结果发现他们相邻两个阶段的关联度极高，其他时期的相关程度渐次变弱(见表 2-4)。换言之，学术职业的展开是一个环环相扣的过程，早期较为良好的学术训练和职业积累与之后的发展高度相关。克里斯特森等学者(H.Christensen & P.Jacomb)对澳大利亚科学院院士的纵向研究也证实了过往发表情况能够很好地预测之后的产出情况。[2]对此，默

---

[1] 数据来源于作者在 2014 年 1—2 月期间自建的数据库，共包括哲学、经济学、物理、土木工程、临床医学 5 个学科 500 位 45—65 岁教师的基本人口学数据以及截至 2013 年整个职业生涯的学术产出和学术发表被引数据。在此，仅选择 1960—1963 年出生的大学教师同期群为代表。

[2] Christensen H, Jacomb P A. The Lifetime Productivity of Eminent Australian Academics[J]. International Journal of Geriatric Psychiatry, 1992, 7(9):681—686.

顿认为,科学家早期成就和声望通常会带来后期更大的成功,即便他们不再具有突出的才能和贡献。①科尔和艾里斯等人都通过实证的方法证实了累积效应的存在。②③科尔指出,虽然累积优势的过程有助于某些科学家得到并保持其优先的记录,但科学的奖励和分配机制总体上还是普遍性的、合乎理性的,一个人在分层体系中的地位最终仍然是取决于他发表的科学成果。④

表 2-4　1960—1963 年同期群不同时期之间论文发表量的相关程度

	35 岁以下	36—40 岁	41—45 岁	46—50 岁
35 岁以下	1	—	—	—
36—40 岁	0.517**	1	—	—
41—45 岁	0.327**	0.550**	1	—
46—50 岁	0.278**	0.383**	0.597**	1

另一方面可以看到个体产出之间随着年龄的增长出现了分化。笔者以年龄为横轴,科研产出为纵轴制作的箱型图,可以直观地表达出不同年龄组之间的分化程度。每个箱图从下至上依次显示为科研产出的最小值、1/4 分位数、中位数、3/4 分位数、最大值五个统计量,可以看出随着年龄的增长,箱子的高度越来越高,即随着年龄的增长,组间的离

---

① ［美］R.K.默顿.科学社会学:下［M］.鲁旭东,林聚任,译.北京:商务印书馆,2010:605—632.

② Cole S. Age and Scientific Performance[J]. American Journal of Sociology, 1979, 84(4):958—977.

③ Allison P D, Stewart J A. Productivity Differences Among Scientists: Evidence for Accumulative Advantage[J]. American Sociological Review, 1974, 39(4):596—606.

④ Cole S. Age and Scientific Performance[J]. American Journal of Sociology, 1979, 84(4):958—977.

第二章 大学教师学术活力表现的生命周期特征

散程度越来越大,分化程度越来越严重。一个可能的原因是生命自然衰老与大学教师学术职业发展都朝着相同的时间方向发展,不是年龄本身,而是其间个体动机、角色变化、关键事件、研究环境等因素发挥着重要的作用。欧维尔对英国大学心理学家的研究也发现,年纪变老并不是导致学术产出下降的直接因素,而是与年龄相关的因素或者说背后的因素发挥着作用,比如缺乏继续做科研的动力,精力的分散,研究资源的较少,甚至是知识和技术的陈旧等因素影响了科研的表现。①但与此同时,这些因素对于不同群体的影响程度不一。布莱克本指出,学

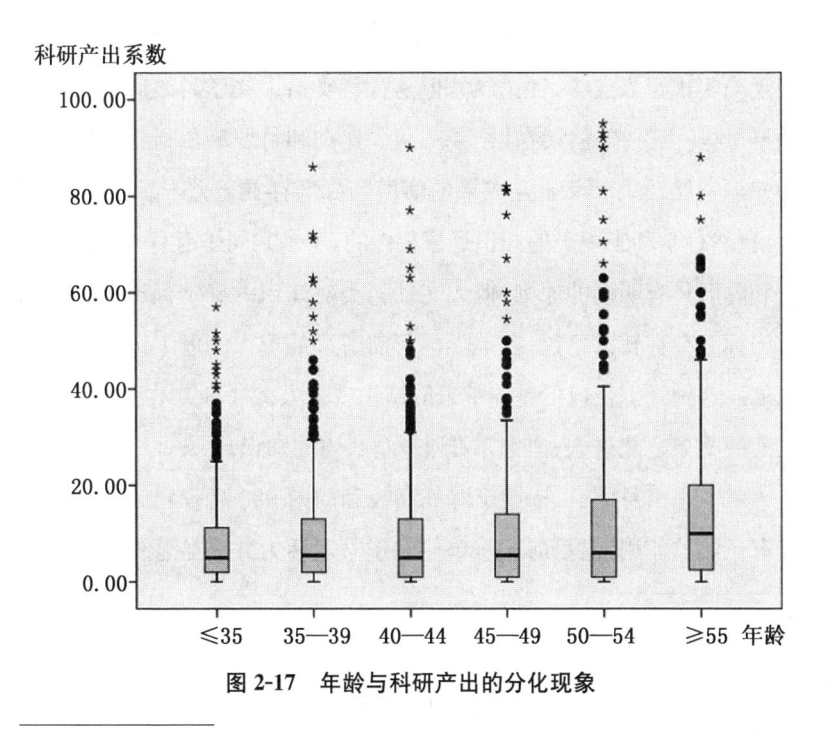

图 2-17 年龄与科研产出的分化现象

① Over R. Does Research Productivity Decline with Age? [J]. Higher Education, 1982, 11(5):511—520.

者中存在多产者和少产者,前者在整个职业生涯都保持着旺盛的学术活力,而少产者则会变得越来越少产。①阎光才对我国大学教师的研究也发现,高产出组在整个职业生涯中相对于零产出组和低产出组的优势始终存在,学术人在职业生涯过程中的产出具有相对稳定性的特征。②

但性别的作用并不明显。在模型1和模型2中,男性的学术产出显著高于女性,但是当加入教师时间分配及家庭因素后,性别不再具有统计学意义上的显著作用。换言之,女教师由于在家庭中的投入而对工作时间的挤占是导致其科研产出低于男性的关键因素。

其次,就学科差异而言,所有模型中自然科学和工程类教师的学术表现确实优于人文学科的教师,但是社科类与人文学科之间并无明显差异,这与上述描述性统计结果一致。比彻和特罗勒尔指出不同学科的知识发展性质以及研究成果的信度和标准存在着差异。③相比较而言,自然科学和工程类的知识是累积性的,学术共同体内对于知识的验证和陈旧具有明确的原则,但人文社科类对知识的确定标准和知识的陈旧标准存在较大争议,在本学科所需解决的重大问题上缺乏一致的意见。这种知识生成的差异带来的结果就是人文社科类学者需要较长时间的积累才能进入、消化并贯通本学科内的知识。

就学术出身而言,毕业于海外高校和国内985高校对于学术活力具有正向的作用,但目前工作单位对于学术活力并无显著作用。克兰

---

① Blackburn R T. Academic Careers: Patterns and Possibilities[J]. Current Issues in Higher Education, 1979, 2:25—27.
② 阎光才,丁奇竹.学术系统内部分化结构生成机制探究——基于学术人职业生涯过程中产出稳定性的分析[J].高等教育研究,2015(2):13—21.
③ 托尼·比彻,保罗·特罗勒尔.学术部落及其领地:知识探索与学科文化[M].唐跃勤,等,译.北京:北京大学出版社,2008.

第二章　大学教师学术活力表现的生命周期特征

(D.Crane)认为受训于大型大学(major universities)的学者通常比受训于小型学校(minor universities)在后期的学术活力更旺盛,因为他们有机会更早参与科研项目,积累了研究的经验,甚或是找到了引领他们走上成功的学术导师。[①]一方面,这是因为在信息不对称的情况下,大学在聘任新教师时更倾向于选择那些毕业于声望较高学校的毕业生,这时学校声望的符号功能对职业进入发挥着作用,但一旦进入某一高校,评价教师的标准不再是院校出身,而是能否做出得到学术共同体认可的工作业绩。罗森布姆也发现正式教育的文凭作为一种"符号"对于进入某个职业有重要作用,但对于人们在内部劳动力市场中的提升则相对作用较小。[②]还有一个可能的原因是本研究的样本都来自拥有研究生院的高校,因此高校之间的差距并不大,所以造成这个因素的作用并不明显。研究者还加入了目前工作单位所属学科的层次这个变量。结果发现所属学科为国家重点建设工程对于学术活力具有显著影响,但省级层次的重点学科与普通学科之间并无差异,这可能源自我国绝大多数学术资源都掌握在中央政府手中。在国家更加强调一流学科建设的背景下,学科对于一个学者学术活力的影响可能会越来越高于所在大学。

职称等级确实是预测学术活力的一个重要指标,教授和副教授的学术活力都高于讲师。另外,在我国大学行政权力具有绝对话语权的情况下,是否担任行政职务会通过资源分配、学术网络关系等影响大学教师的学术活力,因此也是一个显著的影响因子。

[①] Crane D. Scientists at Major and Minor Universities: A Study of Productivity and Recognition[J]. American Sociological Review, 1965, 30(5):699—714.
[②] 佟新.职业生涯研究[J].社会学研究,2001(01):17—27.

再次,从时间投入的角度来看,每周工作时间超过 60 小时的教师,其科研产出更高。福克斯(F.Fox)指出,多产的学者,尤其是一流的学者都有超乎一般人的持久力,勤奋工作,坚持不懈地追求一个长远的目标。[1]在教学和科研时间的分配上,科研活动的时间越充裕者,其学术活力越强,但数据并不能支持一般认为教学与科研零和关系以及事务性工作对于科研的干扰等说法。

此外,在控制了其他变量的情况下,并未发现来自家庭经济负担、子女教育、赡养父母等家庭的压力对于大学教师的学术产出产生显著的影响,但也有一种可能性是,这些压力并非在整个职业过程具有同样的作用,而仅仅是出现在特定的人生阶段。

第四节 本章小结

国外大量有关年龄与学术活力的研究至今并无定论,撇开学术活力的测量指标、样本、数据性质等各个因素外,一个最可能的原因是:并不是年龄本身的变化引起了学术活力的变化,在现实的具体情境中,从"年龄"到"学术活力"这一因果链条之间的影响因素很多。本研究利用国内一项大样本的实证调研数据发现,虽然随着年龄的上升,大学教师的学术产出总体上呈现一种增长的形态,但这种增长并不是单调递增,而是一种震荡式上升,其间会出现多个活力的波峰。而衡量教师活力的教学时间投入、服务时间投入、主观感受也都随着职业的展开,表现

---

[1] Fox M F. Publication Productivity among Scientists: A Critical Review[J]. Social Studies of Science, 1983, 13(2):25—305.

第二章 大学教师学术活力表现的生命周期特征

出波动性、累积性和分化性的特征。

回归分析发现,在控制其他变量的情况下,自然年龄本身并不是影响学术活力的显著因子,这就否定了"科学是年轻人的游戏"这一论说,反而是组织层面的因素对于学术活力的解释力更强。比如最高学位学校类型以及所在工作单位学科地位都对学术活力具有显著的影响。阎光才在2011年另一项对我国研究生院高校教师的大样本实证调查中也发现,研究生教育、最初入职机构的环境条件和个人在学术界的网络关系,构成个人发展过程中最为显著性的影响因素。[1]国外学者蒂尔尼和罗茨从社会化的角度出发也指出博士就读经历(预期社会化)和工作单位(组织社会化)对学术人才成长的重要作用。教学工作量和事务性工作并未如一般所认为的那样对于整个教师群体的学术活力造成挤出效应。在控制其他变量的情况下,家庭因素并未对学术活力的带来负面影响,但性别的差异一直存在。具体到不同的职业阶段,这些因素是否具有显著作用,以及如何发挥作用都是研究者需要在接下来的章节涉及的内容。

但有几点内容需要在此明确。首先,即便本研究考虑到了人口学、组织、时间分配、家庭因素的影响,其对学术活力的解释力也只有18.2%。换言之,本研究依然未能挖掘到影响学术活力的绝大多数原因。其次,在整个研究设计中,大学教师都是以均值人的身份出现,无法测量到个体的差异,而个体发展还具有阶段性特征并受到不同历史境遇的影响。再次,在以上的数据分析中,年龄被视为一个独立变量,

---

[1] 阎光才.我国学术英才成长过程中的赞助性流动机制分析[J].中国人民大学教育学刊,2011(3):5—22.

在此它代表的仅仅是一种自然属性,而未考虑到其社会建构意义。第四,年龄跟职称等都存在共线关系,有可能是其他因素的加入导致年龄的影响并不显著。最后,样本本身可能存在选择性偏差和未观测到的异质性。比如参与调查的样本中55岁以上教师的比例仅占7.9%,而能够参与调查者很可能就是依然保持旺盛学术创造力的少数群体。因此,若想更加全面深入地考察,就需要研究者换一种视角去观察在职业展开的过程中个体的日常工作、对于学术工作的认知和感受、职业过程中的事件、特定的社会历史背景等因素是如何影响了其科研活动。

第三章　学术人职业历程的感受与体悟

　　社会科学必须触及在社会现象的正式组织之下构成全面的、生动的和活跃的社会现实的真实的个人经历和态度。对于社会制度,我们只有不局限于对其正式组织的抽象研究,分析它在群体不同成员的个人经历上的表现方式,并且追踪它对于他们生活的影响时,才能获得对它充分的了解。①

——托马斯

　　前文已述,大学教师的学术职业轨迹并不是一个线性发展过程。某种意义上,它更似一个漫长的登山过程。博士学位代表着登山的入门券,向上的山路代表着学术职业的历程,位于山顶的目的地代表着职业的终点。但每个人心中对于山体高度的感知不尽相同,这反映了个体职业目标的差异。登山的过程并非简单易行,沿途困难重重、险象环生,个人的体能状况、心态以及外在的环境都在发生变化,因此在山脚以及山路的任何地方,都可能出现要不要继续登山以及如何登山的决定。廷斯利(A.Tinsley)认为学术职业亦是如此,不同的人或者即便同一个人在不同人生和职业阶段,由于个人志向、需求、发展机会抑或限

---

① 威廉·托马斯.不适应的少女:行为分析的案例和观点[M].钱军,白璐,译.济南:山东人民出版社,1988:233.

制性条件的差异,就会呈现不同的职业状态。①本章及接下来两章将在以上实证分析的基础上,尝试探讨教师学术活力变化背后的个体、组织和社会因素,思考它们究竟是如何发挥作用的。

本章主要通过从个体的角度出发考察了教师的职业成长过程,当然这并不是无视组织和制度环境对个体活力的影响,而是先将其"悬置"起来,观察在控制这些外在组织和制度变量的情况下,个体的工作动力、工作内容、工作方式、偏好和职业感受等关涉教师学术活力的因素是如何变化的,或者从另一个角度来理解,教师对于外界环境的感知、评价、选择,并由此产生的行动差异,本身也是一种个体差异。在上一章,笔者通过实证调查数据发现,年龄本身并不是导致大学教师活力变化的最重要因素,但问题是职称、职务、科研时间甚或是个体在某个阶段的动力等都会随着年龄的变化而变化,从而导致教师学术活力发生变化。然而定量研究只能显示某个时间点上对变量间的关系进行的测量和分析②,却无法捕捉到教师职业展开过程的复杂性和多样性。相较之下,定性研究则通过详细的访问和观察,可以更加接近行动者的视野,把握住研究问题的情境性和过程性特征。某种意义上,本研究就是期望摒弃以年龄这种具有特殊社会含义的自然属性来标识个体的做法,实现从"均值人"到"离散人"的过渡③。

故而,本章运用深入访谈的定性研究方法,在抽样策略上采取最大

---

① Tinsley A. Career Mapping and the Professional Development Process[A]//Tinsley A, Secor C, Kaplan S. Women in Higher Education Administration. New Directions for Higher Education, No.45, San Francisco: Jossey-Bass, 1984:17—24.

② [美]诺曼·K.邓津.定性研究:第1卷——方法论基础[M].重庆:重庆大学出版社,2007:11.

③ 叶启政.均值人与离散人的观念巴别塔:统计社会学的两个概念基石[J].台湾社会学,2001(1):1—63.

第三章 学术人职业历程的感受与体悟

目的抽样,即根据研究目的抽取能够为研究问题提供最大信息量的研究对象,期望展示的是大学教师作为一个行动主体在进入、发展和退出学术职业的主观职业历程。具体来讲,就是研究大学教师如何看待自己的学术职业,包括教学、科研及社会服务,同事关系,工作压力与职业感受,角色认同等,以及这种对于学术职业的认知在不同的职业发展阶段之间是否存在差异。因此在访谈对象的选择上,首先考虑的是年龄的差异性,同时还兼顾了性别、职称、学科、行政经历等因素,最终访谈了 39 名教师。访谈内容共包括三个部分:首先是基本的人口学数据,其次是回溯过往学术职业经历,再次是讲述当下的工作安排、感受和期待,但因为受访者成长于不同的时代环境,现在处于不同的职业阶段,因此访谈问题会根据个体的实际情况进行调整。另外,本节还利用了课题组对 9 名新进教师(职业初期)的访谈资料[①]。

在具体阐释中,笔者以开始工作时间为依据将 48 位大学教师的职业生涯分为三个大时段,可称为职业初期、职业中期和职业晚期,以下分别论之。其目的在于更好地展示教师职业发展的过程性特征,但这并不必然意味着每个教师都遵循同样的职业发展路径,而且任何一个阶段之内也都存在着若干细小时段。西蒙斯(N.Simmons)发现单就职业发展早期而言,教师的发展模式就明显表现出从生存、安全,到归属感、自尊,再到自我实现这种不断转变的特征。[②]生命历程理论特别强调情景和关联性,那么对于大学教师而言,当下的职业感受必然受制于

[①] 笔者参与了这部分访谈提纲的编制,协助联系访谈对象,但具体访谈实施主要由课题组成员丁奇竹完成,资料使用已经得到其同意,在此表示感谢。

[②] Simmons N. Caught with Their Constructs Down? Teaching Development in the Pre-Tenure Years[J]. International Journal for Academic Development, 2011, 16(3): 229—241.

他们所处的人生阶段、职业阶段,同时过往经历的累积性效应也不可忽视。具体的分析主要从个体对不同工作内容(教学、科研和服务)的投入和态度、同事关系、职业自主感和归属感等几个方面展开,试图借用生动直观的材料来展示并"理解"他们的职业和生活世界。

第一节 从博士生到"超级博士生"的转变

大多数教师对于职业初期的经历都记忆深刻。这个阶段他们才真正得以直面他们所选择的这个职业,而全新的教师身份意味着要同过去熟悉的学生生活模式告别,将过去所习得的知识技能转化,从而满足现实中对教师角色的需求,适应特定组织的目标、价值规范和工作任务安排,处理随之产生的各类人际关系,完成从学校人到专业人的过渡。整个过程大致可用这么一个流程表示,如图 3-1 所示。[①]

进入高校系统 → 结识同事 → 同辈协作与竞争 → 融入学术圈 → 确立学术身份获得职业安全

图 3-1 职业初期教师的发展轨迹

资料来源:N.Simmons,2011。

A-PHY4 老师 2013 年博士毕业后先去某研究所工作了一年,后转入大学任教,目前入职半年多的时间。再次进入学校工作,她发现自己

[①] Hooper L M, Wright V H, Burnham J J. Acculturating to the Role of Tenure-Track Assistant Professor: A Family Systems Approach to Joining the Academy[J]. Contemporary Family Therapy, 2012, 34(1):29—43.

第三章 学术人职业历程的感受与体悟

俨然成了一个"超级博士生",这种转变多少让她感到有些措手不及。

> 从学生到老师很大的一部分其实就是相当于把自己变成一个超级博士生,既要自己做实验,又要带领学生做实验,还要指导学生做实验,维护所有的仪器。然后我们的仪器维护也是蛮烦的,可能一调就几个小时没了。然后总归还有各种各样、杂七杂八的事情,报销啊,各种文件处理啊都有,自己就觉得变成一个超级博士。(A-PHY4,女,理科)

博伊斯(R.Boice)的研究发现,这个阶段教师面临的主要困惑包括教学上如何备课和面对挑剔的学生,科研上如何用有限的时间尽快获得组织和同行的认可,还有处理同事关系并逐渐获取一种归属感。[1]

一、"上课是个体力活"

A-ECO2 老师于 2014 年 7 月进入 A 大学工作,之前并无任何教学的经验,自我评价是"一位不太会说的理科老师,上课的时候蛮紧张的,就怕讲不好,学生会翻天",新学期开始当他面临一门本科生课程任务时,很多时候不得不通宵熬夜备课。教学经验的缺失在某种程度上也与我国高校在研究生培养期间注重科研训练,忽视教学培训有关,从而成为初任教师产生工作不适感和压力感的重要来源。A-ECO1 老师在国外大学攻读博士学位期间有过"打下手"的教学经历,但即便如此,他依然觉得自己开始独立承担一门课程仍是一个不小的挑战。

---

[1] Boice R.The New Faculty Member[M]. San Francisco, CA: Jossey-Bass, 1992.

像我的话,百分之五十的时间都花在本科生教学上,新老师如果开第一门课的话,这门课又是新课,那么备课和准备资料方面花的时间就特别长,我们昨天也交流了一下,有时候备课准备材料就要准备几个月,上课之前备课的话,至少要备两个晚上吧。备通宵,备到三四点钟,第二天再去上课。(A-ECO2,男,理科)

我在国外读博士期间担任过一些教学工作,但那只是辅助性教学工作。当你独立承担一门课的教学的时候,尤其是当站上讲台的那一刹那,你看到台下学生看着你的时候,你就会感觉到自己承担一门课和在下面给人打下手是完全不一样的感觉。(A-ECO1,男,理科)

A-HIS1 老师认为博士期间的专攻训练与本科生课程内容对于知识广度的要求之间存在冲突,这可能是导致新教师需要投入大量时间和精力备课,而且需要在不断的试错中才能找到一种有效的教学方式和教学风格的原因之一。

你自己原先做得比较专,比较深,到了教学岗,不可能只讲自己懂的那一点,比如我原来是研究西周,那你至少得涉及先秦,或者是从新石器到秦统一之前吧。有些课可能要求你懂得更多,要到汉朝、隋朝,甚至要到明清,这些课的内容你都要补起来。原来你只了解一个朝代的一个点,比如我现在要上中国制度史,整个朝代的所有东西,你都要去摸索一遍,这种(工作)量是很大的。(A-HIS1,女,人文)

与 A-ECO1 老师一样,A-EDU8 老师在国外攻读博士学位期间有

第三章 学术人职业历程的感受与体悟

过本科生课程教学经历,这段经历让他进入岗位之后"不会有一种我原来是学生怎么突然变成一个老师的感觉",并且能够灵活运用过往积累的教学经验,在对待本科生与研究生教学中有意识地使用不同的备课策略、教学技巧和管理方法。有研究发现,助教经历确实能够培养教师学会掌握如何进行时间管理,如何与导师相处,如何反思教学策略等各方面的技能,因此有助于新教师顺利度过这一关键转折期。[1]

> 本科教学和研究生有很大的区别,是因为本科教学你要说很多,但是研究生……当然也要看不同老师的风格,我的风格是我会让他们读很多,所以他们开始会很抱怨,而且都是英文,上课呢都是以讨论为主,这样的形式的话,对我来说会有趣一点,在我进教室之前,我这个课不知道会上成什么样子。我知道这个课会往哪个方向走,讨论会有一个框架,但具体框架里会讨论什么东西,我事前是不知道的,所以我觉得不论对于学生还是老师,这都是一个互相激发思维的过程。那它带来的好处就是我不需要花太多时间去备课说我这些知识点一定要覆盖到,我要怎样去编排教材上的内容,因为我们没有教材,我们读的全都是英文期刊上的文章,所以那个讨论就是不同的观点碰撞,但是我会设计一些活动,所以我备课的精力在于什么样的活动能够让他们说,至于他们说了什么,我怎么回应,那不是我事先能够想到的事情,所以备课不用花很多时间,而且那个主题我非常熟悉,所以就还可以。(A-EDU8,男,社科)

---

[1] Smith K S, Kalivoda P L. Academic Morphing: Teaching Assistant to Faculty Member[A]//Kaplan M. To Improve the Academy, Vol.17, 1998:85—102.

对此，A-EDU-3 老师也有类似的看法，她觉得研究生教学可以结合自己的研究成果和经验，进行"一种方法上的训练，眼界和视角的训练"，更多具有教学与研究融合的意味。入职四年，她已经渐渐从原来那种"紧张"站讲台的状态进入到一种"渐入佳境"的境地，也开始慢慢享受这个过程，体会到与同学进行思想碰撞的那种"美好""乐趣"和"成就感"。

从入职到现在是四年，这段时间里很多课程上过很多遍之后，你就知道要在哪些地方着力改进，哪些地方保持你原来的样子。有的课程是原来开的，有的课程是新接到的，新接到的课程，你比原来更知道怎么去准备，因为你在备课这件事情上积累了很多经验，压力就变得小了一点。刚开始站在讲台上是一件特别紧张的事情，好像只能盯着你的课件看，恨不得要把讲稿写出来，现在变成了这种熟练的工作之后，你就可以有一些提示，在上面可以说很久，而且还发现自己没有说完，实质上是越来越熟练的过程，所以在上课这件事情上就是一种渐入佳境的感觉。有的时候，上课的过程中或者课后你就知道讲得好不好，前期准备得充分或者不充分，但也有的时候你会发现你在上课的时候讲出了你平时没有想到的问题，课堂的情境下，你就突然被激发了。**上课虽然挺累的，是个体力活**，但是除此之外，你觉得这个过程本身还是挺美好。尤其还可以和不一样的学生交流，你传递给学生的这些东西，他们很感兴趣，愿意去学，看到他们的反馈，你觉得蛮有成就感的。（A-EDU-3，女，文科）

二、痛苦的科研起步期

如果说教学经过反复操练，新教师尚且能够应付得来，那么如何利用既有的基础，开展自己的科研，则是摆在他们面前的一道难题。A-ECO1教师觉得从学生到独立的研究者是一个"质的转变"过程，学生期间在研究方向、研究方法以及研究经费等各个方面基本都依附于导师，而身份转变之后就需要独立思考，独立做研究。当然，早期学术经历，尤其是博士学位论文选题的可延展性对于职业早期甚至长远的发展都影响至深，这不仅需要个人具有学术自觉性和规划性，同时也受到"大牌教授""机遇"等不确定因素的影响。

> 博士与讲师有一个比较大的区别，首先必须要自己开始想研究课题，自己做，但是呢，你想出来的课题肯定和博士期间的工作有非常大的关系，或者你找不到关系也会往上靠。这是一个人避免不了的路径依赖性。那么在讲师这个阶段就是说从一个给了你题目，你去解决问题，变成自己提问题自己回答问题，**这是一个质的转变过程**。（A-ECO1，男，理科）

> 不少博士花了三年好不容易找到了一个方向，但这个研究兴趣和方向，开口比较小，也没有去关心这个新的方向如何开拓，结果就是这个方向上关注的点很快被一网打尽了。说实话，在做博士论文的时候，没有想得很清楚如何开拓，甚至博士论文的口开得很小，本身就面临一个转向。（A-HIS1，女，人文）

> 年轻的时候都是自己做或者帮那些大牌教授在做，他给idea，我来计算。（D-MATH1，男，理科）

> 博士论文的主题其实我从硕士就开始进行研究，算起来已经

做了六年的时间了,所以博士毕业的很长一段时间里,我陷在博士论文题目里面,出不来,在当时的状态下好像没有办法再进一步了,就把那个放下了。博士后期间,就一直在思考如何尝试一个新的研究类型,如何从对一个人物的解读过渡到对事件本身的解读,开拓一个新的研究领域。适逢当时参与一个老师的课题,也是一个机遇,慢慢找到了现在的研究主题。(A-EDU3,女,社科)

这种不确定因素还包括开展科研所必需的外部支持,尤其是当下科研活动的专业化程度越来越高,也越来越倚重先进的仪器设备、庞大的实验室助手团队等要素,因此资源的占有程度对于个人在学术生涯的成功至关重要。62岁的哲学系A-PHI1教授和47岁物理学A-PHY2副教授在回忆起自己年轻时候申请课题的经历时说,申请研究经费资助对于任何一个年代的年轻学者来说都不是一件易事。斯劳特和莱斯利(S.Slaughter & L.Leslie)认为这并非仅仅是因为相比高级教学科研人员,处在职称阶梯的较低层教师在知识、理论、专门技能等方面的积累不够,组织的、政治的以及经济的技能同等重要,甚至更加重要。前者能够发挥积极的能动作用,特别是他们对政治经济的干预,以获得对他们的工作生活和财源的更大程度的控制,后者尚不具备那些能力。[①]年轻学者常无可奈何地表示课题申请有"太多不确定因素",并非个人所能掌控,比如基金评审程序不够公开,还有他们对于评审专家的公正性也抱有一定的怀疑。

---

① [英]希拉·斯劳特,拉里·莱斯利.学术资本主义[M].梁骁,黎丽,译.北京:北京大学出版社,2014:128—129.

第三章 学术人职业历程的感受与体悟

任何时候对于年轻人来说,没有一定的积累,想要申请到课题是很难的。我是在北京读书,到上海工作,早就离开了那个圈子,导师也帮不上什么忙。所以很长一段时间内我就是拿不到课题,后来拿了一个教育部的课题之后,好像一下子就把这个通路打开了,后来陆续申请到了一些课题。(A-PHI1,女,人文)

就我们文科学科来说科研本身需要花费的经费并不是非常多,从我个人的角度来讲的话,即便我不能申请课题,我自己还是可以去做科研的,但这是学校的一个要求。而申请的流程是非常花时间的,所以在准备申请一个课题前后,可能会比较累,比较辛苦,申完了以后在等消息的过程中也会比较煎熬,没有成的话还要等下一个。申请课题主要是这样子,你每一次都会去申请,申请完教育部啊、科技部啊等国家层面的,再去申请省级层面的。专家会去审,那个过程是一个黑箱,你不知道会发生什么,所以面临的结果很有可能就是你申请了但是不一定会申请得到。所以我说没有掌控就是说这是由外界去决定的,你也不知道问题出在了哪儿,所以可能会有这种感觉。(A-EDU5,女,社科)

福克斯(F.Fox)认为大学内部资源的分配和占有模式不同于公司等其他组织类型,在大学内部,资源往往掌握在个别教授或某个实验室手中,或者说资源是私有化(privatization)的,并没有在院系或专业层面进行共享。[1]因此,对于刚刚起步的年轻教师来说,如果没有团队的支持,无

---

[1] Fox F M.Women, Science and Academia: Graduate Education and Careers[J]. Gender & Society, 2001, 15(5):654—666.

法借助单位既有的研究平台和设备条件,学术之路会举步维艰。

> 我本科毕业后在公司工作过三年,后来又读研攻博。从我个人的感受来看,公司和大学在资源获得的难易程度上是有差别的。公司资源是共享的,所以可能比较容易出成果,但在大学里面做科研,获取资源是比较困难的,而且资源一般都是掌握在个别人手中,要开展一个项目比较难。(C-ELEC2,男,工科)

> 有的时候真的是要非常靠自己或者是依靠所在科研团队的支持,才能度过这个从学生到专职科研人员的瓶颈期。(A-ECO1,男,理科)

> 我们这个专业,如果是单枪匹马自己开展科研那就比较难,起步就会很慢,你要熟悉环境,又要融入教学,还要融入学术环境,而且还要开展自己的科研工作,怎么也不行啊。像我这种情况就比较好。我读书就在这边读的,这边老师我也很熟悉,科研环境也很熟悉。前期我在这里还有积淀,所以我进来之后,工作就可以延续下去了,顺利地就开展起来,可能比别的直接从外面过来的要好很多。这个是实话实说。听说我们学院有个老师进来之后跟团队研究方向融合得不太好,虽然说基金是有了,论文还没有那么快发出来,考核出问题了,现在处境就比较困难。(A-ECO2,男,理科)

但这种"背靠大树好乘凉"的做法可能带来了另一个问题,尤其是对于理工科教师来说,他们可能无法忠于自己的研究兴趣,做自己想做的研究,不得不转换方向配合资深教授的研究需要,因为既有的科研考核体系一定程度上变相地鼓励他们早出活、快出活、多出活,而不是出好活。不然可能就如 A-PHY2 老师所说的,"研究失去了时机和新意"。在这种状况下,他们不得不适应这种以绩效为导向的游戏规则,改变学术生活的性质和节奏。但这种学术上的短视主义做法也对未来的职业发展埋下了危机的种子。52 岁的 A-HIS6 老师在回顾影响自己职业发展的事件时说,最负面的应该是"年轻教师不得不参加很多跟自己真正想研究的兴趣一点都不相关的课题"。惠特利(R.Whitley)认为研究人员越是在工作和职业生涯方面依赖于组织上司和少数学科精英,就会越是强迫自己从事后者所建构的重要议题,就越是无法发展出新的研究进路。[1]A-ECO1 老师受制于组织考核标准的要求,不得不"为了达标而科研越做越散",无法在某一个领域进行聚焦,形成自己的专业影响力。

> 研究方向有切换,到了新的工作单位后做了另一个课题,跟博士的方向不太一样,有个问题是头几年出文章比较慢。(C-ELEC2,男,工科)

> 虽然当初博士毕业后选择到 A 大学物理系工作是因为专业对口,可是当正式入职后我才发现我跟团队的具体研究方向还是很不一样的,而我又很坚持,不愿意放弃自己的研究专长。在没有什么研究条件的情况下,所有课题都是我一个人去拿的,想做个什么实验都很难,确实很辛苦。但科研是不等人的,很多东西做慢了,别人哗哗哗出来很多东西,你的研究就失去了时机和新意。

---

[1] [英]惠特利.科学的智力组织与社会组织[M].赵万里,陈玉林,薛晓斌,译.北京:北京大学出版社,2011:13.

(A-PHY2,女,理科)

　　我对自己整个学术生涯是有规划的,本来想研究一个主题,最后能够聚焦到一点,但是为了达到考核标准,我现在就不得不需要做很多散的点。最初三年最忌讳的是始乱终弃,就是一开始没考虑好,仅仅是为了眼前的、功利的目的去做一些研究,导致一个科研人员整个科研生涯没有一个主线,这对一个科研人员来说是非常可悲的。但是现在这好像是一种奢望,因为我可能面临为了达标而科研越做越散,到了最后是形散神更散。(A-ECO1,男,理科)

而现在的学术评价制度又更加凸显了开辟一个研究领域所具有的重要战略意义,它将决定一个研究者学术生涯初期的发展速度,并由此对后续的职业生涯产生一系列连锁反应。或者如 A-ELEC3 的科研策略,一方面做着自己都不太认可,也不入流的科研满足生存需要,保证"至少我不会被淘汰",另一方面再选择一个自己认可的方向坚持去做,期待自己的研究"说不定哪天就爆发了呢"。

　　现在的体制不可能让你十年磨一剑的,因为要生存,要达到学校考核的标准,所以一方面,我和其他老师和学生做了一些简单的项目。通过它们发了文章,拿了项目,升了职称,但其实自己心里也知道,这些研究属于人家瞧不起的或者说大家都可以去做的事情,无非是你用的材料新一点,成果出来发个二区就不得了了,没什么大不了的。但另一方面,我手头还有一个大杀器,我绝大部分时间和精力都投入到这个大的上面,是个难出成果的地方。只要能够做出来肯定能够得到同行的承认,但因为目前还没东西出来,没办法得到经费支持。现在也很矛盾,明知道不可能靠这个大方向过活,但肯定也是不能丢的,现在只能靠小的生存着。(笑着说)大的说不定哪天就爆发了呢,谁知道呢,但最糟的是如果不爆发,也就只能这样了,至少我不会被淘汰。(A-ELEC3,男,工科)

三、服务:教师眼中的"杂事"

A-MATH1老师2005年进入A大学工作,在回顾自己刚刚工作的那段经历中要处理各种杂事而无法专心科研时,她用"恐慌"两个字进行概括。适逢那时学校出台了一个选拔培养优秀青年教师出国研修的新政策,在当时那种工作状态下,她就主动申请并抓住了这么一个出国交流的机会以摆脱那种困境。

> 当你真正工作了,才发现你肯定不可能像读书的时候一门心思做研究。刚工作的前两年你要花费很多的时间做些杂事,那时候不光要上课,还要做学生辅导员,占了我很多时间,所以花在科研上的时间一下子就少了。不像读书的时候,我基本上从早上八点到晚上十点可以百分百地把时间都投入在科研上,前两年没有做什么东西出来,那时就有一种恐慌的感觉。(A-MATH1,女,理科)

研究生毕业学校的组织文化与工作单位相差太大,也是造成职业初期教师适应困难的一个因素。[①]他们对学术工作和大学组织形成一

---

① Morrison E, Rudd E, Picciano J, et al. Are You Satisfied? PhD Education and Faculty Taste for Prestige: Limits of the Prestige Value System[J]. Research in Higher Education, 2011, 52(1):24—46.

大学教师学术活力研究：个体、制度与历史

种先入为主的认知图式，假如新的组织与预期不符，就会造成极大的困扰和不适。A-EDU6老师2014年博士毕业于某境外高校后，直接进入A大学工作，她原先所在的博士学校及各个学院都有专门的科研办公室协助教师处理各类行政事务，入职后她才发现现在单位中很多杂七杂八的事情都需要自己亲力亲为。除了教学、科研任务外，她还承担了辅导员、系主任助理、项目联络人等工作，而往往这些事情对时间的要求都极高：上课时间固定，所以必须提前备课；学生评奖，也须及时按部就班地组织；学生之间有了矛盾，必须立即出面调停。似乎哪一件事情的紧迫程度都高于她静心坐下来做自己的科研工作，然而这些烦琐的事务工作对于她作为一个专业教师的工作而言并没有太多的作用，学校考评其实是考评科研成果，因此她认为这些工作无趣且没有成就感，更致命的是，它们以及这种工作状态本身还在渐渐消磨着她的学术激情。

你要做很多行政事情，比如说我要做辅导员，然后还要做系主任的助理，然后还有项目的负责接待联络什么的，然后还有另外杂七杂八的事情，都堆在一起，然后都在头几年，然后你就很多时间就是忙于应付这些事情。要知道高校老师时间安排的重要性，考评其实是考评学术成果，但是你对这个状况完全没有办法去管理，因为你面临的很多其他事情都是很紧急的事情，比如说，你第二天要上课你不能今天不备课吧，你第二天不能上课不去吧，然后你学生要评奖学金了，你得给他们弄吧，不能拖，然后学生出现矛盾了，吵架了，你作为辅导员得去协调吧，你不能说等一等，我这篇论文还没写完，等我写完论文，对不对？然后我就发现每天都是事赶

事,事赶事,基本没有什么时间静下心来,好好做做学术科研。(A-EDU6,女,社科)

A-ECO2 老师向笔者描述了另一个实验组一位同事如何因为杂事太多而耽误了教学和科研任务,影响了聘期考核,最后不得不离职的故事。相比那位同事,他觉得自己还算幸运,直接领导的理念就是尽量减轻年轻教师的课时量,基本不安排任何行政任务。虽然这些事务并不属于教师的本职工作,但他们似乎并没有多少讨价还价的空间,毕竟自己的去留和未来的职业发展还仰赖于这些行政和学术领导的评价。李志锋等人的研究解释了年轻教师这种顺从背后的原因,院系教授会对所有教师的职务晋升有影响,且晋升职务层级越低,受"院系教授会"的影响越大。①

那个老师这个学期有两门课的教学任务,又碰到他们实验室评估,领导把准备评估材料的任务交给他了。这些材料主要包括实验室的简况以及五年来的发展成果。实验室里有很多老师,每个老师的研究方向不一样,他们只需要提交原始材料,负责整理的这个人必须要读懂所有老师的材料,才能融会贯通,把这些内容整合到 Word 文档,填各种表格,做各种 PPT,最后汇总成一个材料给上面的人去汇报。这个过程就需要花费大量时间,前前后后至少两个月。结果因为这个工作影响到了他的教学评估,有些本科

---

① 李志锋,浦文轩,刘进.权力与学术职业分层——学校权力对高校教师职务晋升影响的实证研究[J].高等教育研究,2013(7):28—34.

生会把分数打得非常低。教学都是这种状况,更别提写论文了。(A-ECO2,男,理科)

四、职业感受:"持续的压迫感""没什么归属感"

伯顿·克拉克认为,学者们同时归属于一门学科、一个研究领域和一个事业单位、一所特定的大学或学院这一事实导致大学教师们被卷入各种各样的矩阵,多种成员资格决定他们的工作,号召他们的忠诚,分配他们的权力。①迪尔(D.Dill)从学术工作的角度出发,借助于角色丛的概念,将大学教师所要处理的复杂关系表述如下图3-2所示。②虽然每个学术人都肩负着教学、科研和服务等多重职能,但由于不同阶段实现这些职能的能力和外在条件存在差异,既有研究发现新教师最大的压力来源来自教学与科研的角色冲突③,设置不同工作任务的优先级以及时间精力的分配④。A-ECO1老师说自己主要的矛盾就是"如何在时间上做平衡",无法平衡的压力下,只能每天以12个小时以上的超负荷进行工作。A-PHY4老师同样也是过着朝九晚十的生活,只能见缝插针地处理一些其他事务。

的确,现在主要的矛盾就是如何在时间上做平衡,我差不多

---

① 伯顿·克拉克.高等教育新论——多学科的研究[M].王承绪,等,译.杭州:浙江教育出版社,2001:113.

② Dill D D. The Structure of the Academic Profession: Toward a Definition of Ethical Issues[J]. Journal of Higher Education, 1982, 53(3):255—267.

③ Olsen D.Work Satisfaction and Stress in the First and Third Year of Academic Appointment[J]. Journal of Higher Education, 1993, 64(4):453—471.

④ Gmelch W H, Lovrich N P, Wilke P K.Sources of Stress in Academe: A National Perspective[J]. Research in Higher Education, 1984, 20(4):477—490.

每天工作时间都在 12 个小时以上,如果说是要平衡的话,那么说句实话,这是很难平衡的,因为科研那块压力已经很大了。(A-ECO1,男,理科)

除了睡觉吃饭,晚上一般十点多才走,早上九点到,中间都是在实验室,没有午休。中间可能就处理一些杂事嘛,比如说报销的事情啊,有些提交必须是由老师提交的,材料的申报、设备的处理、文件的处理,还有一些学者访问啊这些东西处理,都是利用中午的时间把它处理完。时间过得非常快,特别是我刚来的时候,仪器也不熟还要跟着学,仪器一调一个下午就没有了。然后还要自己看文献,还要想自己的实验,这个是压力很大。如果是我醒着的这段时间,百分之七八十全部都是在科研上,还有一些时间就是零零碎碎的时间。(A-PHY4,女,理科)

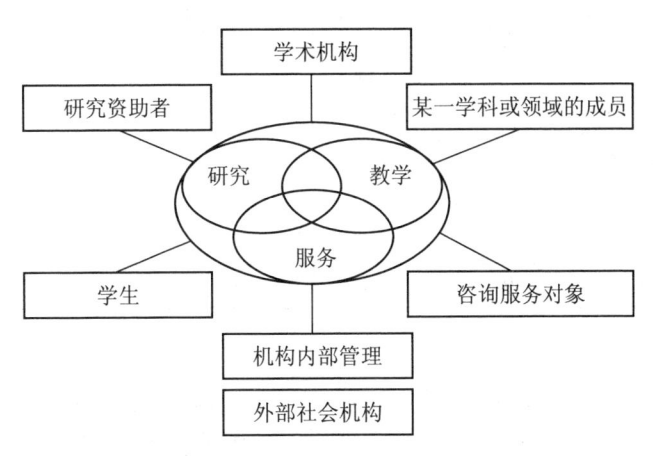

图 3-2　大学教师的多重角色关系

资料来源:D.Dill,1982。

笔者粗略统计了9位教师在职业初期各项工作的时间分配(见表3-1),这个阶段的老师把绝大多数的时间投入在科研上,显然他们更为认同或者看重自己作为研究者的角色。而且他们也期望被同行视为一个研究者,而不是其他角色。[1]西蒙斯的研究还发现,处于职业初期的大学教师把教学、科研和社会服务视为相互隔离工作。[2]这种对于角色的认识决定了他们的行为模式,而一旦这种认识与现实之间存在冲突,就会影响到他们的工作体验,最终制约了他们的学术活力。这个阶段教师普遍反映教学和行政事务抢占了他们科研的时间。

表3-1 职业初期教师各项工作的时间分配

编号	性别	学科	各项工作所占比例(%)		
			教学	科研	服务
A-EDU4	男	社科	30—40	60—70	/
A-EDU7	女	社科	40	40	20
A-ECO1	男	理科	20—25	70	5—10
A-EDU8	男	社科	20	80	/
A-PSY1	女	理科	20—30	70—80	/
A-ECO2	男	社科	50	50	/
A-PHY4	女	理科	/	70—80	20—30
A-EDU3	女	社科	45	45	10
A-HIS4	男	人文	30—40	60—70	/

---

[1] Hermanowicz J C. Honor in the Academic Profession: How Professors Want to Be Remembered by Colleagues[J]. Journal of Higher Education, 2016, 87(3):363—389.

[2] Simmons N. Caught with Their Constructs Down? Teaching Development in the Pre-Tenure Years[J]. International Journal for Academic Development, 2011, 16(3):229—241.

这种角色认识有个体层面的原因,但更多是来自制度的硬性要求。2011年A大学开始引入美国的"非升即走"制度,规定"新教师聘期为三年,与其他教师一样实行年度考核。聘后一年半为中期考核;中期考核结果为基本合格的,学校有权终止其'某某称号学者'待遇,调整为中级职称常规待遇;中期考核结果为不合格的,学校结束聘用。三年聘期结束前,学校师资管理部门及设岗单位组织专家对其科学研究能力、教育教学及培训情况等方面进行综合评估,聘期考核合格者可申请进入中级专业技术职务专任教师序列(待遇同一般中级专业技术人员),若申请获批,续聘三年;若续聘期内未能晋升高级专业技术职务,学校则不再进行同性质岗位续聘;聘期考核不合格者,学校结束聘用"。简言之就是"不发表,就走人"(publish or perish),这种评价制度使得他们始终感受到一种"持续的压迫感""焦头烂额""总觉得有一条鞭子抽着你往前走的感觉",他们不得不争分夺秒,掐着时间进行科研。A-PHY4老师说"在现在的考核制度下,你不可能是做完一个研究再去开始另一个,很多时候是几个实验同时推进"。这在一定程度了影响了他们做科研的心态。甚至很多人有时候不得不采取一些"急功近利"的方式去迎合这种要求。如A-EDU5所说,为了尽快发表,只能选择周期最短的那个,只要达到目标和任务就可以,无暇关注自己的成果能否得到较高的学术同行评价。短期来看,重压之下也许能够产生一些成果,但是长期来看对于个人、学校,乃至整个国家的科研事业发展都是不利的。在经费紧缩、支持不足和时间压力下,教师们做科研的倾向更具有功利性,然而知识的发现是累进式的,其价值的最终实现具有较长的延宕期。

可能在心态上会觉得有一个持续的压迫感。(A-EDU8,男,社科)

其实回想过去这一年半,感觉每天都焦头烂额,每天都填得很满,但是没有任何东西出来,对自己也挺不满意的,就是一直处于这样一个状态。(A-EDU6,女,社科)

总觉得有一个鞭子抽着你往前走的感觉。我现在有些文章可以去发,但是我觉得可能我可以试一试时间比较长一点发表的期刊,但是现在我没有时间选择,我只能选一个最快的,只要达到目标和任务就可以,但可能在我投最快期刊的时候,我的文章可能就会有点可惜,就会有这种问题。所以就会让人觉得很有逆反心理。(A-EDU5,女,社科)

前提是你多做几个实验,同时几个数据一起分析,你不能说我等这篇文章都弄完了我再做下一个实验,你有可能是两个实验同时做的,因为你同一个实验,或者实验在不同情况下变换一下,你是去研究不同的东西,成果可能是可以同时出现的,然后你撰写成果的时候可以写两篇成果,两个同时分析,并行开始做起来,这就有可能。但是如果你真的是七个月等待所有的文章都投出去了,然后收了,再写一篇就来不及。(A-PHY4,女,理科)

确实压力蛮大的,我也在想如果没有这么大的压力,可能我做几年还是会有成果。但是现在压力大了呢,就会让人有点急功近利的感觉。做事情的时候先要想想这个能不能发文章,对评职称有没有作用,才会决定要不要去做这件事情,比如说学生有些活动邀请我去指导啊,参加话剧社什么的,想想可能太耽误时间了,就顾不上。反正就是因为这个政策舍弃了很多东西吧。

第三章 学术人职业历程的感受与体悟

(A-EDU7,女,社科)

新教师被学校视为"私有"财产,其首要目的就是让他们用科研发表来证明自身的学术能力,从而换取一定的职业安全,[1]这在一定程度上影响了他们,导致其对于学校缺少必要的认同感。张俊超用"大学场域的游离部落"来形容青年教师这个群体,他们的经济收入、教学、科研、管理,以及心理等各个方面都处于尴尬而窘迫的处境。[2]

> 学校跟我们签了合同的嘛。说白了,合同期内我们就是临时员工,合同期后就不是临时员工了,所以说对这个学校的归属感肯定是会受到影响的。(A-EDU5,女,社科)
>
> 心理上就觉得长远来看不一定是我的学校啊,反正就是心理上会有这种感觉。因为它在三年以后考核你,然后还不一定能留下来,这个制度就会让人有一种非常低的归属感,或者说没有什么归属感,加上我来到这个单位之后呢,发现别的老师都是这里博士毕业的,就只有我是从外面来的,这使得归属感也稍微有一点点降低。(A-EDU7,女,社科)
>
> 得看看三年之后我还在不在这,在这儿,我就有身份认同,不在,我就跑到另外一个学校去找身份认同。(A-EDU8,男,社科)

迈耶和埃文斯(I.Evans & L.Meyer)发现同事关系等外部因素都

---

[1] Schuster J H, Bowen H R.The Faculty at Risk[J]. Change the Magazine of Higher Learning,1984,17(5):13—21.

[2] 张俊超.大学场域的游离部落——研究型大学青年教师发展现状及应对策略研究[D].武汉:华中科技大学,2008.

能增强教师的归属感。①这里的同事关系有横向和纵向两种。前者指的是同辈群体之间的关系,而后者更多指的是同年长同事之间的关系。新教师之间由于相近的处境和共同的利益诉求更容易对同一个问题产生类似的看法,能够产生共情,形成一种类似"战友"的关系,但他们之间的交流更多止于一种情绪的宣泄②。

> 青年老师在一起能够说说话,会关系比较密切,青年老师的压力能够得到纾解。你会觉得有归属感,你不是一个人在奋斗。(A-HIS1,女,人文)

但同事关系随着新教师组织社会化程度的不断提升也在发生着变化。路易斯等人发现只有入职两年内的新教师表示对于同辈之间的专业和个人交往较为满意,而随着时间的推移,新教师逐渐适应新的环境后,这种关系日渐瓦解。③而对新教师而言,老教师更多是以指导者的身份出现,由于两个群体之间经济、社会和文化资本的不同,鲜有私人交往,更多是专业内容上的合作和交流。这种关系也存在学科差异。相对而言,人文社科多在教学上开展合作,而理工科则是以团队的形式

---

① Evans I M, Meyer L H.Motivating the Professoriate[J]. Higher Education Management & Policy, 2003, 15(3):151—167.

② Zenger T R, Lawrence B S.Organizational Demography: The Differential Effects of Age and Tenure Distributions on Technical Communication[J]. Academy of Management Journal, 1989, 32(3):353—376.

③ Ponjuan L, Conley V M, Trower C.Career Stage Differences in Pre-Tenure Track Faculty Perceptions of Professional and Personal Relationships with Colleagues[J]. Journal of Higher Education, 2011, 82(3):319—346.

第三章 学术人职业历程的感受与体悟

在科研上进行合作。新老教师结对子的形式对于双方都是有益的,一方面新教师可从老教师那里获得组织运行的规则,熟悉学科文化以便尽快适应角色,研究证实这也有助于提高新教师的学术生产力[1],而与此同时,老教师也可以从新教师那里获得一些新的研究视角或知识,另外在助力新教师成长中,年长教师也能收获一份满足感。[2]

虽然同样面临着巨大的压力,但女教师的感受与男教师存在一定的差异。A-PHY4 老师说自己每天不得不超负荷工作,"醒着的大部分时间都在做科研",导致学术工作极大地挤压了个人生活空间,这点在女教师身上表现得尤为明显。女性生育的最优时间同职称晋升的制度时间恰好发生重叠,因此她坦言,工作和生活之间不是"平衡"的问题,而是"取舍",为了优先发展事业,不得不违背意愿打乱很多个人生活的安排,比如"把结婚生孩子等事情都要往后推迟"。因为她们深知由于生育而可能带来的工作模式改变,工作时间不足,工作技能下降,职业中断等代价,不得不在家庭与工作之间做出取舍。C-ELEC1 老师刚生完小孩回来工作,她觉得自己在专业上是"从谷底往上爬"的感觉。在笔者访谈期间,家人两次打来电话询问如何安置生病的小孩,她苦笑着说"孩子小的时候,就是工作要放一点"。梅森(M.Mason)的实证研究发现,那些在讲师阶段或之前生孩子的女性获得终身教职的概率低了20%—25%。[3]

---

[1] Williams R, Blackburn R T. Mentoring and Junior Faculty Productivity[J]. Journal of Nursing Education, 1988, 27(5):204—209.

[2] Gappa J, Austin A, Trice A. Rethinking Faculty Work: Higher Education's Strategic Imperative[M]. San Francisco: John Wiley and Sons, 2007:289.

[3] Mason M A, Goulden M. Do Babies Matter? The Effect of Family Formation on the Lifelong Careers of Academic Men and Women[J]. Academe, 2002, 88(6):21—27.

我有时候在想结不结婚这个事情可以晚点考虑,即使结婚了我也不可能很快就生孩子,否则后面考核压力很大,所以就只能先把这个事情放一下,就先取舍一下,把事情弄好了再考虑后面的事情。我觉得是想要做到平衡,但有时候其实是取舍。(A-PHY4,女,理科)

你想啊,如果是不间断地上学一直到博士毕业的话,大概要二十八九岁吧,这三年过去了就要结婚生子了,是不是?人总归还要兼顾家庭的嘛,你不能要求女老师博士毕业以后马上又投入这个压力很大的科研中,三年搞出五篇文章来,然后也不生孩子,三年之后还不一定能评上副高。男老师博士毕业了就应该去奋斗了吧,他已经没有什么后顾之忧啊,家庭也不用他付出太大精力了,不用生孩子,他这三年就是为了事业、为了家庭可以拼上全力。但是对于女老师来说,博士毕业的年龄,这个年龄到了嘛,还是应该兼顾一些家庭的。(A-EDU7,女,社科)

生孩子这两年差异非常大,家务事大家还可以分摊下,但生小孩这件事是没有任何人能帮忙的。心思在孩子身上,你肯定干不了活,生完孩子回来之后,你就发现是从谷底往上爬的过程。当然男老师也会受影响,至少他白天还是工作的,还是可以的。(C-ELEC1,女,工科)

职业初期教师对于学术工作的期待和认识还停留在一种理想化的状态(script of ideal)[①],因此初涉职业时需要同学科、学术职业文化、组

---

① Bieber J P. Conceptualizing the Academic Life: Graduate Students' Perspectives [J]. Journal of Higher Education, 2006, 77(6):1009—1035.

织环境以及其他"局中人"不断磨合。当然以上反映的也只是大多数普通教师在职业初期所面临的任务和职业感受,未必适用于每一个个体。以37岁的理科教授A-PHY3老师为例,他入选"国家青年千人计划",直接以教授的身份被引进A大学,因此对他来说不存在为职业安全、资源支持等担忧的问题,"可以独立开展科研,财政自由,获得较多支持"。然而,这样的人才毕竟还是少数,这个阶段教师的共通点较多,至少从外显的职称等级上来看,分化程度不大。研究发现,新进教师工作、生活在具有以下人际特征的环境中将有助于他们的专业发展。这些特征主要包括:工作场所设有针对初任教师的个别支援系统,教师与系主任和其他行政人员保持良好的工作关系,教师有机会接受那些有经验同事给予的教学辅导或示范,同事之间经常开展合作性教学、科研与服务工作,同事之间能够相互尊重,初任教师的工作表现有机会获得学校乃至校外同行的认可,教师角色和参与的专业发展活动能够获得家人及朋友的鼓励和支持。[1]

第二节 谋定"生存"之后的转折

相对于职业早期和职业晚期而言,职业中期的概念相对模糊,通常难以给出泾渭分明的边界。有学者尝试用自然年龄作为划分的标准,认为30岁末到50岁中期或后期且在不同程度上面临着中年生活危机(比如职业目标的调整,寻求个人生活与职业的平衡)的教师都可视为

---

[1] Caffarella R S, Zinn L F. Professional Development for Faculty: A Conceptual Framework of Barriers and Supports[J]. Innovative Higher Education, 1999, 23(4):241—254.

处于职业中期[1],也有学者采用进入某一职业的时间来定义[2],鲍尔德温(R.Baldwin, et al.)等人也用教师在某一所机构的工作时间进行研究[3],总之这是一个相对漫长又边界模糊的阶段,也正因为如此,其往往为研究者,甚至是大学管理者所忽视。米尔斯(N.Mills)认为这是因为大多数管理者想当然地认为职业早期养成的学术习惯会延续至整个职业生涯,而漠视了这个阶段教师的发展需求。[4]

从职业早期跨越到职业中期的过程中,教师通过自己的努力和学术表现,向院系、学校以及学术共同体证明了自己的价值所在,树立了自己的专业身份,从而获得了一种职业上的安全。在经历过职业早期的摸索之后,他们逐渐进入到一种相对稳定的状态,教学上趋向娴熟,科研上已小有成就,同时也开始有机会参加组织内外的服务工作,从而也得以对自己所从事的职业有更加深刻的认识。斯奈德(R.Snyder)等人认为,职业中期高校教师的典型特征是对合法或组织权威的兴趣增加,更加关心地位或社会声望、专业自主性、独立选择研究主题和方法的自由,以及家庭需求等。[5]鲍尔德温等人的研究也发现,职业中期教

---

[1] Cytynbaum S, Crites J O. The Utility of Adult Development Theory in Understanding Career Adjustment Process[A]//Arthur M, Hall D, Lawrence B. Handbook of Career Theory. Cambridge: Cambridge University Press, 1982:66—88.

[2] Williams S L, Fox C J. Organizational Approaches for Managing Mid-Career Personnel[J]. Public Personnel Management, 1995, 24(3):351—363.

[3] Baldwin R G, Lunceford C J, Vanderlinden K E. Faculty in the Middle Years: Illuminating an Overlooked Phase of Academic Life[J]. The Review of Higher Education, 2005, 29(1):97—118.

[4] Mills N. Now That I'm Tenured, Where do I Go from Here? The Vitality of Mid-career Faculty[J]. Council on Undergraduate Research Quarterly, 2000, 20:181—183.

[5] Snyder R A, Howard A, Hammer T L. Mid-career Change in Academia: the Decision to Become an Administrator[J]. Journal of Vocational Behavior, 1978(13):229—241.

师在行政事务上所占用的时间最多,教学科研上的投入相较于职业早期直线下降。他们的解释是教师在这个阶段可能承担了更多领导、管理和指导角色,对于科研的兴趣有所下降,但对组织外专业活动的参与度提高。此外家庭的负担也加重了。①角色转变、组织内外身份认可的诉求和家庭责任都分散着教师的时间和精力,对这个阶段教师的发展带来了一定的挑战。还有研究发现从35岁至40岁,甚至持续到50岁之后,随着年龄的增长,教师面临职业中期危机的概率大大增加。②

A-EDU2老师至今已经在A大学工作11年了,6年前获评副教授,他发现从职业初期到中期还是有较为明显的变化,伴随着职称的变化,对于自己所肩负的职责,对于自己专业的认识和研究经验都有了提升。

> 从讲师到副教授还是有很大的变化,首先它的职责发生了变化,那么自己对职业的认识和要求也有变化。讲师只要上课和研究就可以了,行政是额外的。评上副教授之后就可以带研究生了,也有机会参与学院或校外的论文评审等事务,这些都是能够看得到的表面上的职责变化,而参与这样一些事情,你能察觉到人家更看重你了,或者有一种被认可的满足感。还有其他的一些变化,倒不是因为职称的变化,而是你逐步地对这个行业以及做研究,比以前越来越得心应手,至少越来越熟悉研究的套路,包括选题、研究

---

① Baldwin R G, Lunceford C J, Vanderlinden K E. Faculty in the Middle Years: Illuminating an Overlooked Phase of Academic Life[J]. The Review of Higher Education, 2005, 29(1):97—118.

② Tremblay M, Roger A. Individual, Familial, and Organizational Determinants of Career Plateau[J]. Group & Organization Management, 1993, 18(4):411—435.

方法、研究范式都越来越熟练,是研究经验积累的结果。(A-EDU2,男,社科)

但与此同时,他说对自我的要求也发生了变化,不再是仅仅满足于组织的要求,而是更期望获得学术共同体的认可,这也成为他以后工作的压力和动力来源,让他也不敢有丝毫的懈怠。

但另一方面,压力也很大,就觉得你已经上升到这个等级,你无论作出东西的质和量,和过去总有一个区别,内心觉得总要能对得起这种认可。人家把你看成一个副教授,或者某一领域的专家,你做出来的东西能够符合人家的期待,实际上内心还是有这样一种压力或动力。(A-EDU2,男,社科)

一、"驾轻就熟"的教学工作

如果说前一个阶段的教师还在摸索如何教学,这个阶段的教师对教学技能或内容就有一种驾轻就熟的感觉,而且他们对待教学的态度也发生了一定的改变。有研究也发现,随着年龄的增长,教师更享受教学以及与学生互动的过程[1],也更加认同教书育人这个角色[2]。

我已经工作十几年算是老教师了,驾轻就熟,教学上费时不

---

[1] Mclaughlin P G. Vitality of Mid-Career Faculty: The Case of Public Comprehensive Universities[D]. California: The Claremont Graduate University, 1999.
[2] Baldwin R. Adult and Career Development: What are the Implications for Faculty? [J]. Current Issues in Higher Education, 1979, 2: 13—20.

第三章 学术人职业历程的感受与体悟

多。(A-ELEC1,女,工科)

这种转变与自我对学术工作的认知有关,比如 A-MATH6 觉得自己科研上难以取得更大的成就,"不会那么出彩",而教学重新赋予学术工作以意义和价值。

> 其实刚开始可能科研重一点,三分之二在科研上,再后来是一半一半,某种程度上年龄上更大一点后,**科研上不会那么出彩**,那么也许可以培养一些学生,或者普及学科知识。(A-MATH6,男,理科)

还有就是生命事件的影响,比如"做了母亲的缘故"的 A-MATH1 老师由于自己孩子的教育问题,由己及人想到自己作为"老师的老师"的责任重大,渐渐认同教书育人所具有的社会意义。

> 我刚工作的时候,相对来说对教学不是那么看重,因为这个评价体系不仅仅是哪一个学院,全校、全国都是这样子,评职称主要是看论文的。教学只要不出事故,没有被学生搞得很差就无所谓,所以那时候觉得自己的研究更有意义。但工作时间久了,随着年龄的增长,看问题会不一样,**当然也可能是因为做了母亲的缘故**。我们的很多学生将来要到全国各地中学去当老师,把他们教好了,他们才能当个好老师。这个事情其实可能比我关起门来在这里写两篇文章更有价值。我这个专业很理论化,可能要过几百年,甚至上千年才能给人类有所贡献。所以我对教学的态度稍有变化,我就问自己干吗要那么着急呢,把教学这个事情做好,也很重要,甚

至它的社会意义可能更大。(A-MATH1,女,理科)

二、研究生指导:"赶鸭子上架的感觉"

人到中年最大的转变之一就是从被指导的位置一跃成为指导者的角色。[①]而这一点在大学教师这个职业上体现得尤为明显。研究生指导是刚进入职业中期教师面临的一项新任务,A-MATH2觉得自己"有点赶鸭子上架子的感觉"。A-EDU1老师也表示自己基本上是照搬了自己博士导师指导自己的方式来指导自己的研究生,但问题是不少教师自己就未曾获得过规范化的指导。A-MATH3老师说自己博士期间是"放养式的管理",自己也不清楚该如何指导学生。

> 副教授只能说明你具备带研究生的资格,但是具体要不要带以及怎么带都是问题,但学校觉得好像评上副教授之后就顺理成章地成为一个导师,谁知道怎么带研究生啊,以前也没有学过,有点赶鸭子上架子的感觉。(A-MATH2,男,理科)

> 评上副教授之后工作上主要的变化就是要开始指导研究生了。讲师的时候不带研究生,副教授就要带硕士生。带学生就要想给他们怎么找题目,教他们怎么做科研。一开始带的时候也是挺惶恐的,就觉得要给他们找什么样的题目,既要让他们能做出来,又要有一定创新,不能一眼就看穿能怎么做,不然给他们做也没有意义。但如果太难,他们又不会做。(A-MATH1,女,理科)

---

① Levinson D J, Darrow C M, Klein E B, Levinson M H, McKee B. The Season of a Man's Life[M]. New York: Ballantine Books, 1978.

不同学科之间也存在着较大的差异,这与科研活动的开展方式有关。在现行的体制下,一般来说文科等以单打独干方式进行的学科要等到评上副教授职称才可以参与指导研究生活动等,而对以团队形式开展科研的理工科来说,情况则有所不同。微电子专业的 C-ELEC2 老师就没有感觉到工作内容上有大的改变,因为一直以来他们就是"传帮带"的工作模式。但即便如此,工科 A-ELEC1 老师也觉得这种变化让自己能够"站在更高的层面看待自己的科研工作"。

> 工作内容没有什么改变,国内的体系就是这样的,从参加工作以来(讲师)就开始带学生,只不过以前是协助 PI 带学生,现在是自己带学生,但本质上工作内容是一样的。讲师的时候就有比较多论文和基金评审的机会,PI 没有时间就丢给我们帮忙做。(C-ELEC2,男,工科)

> 到了副教授就要带学生,带学生的过程中你要安排具体的工作,项目的实施。这时候会站在更高的层面上,思考项目怎样组织、实施或安排。除了自己做之外,还要想怎么把学生的积极性调动起来,保质保量地让他们能够完成毕业的设计,所以**是站在一个更高的角度整体地去看待自己的科研工作**。(A-ELEC1,女,工科)

三、 科研:从"命题作文"走向"独立"

如果说前一阶段在研究方向上,大部分教师仍然延续着博士学位论文主题的研究,到了职业中期这个阶段,能够挖掘的基本都挖掘完了,也就需要开辟新的研究方向。与此同时,这个阶段最重要的职业事件来自独立身份的确立,其外显的标志就是成功获聘副教授(终身教职),蒂尔尼和罗兹(W. Tierney & R.Rhoads)称之为从新手到独立研究者的过渡仪式。①这种转变也使得他们做研究的动力或者说状态发生了变化。达尔顿等人(G.Dalton)发现专业人员从学徒到熟手的身份转换也意味着他由原来协助、学习并追随他人方向的依附状态向一个独立研究者的状态迈进,并开始寻求一种影响力。②

我觉得现在的动力跟之前不同,之前命题作文比较多,这个老师说这个课题你帮忙做一下,那个出版社说这个东西你帮忙写一下。但现在我觉得这个东西是我自己的,我希望把它写得好一点。(A-HIS1,女,人文)

讲师阶段课题组对教师的影响很大。但很不幸,我课题组的氛围不是很好,或者只能说我能力不够,未能挣脱这个束缚。现在慢慢开始好像走出这个状态,但我还是觉得靠自己比较好,随着你的成长,迈向独立的这一步。(C-ELEC1,女,工科)

纽顿(P.Newton)认为处于职业中期的教师一方面感觉到自己进入渐趋稳定的状态,另一方面也意识到时间和机会所剩不多,这是又一次新生的机会,自己应该再拼搏一把将生活和职业推向新高。③36岁的

---

① Tierney W G, Rhoads R A.Enhancing Promotion, Tenure and Beyond: Faculty Socialization as a Cultural Process[R]. Washington D C: The George Washington University, School of Education and Human Development, ASHE-ERIC Higher Education Report, No.93—96, 1994:41.

② Dalton G W, Thompson P H, Price R L. The Four Stages of Professional Careers—A New Look at Performance by Professionals[J]. Organizational Dynamics, 1977, 6(1):19—42.

③ Newton P M. Periods in the Adult Development of the Faculty Member[J]. Human Relations, 1983, 36(5):441—457.

第三章 学术人职业历程的感受与体悟

A-MATH3 老师期望"5—6 年的时间评上教授";57 岁的 A-HIS2 老师在回顾自己职业中期的状态时说"评上了副教授之后当时计划很多,就希望能够通过几年的研究,能够有点影响,在国内有点声音";38 岁的 C-ENG1 老师则是希望接下来对科研的计划是从数量向质量转换;B-ELEC1 老师则是遵循自己的爱好,发挥特长,更倾向于实际的应用研究,而不是一味迎合职称的需要。所以,大多数学者还是希望能够继续在本领域有所精进。毕竟只有公开发表的研究成果才能被其他大学或者同行观察到,进而提高他们的外部机会,增加与大学进行谈判的筹码。①

> 我就觉得一辈子碰到了自己喜欢的专业也不容易,再努力一把,科研上还想往上走。以前要考虑到非升即走,就不投那些周期比较长的刊物,现在我就不喜欢太快了,精工细作,慢慢做,发点好文章,有些文章就可以发质量比较高的刊物。(C-ENG1,男,人文)

> 接下来没有什么计划,能评上教授就评,不行,副教授做到退休也可以,现在我不去想它。每个人都有爱好和特长,另外我们工科的不如理科或者做理论研究的容易发表文章,但假如是刻意追求论文发表,则影响自己原来特长的发挥。譬如说摆在我面前的两个选择:一是埋头写论文不去做实际的企业应用,二是做应用研究,到企业去推广,帮他们做智能工厂,等等,但这可能会影响论文

---

① Siow A. Tenure and Other Unusual Personnel Practices in Academia[J]. The Journal of Law, Economics, and Organization, 1998, 14(1):152—173.

发表。原来我也犹豫过,我是不是就逃离(企业信息化或工业 4.0)这种热潮,就自己关在小楼里面写我的论文,但我觉得这样也不好,不是我的特长,还是应该结合实际的应用,多为企业做点事情,但很有可能按照现在的评价标准,我就评不上教授,但也是没有办法的事情。(B-ELEC1,男,工科)

早期职业经历对于现阶段的发展也会带来累积性的影响,这种影响未必是默顿所言随着研究经验和学科地位提升所带来的累积性优势,有可能是前期未能解决的问题制约了当下的发展。A-EDU2 和 A-MATH3 老师目前就面临着同样的问题,如何能够寻找到一个相对稳定,并有持续产出的研究方向。

其实我一直都没有很好地解决好研究专长这个问题,如何才能够一方面既能很快出成果,又能具有生长性。博士期间更多考虑的是我能做出一篇合格的博士论文,后来未能坚持朝这个方向继续做研究。博士后甚至正式工作之后,在参加单位领导组织的课题中才慢慢确定了研究方向。虽然研究的触角多能够对整个学科有较为全面和深刻的认识,但总体来说还是要有一个专长,别人提起你时至少要知道你在干什么。(A-EDU2,男,社科)

我大的研究方向没有变,但是原来的东西就没做了,我觉得到头了,深挖不下去了。博士期间就基本上差不多了。目前很难看到希望,这个问题就放下来了。但是还有其他的问题,找其他的问题做了一些。我 2010 年出国访问的时候换了一个方向,中间有两篇成果,但回来之后跟外面导师的交流少了,也就没有

第三章 学术人职业历程的感受与体悟

再继续了。所以这样看来前前后后相当于换了两次了。也可能是我们这个学科特殊,不像有的方向可以一直做下去。(A-MATH3,男,理科)

然而不少教师觉得真正能让自己静下来思考的时间非常有限,这也是他们最大的困扰。访谈 A-HIS3 老师的时候,适逢他正在筹备一个为期两周的研修班,他说从报名开始,到人员筛选,修改文章,聘请授课老师再到后期的总结,大概要花十个月的时间去准备。而他补充说最近五年内他主办了三个研修班、三个国际会议,工作量之大可想而知,因此他不喜欢现在的状态,"总觉得没有自己的时间"。而加诸学者身上的这些行政事务、评审工作、学生指导以及学术共同体的专业活动等都会分散学者的精力,从而导致他们科研产出的下降。[①]

科研的时间就零零碎碎,我写了半天也连一句话还没有写清楚,一会儿这个事情,一会儿那个事情,就写不下去。我写文章,有个大致的框架然后再来写,想一会,一个事情出来了,然后重新写,想半天还连不上来,这种零零碎碎的时间来写文章做科研特别没有效率。有时候刚好有一个想法,哎,这个样子正好可以构成,感觉可以有一篇文章出来了,然后一个事情出来打断了,然后就重新想,就觉得这里不对那里也不对,连不起来。所以这种状况让人很抓狂。(A-HIS3,男,人文)

---

① Zuckerman H, Merton R K. Age, Aging, and Age Structure in Science[A]// Riley M W, Johnson M, Foner A. Aging and Society, Volume 3: A Sociology of Age Stratification. New York: Russel Sage Foundation, 1972.

四、行政事务:说法与做法之间

当然也不排除迈入职业中期后,有些教师开始考虑其他的选择。教师在职业中期这个过渡阶段会不断进行自我评估和反思。他们一方面承担着超负荷的工作量,结果不得不在多重角色中做出取舍,而另一方面逐渐意识到他们也许已经无法达到预期的目标。①D-MATH1 老师在 43 岁的时候开始担任系主任,后续又升至院长、人事处处长,他觉得科研上"再上一层楼,太难了",所以与其举步维艰地选择新的研究领域,不如转换一个身份成为学术机构的管理者。

> 看穿一点,如果这些年我不做行政工作,把所有时间都投入在科研上,可能够做出点得意的东西。比如这么说吧,你现在挣这么多钱,再加一个二分之一甚至更多一点,它不会本质地改变你的生活质量。我相信如果我这几年不做行政,我会做出好一点的活,但我觉得未必能够本质地改变我现在在学术上的地位,因为再上一层楼太难了。(D-MATH1,男,理科)

> 即便觉得行政事务烦琐时,也未曾想过要放弃这个职务,总觉得自己做的事情还是有意义的,而且多写一篇论文少写一篇论文也没有什么差别。(A-MATH5,男,理科)

戴蒙德提出,到了职业中期大学教师的学术活力处于下降趋势,经济理性人出于及时止损的信念,可能会开始考虑转向其他行业或岗位。②

---

① Lawrence J H, Blackburn R T. Faculty Careers: Maturation, Demographic, and Historical Effects[J]. Research in Higher Education, 1985, 22(2):135—154.

② Diamond A M J. The Life-Cycle Research Productivity of Mathematicians and Scientists[J]. Journal of Gerontology, 1986, 41(4):520—525.

第三章 学术人职业历程的感受与体悟

斯蒂芬和莱文区分了优秀学者(elites)和普通学者(journeymen)在职业中期看待学术工作的差别。前者把同行认可和荣誉看作是继续工作的动力,以证明自己的非凡才能,而后者更多是评估科研是否值得自己继续耗费那么多精力,是不是教学或其他社会服务工作能够带来更多物质和精神奖励。①但默顿认为 A-MATH6 老师的这种教学倾向或 D-MATH1 老师服务角色的转变可能是制度化的自证预言导致个体选择的结果,"一种表面相似但实际上极为不同的角色转变的模式,就是私人的自我应验的预言。在这类情况中,科学家会偏向于继续从事研究。但是他已经相信,他已接近这样的年龄:其创造潜力或多或少不可避免地开始衰竭了。他不是继续那种他相信自己注定很快就会走下坡路的角色,而是提早转变。他认为新的行政职责会使他更多地关注教学,因而在科学的公众事业中能起到积极的作用。一旦相信他未来的研究能力会下降,提前调整就变得十分明智"。②

李枝秀发现,所谓的"学术生涯中期危机"的时间段与高校选拔中层干部的年龄段恰好吻合(见表 3-2)。③默顿指出,角色的转变是由系统导致的,而不是由个人因素产生的。这个过程不是由各个科学家自己对其继续从事研究能力的界定而导致的,而是由这样一种制度化信念导致的,即科学家产出的数量和质量通常过了一定年龄后就会严重退化。这种信念已被纳入政策之中,以致一些年长的从事研究的科学

---

① Stephan P E, Levin S G. Age and the Nobel Prize Revisited[J]. Scientometrics, 1993, 28(3):387—399.
② [美]R.K.默顿.科学社会学:下[M].鲁旭东,林聚任,译.北京:商务印书馆,2010:731.
③ 李枝秀.学科文化视角下的大学教师学术职业发展——基于一所地方综合性大学的调查研究[J].教育学术月刊,2016(7):67—72.

家不情愿地发现自己升到了行政管理的职位,而其他人发现自己的研究条件受到了限制。研究产出随着年龄的增加而相应下降,似乎只是证明了政策的合理性。①

表 3-2　某大学各职能部门负责人转向行政岗位的年龄统计

序号	N大学职能部门	姓 名	职位	年龄	已任职年限
1	人事处	朱老师	处长	51岁	12年
2	发展改革规划处	黄老师	处长	48岁	10年
3	招生就业处	李老师	处长	52岁	15年
4	基建处	黄老师	处长	49岁	10年
5	教务处	张老师	处长	49岁	11年
6	科技处	杨老师	处长	50岁	12年
7	学工处	徐老师	处长	52岁	16年
8	组织部	舒老师	部长	50岁	15年
9	计财处	曹老师	处长	49岁	10年
10	社科处	宋老师	处长	51岁	11年
11	研究生院	张老师	院长	48岁	8年

资料来源:李枝秀,2016。

斯奈德等人还发现,在职业中期转向行政岗位工作的教授主要是向往行政岗位所附带的权力与正式权威,而那些坚守学术岗位的教授更多是出于喜爱学术工作所赋予的自主性,担心行政角色会损害了学术自由、专业地位等。②换言之,这些教授之所以转向行政岗位是因为

---

① [美]R.K.默顿.科学社会学:下[M].鲁旭东,林聚任,译.北京:商务印书馆,2010:731.
② Snyder R A, Howard A, Hammer T L. Mid-career Change in Academia: the Decision to Become an Administrator[J]. Journal of Vocational Behavior, 1978(13):229—241.

已经对自己的职业前景或科研缺少兴趣,"学而不优则仕",然而在中国的情景似乎与此不同。访谈中,曾经担任或者正在担任行政职务的教师都表示做行政工作不是自己主动选择的结果,而是作为一种指令性的工作加在自己身上的,他们强调自己是"不由自主""领导安排""半推半就"而担任行政职务的,自己担任或不担任行政职务的决定权都不在自己手中,如果领导让你做这个职务,那是"信任"你的能力或者说器重你的表现,但对于个人而言,自己只能以做好这份"服务"工作来回报领导的这份信任。

> 我骄傲的是我做所有的行政工作都没有应聘过,甚至可以说是别人请我做,在某种意义上这是一种信任,既然这样,那就做吧。(D-MATH1,男,理科)

> 我刚刚做满了两届(8年)的行政工作,做与不做都不是由我说了算,这取决于学校的安排和需要,我就是配合。如果学校需要我来做,我就做;而且我肯定会尽心尽力地去做;现在不需要我做,我就不做。(A-PHY2,女,理科)

> 我当时不知道领导为什么安排我做副系主任的工作,我自己没有刻意去争取,从来也没有动过这个念头,更没有特意的规划。既然院里让我做,我就做了,就是为大家服务嘛!我个人觉得院系层面的领导跟其他老师没有什么区别,也无距离感,无非是有些事情要管一管,参加会议并传达会议精神等。(A-MATH5,男,理科)

旅美历史学人洪朝辉以他自己的切身经历和在美国大学工作的经验指出了中美高校主要管理人员选拔的差异性:中国大学依然奉行"学

而优则仕"的古训,校长大多是院士级的顶尖学者,学贯中西成为选拔中国校级领导的必要条件;而美国各大高校的校长,几乎没有一个是获得诺贝尔奖级别的大牌学者,在学术上也少有惊人的建树和传世的著作,似乎在美国,入仕者不必学优,甚至学优者就很难成仕。[1]这种古训深深地植根在我们的干部选拔做法中,通常一个教师学问做得不错,很快他就成为某一行政职务的候选对象,某种程度上这是组织上表达对其过往专业成绩的一种肯定或奖励。殊不知从本质上来看,行政事务和学术研究确实是两种性质迥异的工作,在时间和精力有限的情况下,学者难以在两者之间自由切换。[2]结果就是那些教师虽然意识到行政事务和科研工作的冲突性,但又不得不服从组织的安排,最后可能的结果就是待行政任期结束,自己的专业都荒废了,耽误了自己的职业发展。而对那些管理能力突出,但是专业表现一般的教师而言,则是缺少职业转换渠道,后果就是两方面都造成了人才的浪费,未能物尽其用,人尽其才。

当初让我做总支书记,开始也是推的,但是没有推过去。我本身不愿意放弃自己的业务,课从来没有少上,论文没有少发。但一做行政事务,肯定耽误时间,一会儿学校开会,一会儿又下达任务需要层层布置下去,时间上没法平衡,还影响心境,就觉得这

---

[1] 王希.在美国发现历史[M].北京:北京大学出版社,2010:212.
[2] Floyd A, Dimmock C. "Jugglers", "Copers" and "Strugglers": Academics' Perceptions of Being a Head of Department in a Post-1992 UK University and How It Influences Their Future Careers[J]. Journal of Higher Education Policy & Management, 2011, 33(4):387—399.
Murphy M, Curtis W. The Micro-politics of Micro-leadership: Exploring the Role of Programme Leader in English Universities[J]. Journal of Higher Education Policy & Management, 2013, 35(1):34—44.

种活干吗当初要去接呢。那几年对自己的业务还是有耽误的。(A-PHI1,女,人文)

当时刚接任的时候,我没想过对于科研的影响,但真正做起来,才发现行政事务特别耗费精力,但又不能中途放弃,这样做对系所也不公平。既然是领导委派的任务,那就尽力完成吧!在做行政工作的时候,我还必须履行教学科研老师的职责,教学属于固定的任务量,所以科研时间被挤占得很厉害,说实话现在回想起来觉得挺亏的。(A-PHY2,女,理科)

做行政工作对于自己的科研发展肯定是有影响的,一些乱七八糟的开会活动占据了很多的时间和精力。假如你一心想要评杰青、长江学者甚至院士,千万不要卷入行政工作,或者可以评上之后再去当。(A-MATH5,男,理科)

五、 工作感受:从"不再是新人",到"平淡""缺少激情"

上文已经提及,职业中期这个阶段横跨的时间很长,大概持续5—20年不等的时间。长时间从事一项工作能够提高一个人的技能和经验,但与此同时由于缺乏新鲜感和激励也可能会带来兴趣和动力的减弱。斯托认为这两股力量共同作用的结果就是工作业绩呈现先升后降的趋势,大致表现为倒U形的形态。[①]于海琴等人对武汉地区五所重点大学教师所做的调查证实了这一结论。[②]她们发现,职业中期教师(入

[①] Staw B M.The Consequences of Turnover[J]. Journal of Occupational Behavior, 1980, 1(4):253—273.
[②] 于海琴,李玲,梅健.大学教师工作疏离感特征及其在组织行为中的作用路径[J].清华大学教育研究,2016,37(5):92—100.

职时间在6—20年之间)处在工作疏离感的高发阶段,其典型特征是对自身缺少认同,抱有不能融入工作群体的自我疏离感,无法控制自身现实与将来的无力感,以及认为工作本身并不能带来成就的无意义感,这些情绪和心态最终会影响教师的组织认同和工作业绩。

生理学和心理学领域将这一现象命名为"中年危机",它指的是个体到了中年在生理与健康、认知功能、个性、情感、社会关系、工作等方面出现的一系列变化。[1]单就工作层面而言,拉什布鲁克(J.Lashbrook)发现在职业生涯中,人们最期待晋升的时期一个发生在25岁至34岁这个年龄段,而另一个重要的分水岭发生在45岁至49岁之间,而后者恰恰与人自然生命历程的"中年危机"重叠。[2]恩特利金与埃弗雷特(L. Entrekin & J.Everett)对澳大利亚高校教师的学术抱负进行的研究发现,职业中期是教师寻求从地区性影响(localism)向世界性影响(cosmopolitanism)不断过渡并达致高峰的时期,相对于大学这个组织,他们更认同自己的专业身份,期望向组织外(reaching out)发展并获得一种认可,其参照群体通常不是组织内部,而是更大的学术共同体内部的同行,因此学术发展机会的多寡就与这一职业阶段的危机密切相关。[3]职业中期的教师感受到过去所钟爱的科研也很难再给自己带来激情,同时又找不到新的努力方向。也许他们可以选择转换岗位,但似乎可供选择的横向和纵向机会并不多。转向行政岗位吗?首先多年浸淫于

---

[1] Lachman M E. Development in Midlife[J]. Psychology, 2004, 55(55):305—331.

[2] Lashbrook J. Promotional Timetables: An Exploratory Investigation of Age Norms for Promotional Expectations and Their Association with Job Well-being[J]. The Gerontologist, 1996, 36(2):189—198.

[3] Entrekin L V, Everett J E. Age, and Midcareer Crisis: An Empirical Study of Academics[J]. Journal of Vocational Behavior, 1981, 19(1):84—97.

这样的管理体制,他们内心并不喜欢那份工作,而且自己过去并没有相关经验的积累。寻求组织外部发展的管道吗?这样的途径似乎并不是向所有学科开放。

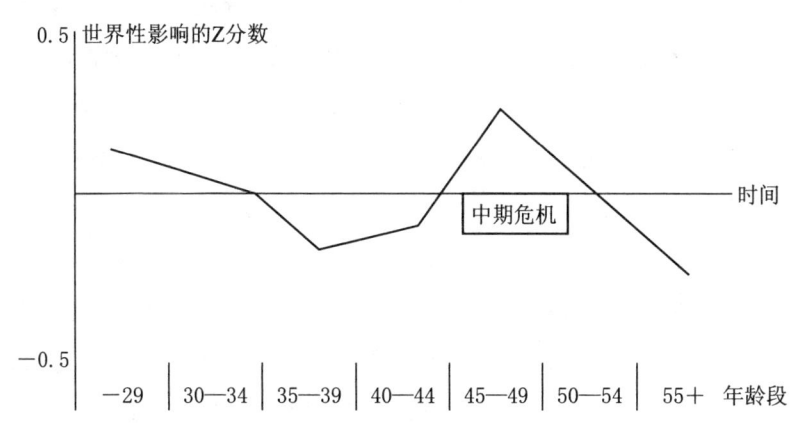

```
0.5 │世界性影响的Z分数
    │
    │      ╱╲
    │     ╱  ╲      ╱╲
  0 ┼────╱────╲────╱──╲──────── 时间
    │            ╲╱    ┌─────┐  ╲
    │                  │中期危机│   ╲
    │                  └─────┘    ╲
 -0.5│
    └──┬────┬────┬────┬────┬────┬────┬──
      -29  30-34 35-39 40-44 45-49 50-54 55+  年龄段
```

图 3-3　学者"世界性"影响在不同职业发展阶段的变化趋势图

资料来源:L.Entrekin & J.Everett,1981。

A-MATH6 老师感觉现在的工作状态就是"平淡"或如 A-EDU1 老师一样陷入一种"困境",多年的工作经验使得以知识创新为特征的学术工作也变成一种机械式的事务性工作。A-ELEC2 老师成就感的缺失更多是来自得不到认可,他所从事的更多是偏向实际应用的研究,虽然能够产生极大的社会价值,但在目前的考核和评价体系下,却得不到学校应有的重视。

> 科研这个东西是没有止境的。我现在没有那么特别的成就感,比较平淡,发文章可能会有点,但也还好。(A-MATH6,男,理科)

明显感觉到自己的职业陷入了一种困境,我不知道是因为我个人的原因,还是每个人的人生阶段都会遇到,好像是缺乏动力。我就是感觉自己到这个阶段,45岁左右,一个副教授,家庭稳定,事业就是这么平平,就是这种状态,觉得好像缺乏一个新的很强烈的动力发展自己。另外一个就是包括自己的这种学术方向,好像预计到经过多少年的努力,可能也就那样,经历五年或十年的努力,也就是一个高校的普通副教授,再好点也不过就是一个普通的教授。(A-EDU1,女,社科)

教师在内心深处要对工作有认同感。现在教学看不出来什么成就感。科研上跟别人一起合作,只要能有点社会价值,总是没有白干,让自己有点成就感。比如跟企业的合作,这个是更难的,但是国家和学校不认可,其实能给公司解决问题的那种问题,才是真问题。(A-ELEC2,男,工科)

麦基奇(W. McKeachie)认为,同一般职业一样,能够对学术人员构成激励的因素是复杂多样的,但有所不同的是大学教授对学术职业内在的满意度要比外在的物质报酬更能对他们形成激励,例如,同行的支持、对自己研究工作的自主管理与掌控感、宽松的管理环境,等等,这些都能在很大程度上激励学术人员。[①]不仅如此,在不同的职业阶段,学术人员的需求和满意度是不同的。对于年轻学者来说,由于急于寻求职业安全所带来的压力,还有就是博士专业化训练的惯性都使得

---

① McKeachie W J. Perspectives from Psychology: Financial Incentives Are Ineffective for Faculty[A]//Lewis D R, Becker W E Jr. Academic Rewards in Higher Education. Cambridge, Mass.: Ballinger, 1979.

他们处于一种"无须扬鞭自奋蹄"的状态,因此解决他们的燃眉之需,给予科研资助或平台,可能是极大的激励因素,可以促进他们的产出。2015年入职的A-EDU6教师说:"刚入职头几年,尤其是博士刚读完,你就在那个惯性上面。你一直做这个东西,很多东西都是你习惯性的东西,你也不觉得这是一件很辛苦的事情,或者是非常需要努力的事情。"但这样的激励因素对中年教师产生的作用就不大,因为他们这时的期望是使自己的科研能够有质的飞跃,事业能够上升到一个新的台阶。他们的需求是不同的,因此,对他们构成激励的因素也应有所差别。如果激励不当,可能出现的情况是这个阶段不少教师虽然学术产出依然旺盛,但却表现出对学术工作不再抱有高的热情,甚至开始逃避参与组织内外的各类活动,不愿跟同事进行交流和合作,不愿参与组织的决策,有意退出各类社会活动,甚至推掉指导新教师的责任[1]。学术环境、同辈支持、工作声望和地位、家庭需求都是重要的推拉因素。

49岁的A-PHI2老师发现学术工作正在悄然发生着变化,尤其是组织内越来越严苛和量化的考核制度让他对自己的工作性质和价值产生了一种幻灭感,难以体会到教师工作曾经带来的那种乐趣和意义,对于学术职业的悦纳感降低。芬克尔斯坦指出,享有高度自主的学者通常对于工作的满意度也较高。[2]反过来,"奉命写作无好书,胁迫之下无

---

[1] Huston T A, Norman M, Ambrose S A. Expanding the Discussion of Faculty Vitality to Include Productive but Disengaged Senior Faculty[J]. The Journal of Higher Education,2007,78(5):493—522.

[2] Finkelstein M J. The American Academic Profession: A Synthesis of Social Scientific Inquiry since World War II[M]. Columbus, OH: Ohio State University Press, 1984.

好教学"。①目前大行其道的表现性评价容易让职业中期的教师产生一种逆反心理。②

> 以前我教书很投入,现在没有那么投入了,学校出来很多规定,好像我教书是完成他们规定的任务一样,搞得我**没有激情**了。科研也是如此,2004年之后各个学校出来很多规则,要求教师必须在什么级别上发表文章,所以我一点兴趣也没有了,好像我做科研都是服务他们的标准一样。(A-PHI2,男,人文)

学者之间理应自由交流思想,进行学术对话,而正是这种思想的碰撞和观点的差异使得整个学术共同体呈现一片欣欣向荣之景。A-PHI2老师回忆起自己当年跟同行交流讨论的情景,颇为感慨当下已经多年没有感受到这种学术交流的愉悦感,无论是自己本单位的同事还是整个学术圈都缺少一种对话的氛围,没有同行的交流和认可,他对学术活动的参与感降低,对学术职业本身的价值都产生了怀疑,表现出泄气和失落的情绪。

> 我现在就等着退休了,教学和科研都没有什么激情,不清楚自己的研究有什么价值,顶多就是发表一篇文章可以算作我今年的工作量,但发表了没有人引用也没有人谈论,缺少一种讨论的氛

---

① 王英杰.共同治理:世界一流大学治理的制度支撑[J].探索与争鸣,2016(7):8—11.
② Lynn Quinn. Understanding Resistance:An Analysis of Discourses in Academic Staff Development[J]. Studies in Higher Education,2012, 37(1):69—83.

第三章 学术人职业历程的感受与体悟

围,不像以前你发了文章,其他人不仅会读会看,还会过来跟你讨论。我很清楚地记得2001年的一次学术会议上,那时我才刚刚评上副教授,一位知名高校的教授对我说,"你发表的每篇文章,我都会去读",当时受到了很大的激励。我觉得做科研最快乐的事情就是同行之间能够有真正意义上的交流,但现在基本上没有这个氛围。(A-PHI2,男,人文)

艾恩(A.Kohn)提出,奖励也可能具有惩罚性的后果,尤其是对那些原本就有强烈内在动机的人来说,奖励的效果往往适得其反。当引入外在奖励后,个体原有的内在驱动力会不断下降,而且奖励用得越频繁,人们对奖励的需求就越大。之前个体竭尽所能做事情的真切理由不存在了,剩下的就仅仅是为了得到报酬。[①]大学借助于外在的刺激加强管理,对那些本身就是出于一种内驱力进行研究且认同自己的研究价值和社会贡献的学者来说,结果反而可能是对教师的内在动机带来致命伤害。

我本人讨厌花费精力阅读文件,填各种表格,应付复杂的人际关系,我没有拿到任何一个人才计划,也没有什么"帽子"。(A-PHI2,男,人文)

人生事件对于职业发展的影响也不容小觑,尤其是女教师的感受

[①] Kohn A.Punished by Rewards: The Trouble with Gold Stars, Incentive Plans, A's, Praise and Other Bribes[M]. Boston: Houghton Mifflin, 1993.

尤为明显。A-MATH1 老师表示自己刚刚从照顾第一个孩子中解脱出来,现在第二个孩子马上又要降临,她坦言"生个孩子,职业至少停顿3年"。访谈中她一再跟笔者强调男女在智商上并无差别,女性同样可以做出优秀的成果。她说自己在读博期间,职业初期都表现出色,但一旦进入家庭,尤其是有了孩子之后,时间和精力投入不足是客观事实,这在很大程度上造成了女学者职业的"停滞"。在孩子刚出生的前几年,来自配偶双方的父母成为最重要的支持,是家庭内部的支持网络帮助有孩子的父母们继续工作,但即便如此,女性比男性承担更多的责任对养育的事情进行安排和监督。①因此,这个阶段的女学者尤其需要来自学校和院系层面给予的职业指导和支持。②

> 一旦生了孩子,一半的生涯就没有了。这个话也许不应该跟你这么讲,但真的是这个样子。我读书的时候,甚至到博士毕业的时候,一直觉得男生与女生没什么不一样,女生也可以很优秀,从智商上看男生也未必比女生强。如果你不是那种电影里描述的女汉子,你还是会想要当一个正常的女性,想要成为一个母亲,想要成为一个妻子的,你至少在你生育,孩子小的时候有那么几年的时间,精力是很受影响的。包括我现在还没有从那种状态出来(孩子三岁半)。如果不是单位有托班,她还不能上学。所以她现在上学了,我感觉好一点。但我马上准备再要一个孩子,我就觉得我好不

---

① 佟新,周旅军.就业与家庭照顾间的平衡:基于性别与职业位置的比较[J].学海,2013(2):72—77.

② Wolf-Wendel L, Ward K.Academic Mothers: Exploring Disciplinary Perspectives[J]. Innovative Higher Education, 2015, 40(1):19—35.

容易快熬出来了,可能又继续有三年。也不能说**停滞**,说真的这几年你花在(学术)上面的时间少了很多,因为你毕竟有一个家要照顾,有很多事情。我工作的头两年,虽然我要做辅导员,要做很多杂事,但我就租个房子住在学校里面,基本上除了吃饭睡觉还有休息时间外,就是工作呗。你把那些杂事应付完了,你还有很多时间来做科研,你晚上7点到10点这个时间都可以用来想事情。现在你一回到家,一个小孩子在缠着你,你是没有时间的。你只能把你所有工作的事情,挤在她上幼儿园之后的这个时间。而且这个前提还是有老人在给你帮忙,如果没有的话,你就更是焦头烂额。(A-MATH1,女,理科)

作为母亲或兼任父亲的角色,一方面她希望能够尽心照顾孩子,但另一方面作为一个职业人,她也期望能够得到专业上的发展。默顿指出当一个人同时处于两种完全相反的地位时,角色冲突就发生了。[1]曹爱华指出,学术女性始终处于"科学人"和"经济人"双重角色的博弈状态之中,且在不同生命周期中博弈的程度不同。所谓"科学人"是指进行科研的动力是人与生俱来的对未知的好奇心,是纯粹为了科学而科学,力争作出科研创新的人,而"经济人"是指进行科研的动力是谋生的需要,主要是为了自己相关的利益而科研,力争完成单位的科研任务的人。[2]家庭与事业的相对平衡是一般人的生活预期,但如果非要在两者

---

[1] [美]罗伯特·K.默顿.社会理论与社会结构[M].唐少杰,齐心,等,译.南京:译林出版社,2008:488—501.

[2] 曹爱华.女博士的科研观:"科学人"与"经济人"之间的博弈[J].石家庄铁道大学学报:社会科学版,2007,1(2):66—69.

之间进行一个优先序列的选择，大多数女学者的首选是家庭的稳定与幸福，其次才是个人价值的实现，这个特点在生育之后表现得特别明显。A-MATH1 表示以前自己的目标比较单一，就是做出好的研究成果，现在是希望做个好老师的同时也是一个好妈妈。同时，她对于学术职业的理解也发生了变化，甚至这时她们在看待大学教师这份职业和学术的态度上都会发生转变。

> 随着年龄的增长，我慢慢感觉，读书时做一些好的研究成果，发一些论文是你最想要的事情，但人的身份是多重的，教育好自己的孩子也是一件很重要的事情，很难讲哪个比哪个更重要，你的目标就不那么单一了，现在我既想做一个好的老师，又想当一个好的妈妈。（A-MATH1，女，理科）

但从性别的角度来说，男性在整个职业生涯中表现出科学人角色的时间要比女学者要长一些，并且没有明显的阶段性变化。而女学者在进入学术职业时已是 30 岁左右，大多数已经成家或者是面临生育的压力，用在科研上的时间相对要比男性少。女教师大多不会放弃生活的全部而单纯去追求事业上的成功，因此就表现出经济人角色压倒科学人角色的情况。等到四五十岁以后，家庭负担相对减轻，个人可以用来从事科研的时间增加了，但年轻时候那种对于科研的专注力和进取心很难一下子找回来。这些都可以说明为什么上一章数据显示这个时期女性同男性学术活力差距拉大的原因。

> 就同辈而言，男女在职业发展之间差别很大。以我先生为例，

第三章 学术人职业历程的感受与体悟

我们是大学同学,他投入在工作上的精力不知道是我的多少倍。如果我像他一样,我也可以有很好的发展,毕竟社会角色放在那里,我要照顾家庭和孩子。(A-ELEC1,女,工科)

我到2005年才出国访问,一直没有出国访问或者进修就是因为我有孩子,家庭投入比较多,当妈妈后对我这方面有影响,这是肯定的。(D-MATH2,女,理科)

相比职业早期,在这个阶段教师之间由于选择的不同也出现了严重的分化。麦基奇在研究职业中后期的大学教师时就发现了三种不同的类型:第一类可以称之为"领军人物"(the vitals),活跃于各项事务之中;第二类为"中坚力量"(solid citizens),他们默默无闻,兢兢业业,因此经常被忽视;最后一类为"离经叛道者"(the derailed)或者博伊斯的用语更为贴切,即"幻灭一族"(disillusioned faculty),这些人在职业早期就没有打下坚实的基础,距离所在单位寄予的期望愈来愈远。其中第一类和第三类教师的比例分别约为20%,剩下的60%均为第二类教师。① 埃布尔和麦基奇(K.Eble & W.McKeachie)认为对于大学管理者来说,最应该做的是为占大多数的第二类教师提供发展的机会。② 第一类教师本身就有强烈的兴趣,无需外界的激励,而第三类教师自身对学术已经不抱有期待,得过且过,再多的外在压力恐怕也无济于事。

---

① Finkelstein M J. The Study of Academic Careers: Looking back, Looking forward [A]//Smart J C. Higher Education: Handbook of Theory and Research. Springer: the Netherlands,2006:159—212.

② Eble K E, McKeachie W J. Improving Undergraduate Education Through Faculty Development: An Analysis of Effective Programs and Practices [M]. San Francisco: Jossey-Bass, 1985:217.

我对于自己的职业发展没有规划,"西瓜皮滑到哪儿算哪儿"。我反正还是尽量把课上好,责任在,不能应付学生,尽我自己的能力上好这个课,让学生能够听懂,获取知识,这是第一位的。科研的态度就是随遇而安,能走多远是多远,走不了我也对自己没有强制的要求,比如说明年必须发 SSCI,或者说五年之内必须评上教授啊,我对自己没有这样的要求。(B-MATH1,女,理科)

第三节 晚期守成与进取的迷茫

访谈对象中被划入这个阶段的教师年龄大致在 55 岁以上,年龄最高者已是 66 岁。从生命历程的角度来看,这个年龄段的人对于时间的流逝有着更为深切的感受以及惶恐,他们对待生活开始持一种随遇而安的态度,但与此同时似乎又有一种心有不甘。已有研究发现,这个阶段教师的典型特点是对大学组织具有强烈的认同感,拥有较强的人际网络、丰富的学科知识。①他们对待工作的典型态度是超脱,可能是职业剩余时间不多,似乎已经没有了选择的机会,迈向一种无职业生涯的境地。不同发展阶段教师的动机不同,如果说新教师进行学术研究的动力更多是受制于职称要求,那么对年长教师来说,进行学术研究已然内化为一种习惯,当然同行的认可,周期性考核等也有一定的作用。②

虽然时序年龄能够反映一个人生理、心理、精神和社会老化程度,

---

① Bland C J, Bergquist W H. The Vitality of Senior Faculty Members: Snow on the Roof-Fire in the Furnace[R]. ASHE-ERIC Higher Education Report, Vol. 25, No. 7, Washington D C: The George Washington University, 1997.

② Noble J H, Others A. Faculty Productivity and Costs: A Multivariate Analysis[J]. Evaluation Review, 1992, 16(3):288—314.

但从职业的角度来看,它并不是一个绝对的指标,最终影响个体是否会退出劳动力市场的决定因素是个人能力,主要不在于年龄的大小。[1]而且,年长者所拥有丰富的工作经验以及强烈的内在驱动力能够弥补由于年岁渐长而自然带来的记忆力、注意力、信息吸收能力等方面的衰退。[2]66岁的A-MATH4老师到了法定的60岁退休年龄后被学校返聘,本学期因为自己身体状况欠佳才主动申请要求退休,卸掉正式的工作任务。在访谈之时,他刚刚办理了相关手续,但还是保持着一直以来的工作习惯:白天单程两个小时乘坐公交车来办公室工作,傍晚回家,简单用餐后工作至晚上十点休息。他说现在时间多半用来进行教学和研究生指导,相应地花在科研上的时间不多。但他说平时也会介绍一些好的书给出版社参考,自己前年还翻译了一本介绍中学奥数的书,但他自认为"这已经不算专业的工作了,算是为中国的基础教育做点事情吧"。对于自己退休后的生活,A-MATH4老师觉得自己还有很多事情要做,已经有出版社邀请他去帮忙翻译、校对或者引荐一些好书,基本也是退而不休的状态。

> 我每周大概有12个课时的本科课程,但带研究生学校有时有名额限制,也不一定的,每年差不多带2—3个硕士生、1个博士生。所以多半时间花在教学上,每天花4个小时在本科生教学上,其他时间2—3个小时花在研究生指导上,最近几年科研做得不

---

[1] Corinne T F, Nicholas L S. Age in America: The Colonial Era to the Present [M]. New York: New York University Press, 2015:301.

[2] Heidemeier H, Staudinger U M. Age Differences in Achievement Goals and Motivational Characteristics of Work in an Ageing Workforce[J]. Ageing & Society, 2015, 35 (4):809—836.

多,快退休做得不多。(A-MATH4,男,理科)

2014年A-MATH4老师由于教学成绩突出,获得了学校颁发的首届教学突出贡献奖。随着教师年龄的增长,教学经验更加丰富,教学行为和理念也越好。[1]D-MATH1也是这样一个典型案例。他现在主要是在本科生学院开设本科生的课程以及指导他们的毕业学位论文。另外,他还在建设一个慕课课程,需要在网上掌控课程的进展,同时也在写一本教学相关的书,这些都花费了他不少的时间。这个课程是源于他当年的教与学困惑,经历过那个"痛苦"阶段,大彻大悟之后再用自己的切身"体会"去讲这个东西,就能"搔到他的痒处",引起学生强烈的共鸣。一项在美国加州各大学的研究发现,30岁以下和50岁以上教师的教学方式存在差异。前者更看重学科结构和知识,对学生表现的评价标准相对灵活;后者更为关注学生通识能力的发展,秉持严格的学术标准,这被认为更契合学生发展的阶段性需求。[2]

有的时候,这个数学题目你做不出来,没有关系,你会一天到晚在想它,但还有一种苦是有时候你根本不知道这本书这门课在讲什么,第二种苦足以打败你,让你没有兴趣和信心,而且觉得我不是做这个东西的料。我是经历过这种痛苦的,等我现在有了体会之后,我就去讲这个东西,还真有不少人有这种困惑,所以他们

---

[1] 宋鑫,林小英,魏戈,等."教学学术"视角下的大学教学现状研究——基于北京大学的大样本调查[J].中国大学教学,2014(8):87—93.

[2] Kinney D P, Smith S P. Age and Teaching Performance[J]. Journal of Higher Education, 1992, 63(3):282—302.

就觉得你这个课太好了,搔到他的痒处。(D-MATH1,男,理科)

D-MATH1老师每个月还会组织一个二十几人参与的大讨论班,既有在读研究生,也有刚走上工作岗位的青年教师,形成一个学习与研究的共同体。另外,他还要求每个在读博士生每周都要单独跟自己讨论一次论文,他认为这种"陪太子读书的状态",既是指导学生的过程,也是科研的过程。已有研究也发现,年长教师总体工作时间并未有明显减少,他们把更多的时间用于研究生指导、本科生教学、团队建设、行政事务以及社会服务等,而用于科研的时间减少了,这种工作具体内容的改变直观反映在科研产出上就是个体独立产出的数量减少了,但从知识生产的总量以及效用来说反而是增大了。

我认为教育的过程也是科研过程。我自己基本上是"陪太子读书",现在基本不太写和计算。我已经不太喜欢,或者更准确地说算得不是那么快了,多半是学生在做。虽然问题给他了,但过一段时间之后,会跟我来说,我的问题在哪里,我哪里过不去,他可以过来跟我讨论。你可以说我在指导学生,也可以说我同时在做五篇论文、五个方向的研究。(D-MATH1,男,理科)

54岁的B-CIV1在访谈的过程中多次提及老子的《道德经》来为自己的学术理念进行注解,他觉得无论科研还是教书,最终应该可以达到一种多方共赢的状态。或者也正如D-MATH1老师所说,指导学生的过程其实也是做研究的过程,所有都已经融为一体,很难截然分开。

大学教师学术活力研究：个体、制度与历史

现在想跟学生在一起，激发学生的潜力，做一些专业领域的东西，国外的专家也赞叹我的工作，我做的事情很满意，我的学生发挥得很好，那我也很开心。科研本身可以感受到快乐的无穷，更重要的是我们认为自己教书育人当中，怎样才能……用老子的"道"的智慧的思想来说，"是以圣人后其身，外其身而身存"，就是真正地达到为他人服务其实就是为自己服务。(B-CIV1,男,工科)

在身份认同方面，相对于年轻人更强调自己的学科身份，年长教师更看重自己作为某个大学组织的一员。[1]因此，相比年轻人可能会因为获取声望而选择去另一所学校，年长教师更愿意以声望换取职业上的安全感。[2]哈特和汤姆森(D. Hart & J. Thompson)认为员工与组织之间存在三种不同的心理契约：交易型(transactional)、关系型(relational)和理念型(ideological)。[3]交易型契约强调员工期望以自己的时间付出和工作表现换取组织的物质或其他报酬；关系型契约则注重员工和组织之间的社会情感交互作用，包括工作保障、职业发展等；在理想型契约中，员工期望自己和组织共同致力于一个崇高的事业。由于年长教师与大学组织间持续的关系时间较长，双方的信任与忠诚构成了情感的基础，更易达成关系型心理契约。[4]访谈中，除了这种关

---

[1] Baldwin R G, Blackburn R T. The Academic Career as a Developmental Process: Implications for Higher Education[J]. The Journal of Higher Education, 1981, 52(6):598—614.

[2] Caplow T, McGee R J. The Academic Marketplace[M]. New York: Basic Books, 1958.

[3] Hart D W, Thompson J A. Untangling Employee Loyalty: A Psychological Contract Perspective[J]. Business Ethics Quarterly, 2007, 17(2):297—323.

[4] 王海威,孙林.大学教师心理契约的特征及其管理对策[J].中国高教研究,2009(10):53—56.

系型的契约外,笔者还发现年长教师也很重视理想型的心理契约。休斯顿等人(T.Huston, et al.)发现重要合作同事的离职,学校制度政策和日常实践的偏差,缺少同事间的情谊等都是影响年长教师心理契约的重要因素。[①]而一旦发生违背心理契约的行为,则会使教师产生对工作、组织和学生以及对同事的不满情绪。

生命历程理论强调重要事件对于个体职业发展的影响。访谈中A-HIS2 老师讲述了身边一位同事盛怒之下,完全退出学术工作的故事。"那位老师到了60岁的法定退休年龄,主动提出申请希望延聘继续做研究带学生,结果没有被批,他又去找学校领导商量,领导还是不同意。一气之下,一刀切,他什么都不做了,自己指导的学生直接转给别的导师,研究也不做了"。A-HIS2 老师对于此事的解读是特殊时期,学校做事有点武断,直接放弃了这么一个人才,实在可惜。当我问及这事对他个人的影响,他说自己至少会把学生指导直至毕业。

相对而言,这个阶段的教师在家庭事务上被牵涉的时间和精力较少,因此能够较为专注地投入在自己所喜爱的工作上。

家庭花的时间比较少,孩子大了,夫人在国外访学。(A-HIS2,男,人文)

现在孩子大了,才比较全身心做学问。(D-MATH2,女,理科)

哈格道恩认为年长学者对于学术工作的满意度比较高,可能的原

---

① Huston T A, Norman M, Ambrose S A. Expanding the Discussion of Faculty Vitality to Include Productive but Disengaged Senior Faculty[J]. The Journal of Higher Education,2007,78(5):493—522.

因是长期的工作过程中,他们能够将自己的工作角色和个体特长及兴趣结合起来。①还有就是他们比较熟悉组织内外的成文或非成文规则,不像年轻教师那般慌乱和茫然。②经历过岁月的历练,无论是对待职业还是生活,他们持有一种较为平和的态度或者说摒弃了很多执念,能够接受自我,承认现实,用一种辩证的观点看问题。

> 五十知天命,看待事情比较平和。(A-MATH4,男,理科)
> 我会想同样是教师,很多人并没有机会做呢,有时一天赶七八个场子,甚至还要倒贴路费,我觉得不要想得太复杂,过得简单,全力以赴每一天都要充满幸福感,所以我非常满意现在的状态。(A-HIS5,男,人文)

第四节 本章小结

本章通过质性访谈资料考察了教师在不同职业阶段的工作内容、工作动力、个体偏好和职业感受,由此可以看出不同阶段影响教师学术活力的因素存在着很大的差异。这些因素又交织着个体生命阶段、入职前的教育和科研经历、所在学科、身份转换等情境,构成了每个学术人特殊的成长路径,展现出学术职业并非单调的线性发展过程,而是一个连续、动态的发展过程。科尔和辛格(J.Cole & B.Singer)认为正是

---

① Hagedorn L S. Retirement Proximity's Role in the Prediction of Satisfaction in Academe[J]. Research in Higher Education,1994,35(6):711—728.
② Baldwin R G, Blackburn R T. The Academic Career as a Developmental Process:Implications for Higher Education[J]. The Journal of Higher Education,1981,52(6):598—614.

第三章 学术人职业历程的感受与体悟

这些在学术人职业生涯中不同时间点上看似微不足道或有限差异的不断累积,产生了"滚雪球效应",导致学术人之间科研成果或职业成就的差异。[1]

研究发现,职业初期教师更多为了赢得一种职业保障而具有较高的工作激情,但他们的工作目标短小,优先满足组织的需要,将教学、科研和服务视为一种对立冲突的关系,如何理顺三者之间的关系成为影响教师学术活力的主要因素。而女性教师相比男性教师,生育压力和家庭责任是职业起步期的一种重要羁绊。

职业中期的教师更多在意如何持续发声以巩固自己的专业地位,扩大影响力,但随着职业的推进,教师工作类型和内容趋于更加多样和复杂,学生指导、大学组织内外的服务工作、咨询活动等各种事务都在分散着他们的时间和精力,因此他们更渴望获得职业自主权,减少行政上的繁文缛节对自己职业的束缚。同时,这个阶段也是人生和职业的重要转折时期。不同教师之间对学术工作的认知和期待出现较大的分化,有人偏重教学,有人主攻科研,有的人走向了行政岗位,但现实状况下不同职业路径的机会缺失是导致他们学术活力下降的主要原因。

职业晚期教师的工作集中在研究生指导、本科生教学、团队建设、行政事务以及社会服务等,完全由自己独立开展科研的时间减少了,但整体的知识贡献未必降低。相对而言,这个阶段教师的满意度最高,对学校的归属感也最强,而承担指导学术新人的任务也为他们职业注入了新的活力。不同阶段的教师承受的压力类型不同,而来自组织和同

---

[1] Cole J, Singer B. A Theory of Limited Differences: Explaining the Productivity Puzzle in Science[A]//Zukeman H, Cole J, Bruer J. The Outer Circle: Women in the Scientific Community. New York: W.W. Norton & Company, 1991:277—310.

事的支持和帮助能够有效地助力教师克服这些困难,渡过危机。绝大多数教师都认为大学教师的社会地位和声誉与其物质回报不成正比,这在某种程度上也影响了大学教师的工作动力。阿尔特巴赫等学者对28国学术人员薪资的比较研究发现,中国学术人员的工资非常低。处于学术职业最高层级的大学教授的平均月薪为1 000美元左右,位列28国中倒数第三,而处于学术职业初始层级的青年讲师,每月平均工资则处于200—400美元之间,处于最后一位。①

---

① Altbach P G, Reisberg L, Yudkevich M. Paying The Professoriate: A Global Comparison of Compensation and Contracts[M]. New York: Routlege, 2012.

第四章　职业展开过程中的学术阶梯
——以职称晋升为例的事件史分析

优秀的学生是这样的学生,他知道怎样顺应体制的节奏,什么时候算晚了,什么时候又过早,所以他能够做到该进则进,该退则退;同样,好的教授应该是这样的教授,他在到达某一年纪时知道,对自己的年龄而言,申请某一职位或追求某一好处还为时过早或已经太晚。①

——布迪厄

大学是一个学习和探究的场所,同时也是一个科层组织。组织内部充斥着一系列价值、标准和规范,以成文或不成文的形式影响着教师、学生、行政管理人员的行为和活动。作为大学组织中的一员,学术人的职业展开过程无疑要受制于一系列组织规章制度及相关人事聘用、晋升、评价、考核、流动、退休政策等的约束。这些组织层面的要素形塑了教师的职业轨迹、职业目标、工作表现和工作士气。②

---

① [法]P.波丢.人:学术者[M].王作虹,译.贵州:贵州人民出版社,2006:155.
② Clark S M, Corcoran M. Individual and Organizational Contributions to Faculty Vitality: An Institutional Case Study[A]//Clark M, Lewis D R. Faculty Vitality and Institutional Productivity: Critical Perspectives for Higher Education. New York: Teachers College, Columbia University, 1985.

大学教师学术活力研究：个体、制度与历史

其中职称晋升制度可以说是核心中的核心,因为政策文本中的特定评价标准无疑浓缩了一所高校的办学定位和发展愿景,从而为教师的学术活动指明了方向;晋升的组织实施过程又能体现出大学的管理模式,折射出行政和学术权力的关系;晋升的结果反映了学校是否遵循选贤择能和名实相符的普遍主义原则。所以,整个晋升事件会直接关系到教师当下以及未来的角色定位、工作投入、学术活力的表现形式以及教师之间的人际关系。陈苏西和波顿(S.Chan & J.Burton)借助实证调查数据证实了职称晋升制度对教师学术活力的变化具有显著的作用。[①]蒂尔尼和本西蒙(W.Tierney & E.Bensimon)甚至将职称晋升视为一种仪式,具有社会化的功能。经由正式的评价标准和程序,大学授予教师某一职称的过程也是传播其组织价值、理念和对教师期望的过程,同时也是个体适应、接受和内化的过程。[②]马奇(J.March, et al.)认为规则为适当性行为施加了认可和规范限制。个体采取行动以实现其身份期望,后者定义了某个特定身份所暗示的内容或在一个特定情景中什么行为被认为具有社会性或道德性。[③]所以原则上只有认可其价值理念,达到其标准的教师才能获得晋升。

上一章主要讨论了不同生命阶段,教师个体层面的动机、兴趣和偏好的变化如何影响了教师学术活力不同维度的变化,本章则侧重从组织制度的角度,以职称晋升这一核心制度为例考察教师在职业道路的

[①] Chan S S, Burton J.Faculty Vitality in the Comprehensive University: Changing Context and Concerns[J]. Research in Higher Education, 1995, 36(2):219—234.

[②] Tierney W G, Bensimon E M. Promotion and Tenure: Community and Socialization in Academe[M]. New York: State University of New York Press, 1996.

[③] 詹姆斯·马奇,马丁·舒尔茨,周雪光.规则的动态演变:成文组织规则的变化[M].童根兴,译.上海:上海人民出版社,2005.

第四章　职业展开过程中的学术阶梯

不同节点上,组织制度是如何影响了教师学术活力的变化,其发生机理是什么。在简要描述我国教师职称制度的特征之后,需要回答的问题是职称晋升的标准是否基于教师过往的学术能力,还是其他非学术因素,晋升事件本身对教师学术活力变化的影响,即晋升是一种压力或动力,还是阻力,这种作用在晋升之前和之后是否存在不同。在此,职称晋升被视为一个组织事件,具有动态性的特征。

第一节　职称制度:嵌入组织内部的学术等级体系

欧洲中世纪学位制度以及资格考试,最开始只有教授这一个级别,其他皆为助教,两者的区别在于前者具备上课的资格,而后者更多是监管的身份。柏林大学成立以后,开始建立以讲座教授为核心的研究所制度,教授开始与其他教师之间明显区分开来。之后随着大学的组织化和教师的专业化程度越来越高,在美国的耶鲁和哈佛等大学出现了讲师、副教授和教授三个职称层级,现代职称晋升制度的雏形在那时基本形成。

可以说,职称晋升制度是学术等级体系在现代大学组织内部的一种镜像。教师能否获得等级晋升是学术共同体内部基于教师学术水平而做出的评判,职称等级基本与教师的学术能力相匹配。同时,若干职位构成一个金字塔形的阶梯,自下而上包含不同的等级,而且越是向上,位置相对越少,竞争也就越是激烈。由此,职称晋升制度成为组织内部最核心的教师激励机制。它通过设置由低到高的职业发展路径,将教师的劳动价值纳入学术价值体系之中给予认定,意味着与职称晋升相伴的教师学术劳动的质量在更高层次上得到了认可,其影响范围可以辐射到校外同行,甚至国际学术圈。①

但是在中国,情况还有很大的不同。我国采用的是国家权力主导的高等教育办学体制,各个高校虽然都制定了自己的职务晋升规则,但总体上差异不大。周文霞等人对我国47所高校教师聘任制度进行的文本分析也发现,各高校在岗位设置、聘任组织、聘任程序等一系列政策制定上都与国家相关规定的基本精神保持了高度一致,相互之间不存在显著差异。②为了对我国大学职称晋升制度的特征能有一个清晰直观的认识,以下笔者主要以 A 大学的职称晋升制度为例进行说明,并穿插一些大学教师职称申请过程的访谈回忆来说明职称晋升规则的变化情况。

一、"层中有级,级中有层"的职称体系

在我国,教师是被纳入国家干部管理体系的,因此职称不仅仅是技能能力高低的体现,比如讲师不具备指导研究生的资格,只有到了副教授级别才可以指导硕士研究生,教授才可以指导博士研究生等。同时,它还具有一种类科层的性质,象征着一种等级身份,尤其是我国大学组织仍残留着传统的人才单位所有制的"底色"③,这种单位特性与高校教师的聘用晋升、自由流动、福利分配、生活待遇、社会保障等各个方面紧密相关。图 4-1 是根据 A 大学的教师岗位管理办法而绘制出来的岗位职级结构表,形成了"层中有级,级中有层的陡峭的学术职

---

① 别敦荣,陈艺波.论学术职业阶梯与大学教师发展[J].高等工程教育研究,2006(6):17—23.

② 周文霞,邵懿,王倩.中国高校教师聘任制政策文本研究[J].浙江工商大学学报,2007,87(6):81—87.

③ 张银霞.从人才单位所有制到聘任制——我国高校教师人事制度改革的质性分析[J].中国人民大学教育学刊,2012,8(4):5—14.

业阶梯"①,具有韦伯口中典型的科层制特点。

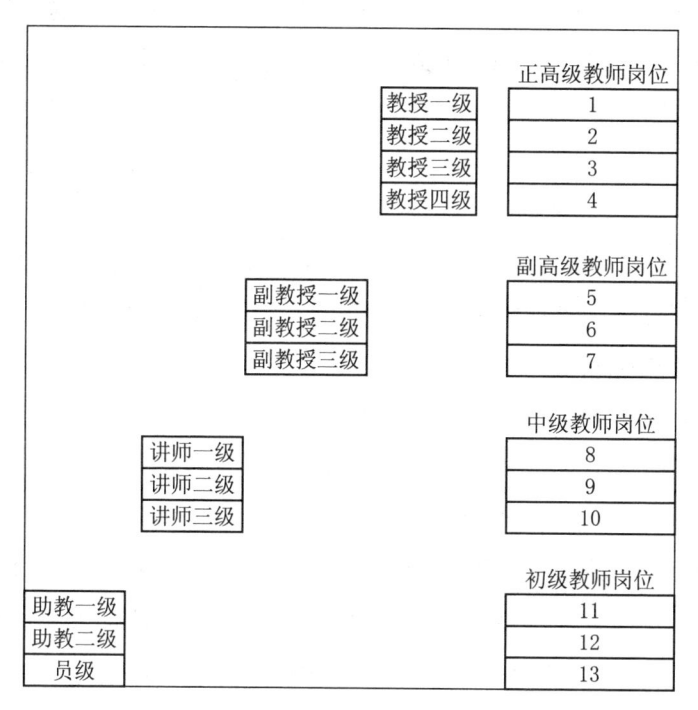

图 4-1 大学教师岗位职级体系

资料来源:A 大学教师岗位管理办法。

A 大学的教师岗位共分为 4 个职称类别,共 13 个等级,由下一个类别到上一个类别为通常意义上的职称晋升,每个职称晋升的最低年限要求不等,同时每个职称内部也有晋级,它主要跟工资上涨幅度有关。在较低层次上,升级的依据更多是年资,但随着层次的上升,职位

---

① 李志峰.高校学术职业分层制度的变迁逻辑[J].清华大学教育研究,2012(4):110—116.

资源变得越来越稀缺,升级除了要满足年资要求外,还要有较高的学术水平作为基本申请条件。其中,正高级岗位包括一至四级,副高级岗位包括五至七级,中级岗位包括八至十级,初级岗位包括十一级和十二级。原则上获得博士学位的应届统招毕业生,试用期满经考察能胜任和履行讲师职责的,直接聘为讲师二级岗位;而获得硕士学位的应届统招毕业生,试用期满,经考察能胜任和履行助教一级岗位职责的,直接聘用为助教一级岗位。另外,聘期内专业技术职务晋升的,直接进入相应的岗位,即教授四级岗位、副教授三级岗位、讲师三级岗位。在不同的职称级别之间以及同一个职称级别内部,都有年资的要求:助教二级岗位任职满3年方可申请助教一级岗位;讲师三级岗位任职满3年(首次进行教师岗位聘用时在中级专业技术岗位任职满3年)方可申请讲师二级岗位,而晋升至讲师一级岗位,需要在讲师二级岗位任职满5年(首次进行教师岗位聘用时在中级专业技术岗位任职满10年);副教授三级岗位任职满6年(首次进行教师岗位聘用时在副高级专业技术岗位任职满6年),方可申请副教授二级岗位,而晋升至副教授一级岗位,需要在副教授二级岗位任职满6年(首次进行教师岗位聘用时在副高级专业技术岗位任职满12年);同样,对于在教授四级岗位任职满6年(首次进行教师岗位聘用时在正高级专业技术岗位任职满8年)方可晋升为教授三级岗位,而晋升至教授二级岗位需要在教授三级岗位任职满6年(首次进行教师岗位聘用时在正高级专业技术岗位任职满12年),教授一级岗位属国家专设的特级岗位,其人员的确定按国家相关规定办理。

当然,现实中不排除个别优异者可"抄近道""走捷径"迅速升等,但对绝大多数教师而言,狭义的学术职业生涯就是一个个层级的职称晋升之路,已然被年资/年龄划分为一个个时间格,驱动同时也规约着他们事业发展的节奏。

二、被管制的职称晋升过程

马奇、舒尔茨和周雪光通过对斯坦福大学内部一系列成文规则变化方式的研究指出,规则产生于特定的历史情境,受制于政府行为等外部环境的影响,因此它可以说是政治和技术问题在应对历史情况时所遗留下来的累积性残余,同时,规则具有自我学习的功能,也是其自身内在过程的产物。①A大学职称晋升制度的变化既是出于大学在日常实践过程中所不得不应对的实际需求,同时也是基于1980年代以来我国政府逐步扩大高校办学自主权,下放教师资格审查权限的教育体制改革背景而出现的,因此它既是内部规则自我演变的结果,同时也受制于外部环境的作用。

据可查证的校史记载,A大学于1986年经国家教委批准获得审定教授、副教授任职资格的权力,在此之前基本是根据国家颁布的各项规章制度进行教师资格的确定和提升,自此之后相关教师考核、职称评审、聘任等一系列规章制度才逐步建立起来。1980年代末1990年代初开始改为每年进行一次,进入一种常态化的发展阶段。1998年,学校在当年《专业技术职务评聘工作实施意见》文件中提出了"坚持因事设岗、以岗择人、人事相宜、事职相符"和"坚持标准、保证质量、全面考核、择优评聘"的原则,明确将专业技术职务评聘岗位分为"正常岗""机动岗"和"单列副高岗"三类。2006年学校为了进一步规范教师专业技

---

① 詹姆斯·马奇,马丁·舒尔茨,周雪光.规则的动态演变:成文组织规则的变化[M].童根兴,译.上海:上海人民出版社,2005.

术职务聘任工作,制定了《教师职务聘任实施办法》。

目前 A 大学一个完整的评聘工作周期一般会持续大半年的时间,包括两轮工作流程。第一轮工作一般在 6 月左右开始启动,学校人事处会向各个学院或院系所下发专业技术职务聘任岗位需求的调研通知,然后学校根据这轮摸底状况,对下一年度满足职务申报条件的教师人数有了一个初步的了解。在此基础上,学校会根据教育部、人社部对事业单位各类人员结构比例的总体要求,各院系所承担的教育教学、科学研究和社会服务等任务,同时考虑现有专业技术队伍的状况,确定各单位相应的晋升名额,至此第一轮工作基本完成。第二轮工作一般在 9 月开始,各院系收集申请人应聘资料,提交学校人事处审核应聘人员任职资格与科研、教学条件,经公示后院系层次的教授评议会对候选人进行评价和判断,再经过讨论和投票来提出是否晋升的建议后上报学校人事处,人事处会组织校外同行专家评议以及高评委会进行审议做出是否晋升和聘任的最后决定。

对比 1996 年、2006 年和 2014 年的"高级专业技术职务任职资格和基本条件文件"可发现,2006 年文件只有 13 页内容,而到 2014 年已经增至 54 页,由此可见,各项指标的设定越来越细化,流程也趋于规范化。

表 4-1　A 大学专业技术职务任职资格与基本条件文件

编号	文件名称和时间	页数
1	《申报晋升高级专业技术职务的教学工作和科研成果基本数量要求》(1996 年版)	/
2	《高级专业技术职务任职资格和基本条件》(2006 年版)	13 页
3	《高级专业技术职务任职资格与基本条件》(2014 年版)	54 页

第四章 职业展开过程中的学术阶梯

虽然国家教育主管部门对每所高校的晋升过程不予干涉,但对职称晋升实行总量控制,即主管部门对各高校都有一个核定编制,高校在这个编制额度的总框架下,再基于学校和不同学科的发展分配名额。所以,有学者形象地概括我国职称评审制度的特点是"名额制下的评审制"[1],而英美大学的操作则截然不同,它们一般不由学校向院系下达评审指标,而是根据参评者的教学科研水平和院系发展需要进行推荐。只要参评者达到公认的水平,同行评审专家一致通过,学校通过规定程序评审通过即可聘任。北京大学陈平原教授认为这种名额制导致职称评审过程变成了学术、人情和利益各种要素交换的场所。

> 因为采用名额制,使得我们这些当系主任的,每年到了评职称的时候,感觉特别不好。你必须仔细考量,有人工作时间很长,有人所从事的专业人才稀缺,有人年轻但成绩非常突出。你该怎么选择?而且,不是你说了算,那么多学术委员会委员,各自思路不一致。每回的评审结果,不全是学术判断。评审中,人情占很大因素——你不知道是否有人"打过招呼",这个人是否走过"后门",那个人又是和谁更要好。总之,这么做,互相猜疑,内耗不少。[2]

---

[1] 李福华.论高等学校教师职称评审的结果公正与程序公正[J].清华大学教育研究,2016,37(2):44—50.

[2] 陈平原.高校青年教师的处境及出路——答廉思研究团队问[J].社会科学论坛,2012(6):95—104.

三、可量化的职称晋升标准

1980年代A校职称晋升的文件显示,教师评审的标准是思想政治水平和业务能力过硬,即"又红又专",另外还有对外语水平的考核,其对晋升条件采用了相对笼统的质性描述。1996年该校制定了《申报晋升高级专业技术职务的教学工作和科研成果基本数量要求》(简称"入门线"),明确规定了不同职称级别申请者的学历与任职经历要求,第一次较为细致入微地对专业技术职务评聘的教学工作、科研成果、科研经费作出了量化的规定,但随后由于部分系列"入门线"可操作性不强,以及教师系列与其他系列"入门线"标准不够一致等原因,学校又于1998年对其进行了进一步完善,特别指出科研成果的鉴定参照核心期刊目录[①]。D-MATH1老师亲历了1990年代量化考核兴起和发展至今的全过程。作为一个学者,他认为当下这种考核方式"没有道理",但从学校的角度来说,"没有指标不好操作"。这些指标的出台,一方面是学校为了满足和应对其评价教师工作的组织内在需求,同时也是学校嵌入在国家努力建设重点大学的时代背景之中,对作为其达成目标的人力资源保证的教师,以工作业绩和提高效益为目标,提出的建设理念。

> 原来我们教师上课是天经地义的,而且那个时候的学术评价也很清楚,老师们会说那个家伙厉害,他知道得真多。那个时候没有功利,说他知道得更多,说他的学术水平高,说他讲课讲得好,大

[①] 也正是在那个时期,国内不少机构开始编制引文数据库,比如北京大学率先于1992年推出《中文核心期刊目录总览》,南京大学于1998年发布了《中文社会科学引文索引》等,后来这成为各高校评价教师学术水平的重要依据。

家很自然地就说了,也是公认的。但后来就变成你说他好,学校就给他加工资,升职称。大家就说他不好或者说他未必好,甚至就不说,后来就有 CSSCI、SCI 这个说法,因为人性使然。是不是?凭什么说他好呢?我们就用一个很笨的 SCI 量化的方法进行考量。有人想说好,别人就说拿 SCI 出来看看。真正说来,那是没有道理的,作为学校来说,没有指标不好操作。硬性指标不好,但没有更好的东西代替。(D-MATH1,男,理科)

之后近十年的时间里 A 大学基本参照这一版"入门线"的规定,对教师申请资格进行考核和评聘。直到 2006 年,学校才再次对《高级专业技术职务任职资格和基本条件》(简称《基本条件 2006》)进行修订,提高了科研发表的数量、科研经费的数目要求,并以 CSSCI 为指标对科研成果的质量提出了要求(见表 4-2)。2014 年学校又对《基本条件 2006》进行了修改,颁布了《高级专业技术职务任职资格与基本条件》(2014 年版),在原有的基础上继续提高了科研成果的要求,并在期刊发表的等级上增加了权威期刊这一项(见表 4-3)。

概括来看,A 校的晋升标准在考核权重、数量质量、目标期待几个方面发生了变化。首先,虽然教师的职责包括教学、科研和社会服务,但科研成果以及获取外部资助能力显然在职称晋升中所占的权重越来越大;其次,在强调科研数量的同时,更看重其质量;最后,这些指标仅是作为申请者达标的门槛,学校更希望能够扩大显示度和辐射面,产生"学术和社会影响力"。接下来笔者就分两个阶段分别考察晋升作为一个事件是否是对教师过往学术活力的回报和肯定,晋升作为一个结果是否对教师产生了激励效应?

表 4-2 A 大学 2006 年版高级专业技术职务任职资格与基本条件（以文科为例）

申报职务	学历与任职经历	科　研	教　学
副教授	1. 具备博士学位，具有 3 年以上讲师任职经历 2. 具备硕士学位，具有 6 年以上讲师任职经历 3. 具备学士学位，具有 10 年以上讲师任职经历	1. 任现职以来，以第一作者署名发表 5 篇核心期刊（CSSCI）论文。其中，1 篇研究报告（以省部级政府部门采纳证明为依据）折合 1 篇核心期刊论文，研究报告总数不得超过 2 篇；教学研究论文不超过发表论文总量的 1/4；1 篇《中国社会科学》论文折合 3 篇核心期刊论文；SSCI、A＆HCI 论文和权威期刊（科研实绩奖励办法规定的范围）折合 2 篇核心期刊论文 2. 任现职以来，出版学术著作（专著）1 部（20 万字以上） 3. 任现职以来，具备下列条件之一： 　(1) 主持 1 项省部级科研项目 　(2) 获 1 项省部级科研成果二等奖以上奖项 　(3) 主持横向课题到校科研经费 20 万元	1. 1 年开设本科生课程 2 门 2. 年教学工作总量 180 学时，考核为良好
教授	1. 具备博士学位，具有 5 年以上副教授任职经历 2. 具备硕士学位，具有 7 年以上副教授任职经历 3. 具备学士学位，具有 10 年以上副教授任职经历	1. 任现职以来，以第一作者署名发表 10 篇核心期刊（CSSCI）论文。其中，1 篇研究报告（以省部级政府部门采纳证明为依据）折合 1 篇核心期刊论文，研究报告总数不得超过 5 篇；教学研究论文折合 3 篇核心期刊论文不超过论文总量的 1/4；1 篇《中国社会科学》论文折合 3 篇核心期刊论文；SSCI、A＆HCI 论文和权威期刊（科研实绩奖励办法规定的范围）折合 2 篇核心期刊论文 2. 任现职以来，出版学术著作（专著）1 部（20 万字以上） 3. 任现职以来，具备下列条件之一： 　(1) 主持 1 项国家社会科学基金项目 　(2) 获 1 项省部级科研成果一等奖以上奖项 　(3) 主持 2 项省部级科研项目 　(4) 获 2 项省部级科研成果二等奖以上奖项 　(5) 主持 1 项省部级科研项目；获 1 项省部级科研成果奖二等奖以上奖项 　(6) 主持横向课题到校科研经费 40 万元	1. 1 年开设本科生课程 2 门 2. 年教学工作总量 180 学时，考核为良好 3. 完整指导 1 届合格的硕士研究生

第四章 职业展开过程中的学术阶梯

表 4-3 A 大学 2014 年版高级专业技术职务任职资格与基本条件(以文科为例)

申报职务	学历与任职经历	科　研	教　学
副教授	1. 具备博士学位,讲师任职满 3 年 2. 具备硕士学位,讲师任职满 6 年	在所从事的研究领域开展深入系统的研究,具有一定的学术和社会影响力,任现职以来科研成果具备如下条件: 1. 发表 CSSCI 及以上期刊收录论文总数不少于 5 篇,其中权威期刊或 SSCI 或 A & HCI 论文不少于 1 篇。 2. 出版学术专著 1 部。 3. 科研项目与获奖科研成果具备下列条件之一: (1) 主持省部级项目 1 项 (2) 作为主持人获得 1 项省部级科研成果二等奖及以上奖项 (3) 主持项目的到校经费总额不少于 40 万元	任现职以来,年均全日制本科生及研究生教学工作总量不少于 108 学时,其中年均本科生教学课程量不少于 72 学时或年独立开设本科生课程不少于 2 门,近三年综合教学质量评定合格
教授	1. 具备博士学位,副教授任职满 5 年 2. 具备硕士学位,副教授任职满 7 年	在所从事的研究领域开展深入系统的研究,具有良好的学术和社会影响力,任现职以来科研成果具备如下条件: 1. 发表 CSSCI 及以上期刊收录论文总数不少于 10 篇,其中权威期刊或 SSCI 或 A & HCI 论文不少于 2 篇 2. 出版学术专著 1 部 3. 科研项目与获奖科研成果具备下列条件之一: (1) 主持完成 1 项国家级项目,或主持 2 项省部级项目(其中至少 1 项已经完成) (2) 作为主持人获得 1 项国家级科研成果二等奖及以上奖项,或获得 2 项省部级科研成果二等奖及以上奖项 (3) 主持完成 1 项省部级项目,同时作为主持人获得 1 项省部级科研成果二等奖及以上奖项 (4) 主持项目的到校经费总额不少于 80 万元,其中至少 1 项已经完成	任现职以来,同时达到以下要求: 1. 年均全日制本科生及研究生教学总量不少于 180 学时,其中年均本科生教学课量不少于 72 学时或近五年独立开设本科生课程不少于 2 门次,近五年综合教学质量评定合格 2. 完整指导一届合格的硕士研究生

第二节 作为一个事件的职称晋升

一、事件史分析方法简述及研究设计

此部分运用事件史分析的研究路径,以某地区四所研究型大学三个学科136名教师职业生涯中晋升事件的年代资料为基础,勾勒出大学教师职业晋升的历时性图景,分析不同等级晋升事件分别是在何种状态下发生的,持续时间是多久,可能的影响因素为何,职称晋升前后学术活力的变化情况以及职业生涯初期的晋升是否会影响在其后的晋升机会,由此思索大学组织和制度层面的因素如何影响了大学教师的学术活力,进而型构了其职业发展路径。

（一）事件史分析方法的来源

事件史分析(event history analysis)指的是一种用来分析一系列研究事件的发生及其发生时间的统计方法。它较早在生物医学领域被用来分析研究对象由生到死的存活时间及其决定因素,因此也被称为生存分析(survival analysis),后也用于企业管理中对产品由良好到损坏的时间及其影响因素的分析,故也可称为失效分析(failure-time analysis)。后社会学者开始采用此方法研究结婚与离婚,政治学者研究国家间之和平与冲突、政治人物之当选与落选等事件,现在常被统称为"事件史分析"(event history analysis)。其中"事件"(event)是指研究者感兴趣的现象由一个状态改变至另一状态,而所谓"史"(history)指的就是时间,即该事件发生前所延续的时间。[1]

---

[1] 黄纪.多层次事件史分析法:学理之延伸及对立委政治生涯研究之应用[R].2008.

第四章 职业展开过程中的学术阶梯

概言之,它研究的是从某一属性状态变为另一种属性状态以及在某一时间变成其他属性状态的风险率,而在本章中笔者关注的是大学教师职业发展不同状态变化的风险率以及影响因素,因此可以说,无论从思维逻辑还是从数据结构上,事件史分析方法都与以上问题的研究思路非常匹配。

(二)事件史分析的特点

在定量研究中,不同的研究类型对于数据结构的需求不一。如横剖面资料一般只能显示每一个个案在事件发生时的特定状态而已,比如升至副教授时的学历是博士,至于何时取得博士学位,这种学位的改变是否能够增加晋升的机会或是否会影响个人因而比较快地实现职称晋升等问题,其答案都不得而知。

而事件史的资料结构较为不同,它既包括个案的横截面资料,同时又有其时序性的个人时段的记录资料,它除了能掌握事件发生所需的时间外,还可掌握和了解包括可能影响事件发生之状态因素的动态变化过程,以及这些状态发生变动的时间点,因此其分析结果满足了因果关系的先后顺序和影响作用,可以被解释为变量之间的因果关系。

此外,事件史分析方法优于其他回归模型的地方还在于它可以纳入和处理删截数据,避免了信息的损失以及由此产生的统计偏差。比如假设人们想要了解影响教师晋升至副教授职称的因素,原则上那些尚未晋升的人将不能被纳入一般的分析模型,因此这部分人的信息就被浪费掉了,而且如果已晋升者与未晋升者存在着系统性差别,那么传统的回归结果就会存在偏差,而这些却是事件史分析方法擅长处理的。

(三)事件史分析的主要术语

事件史作为一种较为独特的分析方法,在进行具体分析之前,有必要介绍其基本概念和主要术语,包括离散时间与持续时间、风险(风险率、风险函数、风险集)、持续期、删截等。

根据时间单位的不同,事件史分析中区分了**离散时间**和**连续时间**两种类型。如果时间单位很大,就可以成为离散时间,反之,则称之为连续时间。在本研究中,晋升事件一般以年为标记单位,相对间隔较大,因此在本研究中将其视为离散时间对待,故而在模型选择上选用离散时间风险模型 logit 模型。

风险: 在每个时间段评价发生事件风险的基本量化方法称为风险。风险率(hazard rate)可理解为特定时间某一特定的人发生某一事件的概率。[1]例如,大学教师入职 6 年内晋升的概率即为升等风险率。风险函数关注的是事件可能发生的概率,即观测个体已生存时间 t 后,单位时间发生事件的瞬时可能性。风险集(risk set)表示一批在不同时点上经历某一事件风险的案例。[2]比如,在本研究中经历过副教授升等事件的教师就构成一个风险集。

持续期(spell): 指从开始观察的时点到事件发生的时点之间,或是到尚未经历事件的人被删截的时点之间的间隔。[3]例如,一位教师入职三年后即晋升为副教授,我们就可以说这位教师的持续期比较短,而另一位教师入职十几年后才晋升为副教授,那么他就有很长的持续期。

删截(censoring): 指的是在观察结束时事件尚未发生的案例。[4]通常造成删截状况的原因有很多,比如在研究结束之前,某些观测个体还没有经历我们所关心的事件,或者是在研究的过程之中,观测个体丢

---

[1] 杜本峰.事件史分析及其应用[M].北京:经济科学出版社,2008:49.
[2][3] 郭志刚.社会统计分析方法[M].北京:中国人民大学出版社,1999:388.
[4] 郭志刚.社会统计分析方法[M].北京:中国人民大学出版社,1999:389.

失,也有可能是观测个体退出研究等情况。①比如,当我们收集数据时,有些教师刚入职不久仍未发生过任何升等事件,那么这些案例就属于删截案例。

二、数据来源及数据结构

本部分的数据来自研究者自建的教师职称晋升事件数据库。2016年1月至2月期间,研究者选取了某地区四所研究型高校的数学、历史、教育3个学科,通过教师个人主页、中国知网以及 Web of Knowledge 数据库采集每位教师的个人特征、教育经历、工作经历、从入职年份开始到 2015 年止逐年的论文发表及被引情况等数据整合而成。因为年龄、入职时间、职称升等的具体年份对于本部分的研究问题至关重要,如遇信息不详的情况,一般会通过检索学术期刊中有关个人信息的介绍进行补充,若仍无法获悉这些信息则予以删除。另外,也因为部分教师的名字在外文检索中重复率太高,且通过其他途径依然无法甄别,为了确保数据的准确性,最终也舍弃了一些样本,共收集了 136 位教师 2 371 条人年记录(person-year cases)数据。

但由于事件史分析方法对数据结构具有特殊的要求,研究者在收集了基本数据后对其进行了重新编码,以下将以两个实际个案为例进行说明(见表 4-4)。"编号"是个案在数据结构中的唯一标记;"性别"指标中"1"代表男性,"0"代表女性;"出生年"为时间恒定变量,单位为年;"学科类型"包括数学、历史和教育三个学科,分别记为"2""3"和"6";"海外学位"表示该个案是否有在国外高校获得学位的经历,"是"则标记为"1","否"则标记为"0";"学缘关系"考察的是个案是否曾在本科、

---

① 杜本峰.事件史分析及其应用[M].北京:经济科学出版社,2008:6.

表 4-4 编号为 16034、12053 之大学教师职称晋升事件史分析的数据资料

编号	性别	出生年	学科	海外学位	学缘	年龄	入职时间	职级	升等	年资	学位	中文论文数	中文被引	SCI/SSCI数	SCI/SSCI被引
16034	0	1962	6	0	1	22	1984	2	0	1	1	0	0	0	0
16034	0	1962	6	0	1	23	1985	2	0	2	1	0	0	0	0
16034	0	1962	6	0	1	24	1986	2	0	3	1	0	0	0	0
16034	0	1962	6	0	1	25	1987	2	0	4	1	0	0	0	0
16034	0	1962	6	0	1	26	1988	2	0	5	1	0	0	0	0
16034	0	1962	6	0	1	27	1989	2	0	6	1	0	0	0	0
16034	0	1962	6	0	1	28	1990	2	0	7	1	0	0	0	0
16034	0	1962	6	0	1	29	1991	2	0	8	1	0	0	0	0
16034	0	1962	6	0	1	30	1992	3	1	9	1	1	2	0	0
16034	0	1962	6	0	1	31	1993	3	0	1	2	0	0	0	0
16034	0	1962	6	0	1	32	1994	3	0	2	2	1	63	0	0
16034	0	1962	6	0	1	33	1995	3	0	3	2	1	10	0	0

第四章 职业展开过程中的学术阶梯

续表

编号	性别	出生年	学科	海外学位	学缘	年龄	入职时间	职级	升等	年资	学位	中文论文数	中文被引	SCI/SSCI数	SCI/SSCI被引
16034	0	1962	6	0	1	34	1996	3	0	4	2	1	3	0	0
16034	0	1962	6	0	1	35	1997	3	0	5	2	2	13	0	0
16034	0	1962	6	0	1	36	1998	3	0	6	3	3	45	0	0
16034	0	1962	6	0	1	37	1999	3	0	7	3	2	72	0	0
16034	0	1962	6	0	1	38	2000	4	1	8	3	6	363	0	0
16034	0	1962	6	0	1	39	2001	4	0	1	3	1	128	0	0
16034	0	1962	6	0	1	40	2002	4	0	2	3	0	0	0	0
16034	0	1962	6	0	1	41	2003	4	0	3	3	1	37	0	0
16034	0	1962	6	0	1	42	2004	4	0	4	3	0	0	0	0
16034	0	1962	6	0	1	43	2005	4	0	5	3	2	29	0	0
16034	0	1962	6	0	1	44	2006	4	0	6	3	1	29	0	0
16034	0	1962	6	0	1	45	2007	4	0	7	3	3	49	0	0

续表

编号	性别	出生年	学科	海外学位	学缘	年龄	入职时间	职级	升等	年资	学位	中文论文数	中文被引	SCI/SSCI数	SCI/SSCI被引
16034	0	1962	6	0	1	46	2008	4	0	8	3	3	132	0	0
16034	0	1962	6	0	1	47	2009	4	0	9	3	3	28	0	0
16034	0	1962	6	0	1	48	2010	4	0	10	3	3	10	0	0
16034	0	1962	6	0	1	49	2011	4	0	11	3	1	45	0	0
16034	0	1962	6	0	1	50	2012	4	0	12	3	2	8	0	0
16034	0	1962	6	0	1	51	2013	4	0	13	3	3	20	0	0
16034	0	1962	6	0	1	52	2014	4	0	14	3	1	12	0	0
16034	0	1962	6	0	1	53	2015	5	1	15	3	0	0	0	7
12053	1	1984	2	1	0	29	2013	3	0	1	3	0	0	1	1
12053	1	1984	2	1	0	30	2014	3	0	2	3	0	0	1	1
12053	1	1984	2	1	0	31	2015	3	0	3	3	0	0	1	1

第四章　职业展开过程中的学术阶梯

硕士或者博士阶段曾在目前工作单位有过教育经历，"是"则记为"1"，"否"则记为"0"；"入职时间"为时变变量，单位为年；"职级"根据我国现行的职称等级进行设置，包括无职称等级、助教、讲师、副教授和教授五种类别，依次记为"1""2""3""4""5"；"升等"意味着个案在本年度是否获得晋升，"是"则记为"1"，"否"则记为"0"；"年资"是根据记录教师在某一个职称等级上持续时间的一个时变变量，年资越长，说明上一次晋升的时间越早；"学位类型"包括本科及以下、硕士、博士学位，分别记为"1""2""3"；从"中文论文数"至"SCI/SSCI 被引"这六个时变变量是根据个案在中国知网和 Web of Knowledge 数据库中的发表情况进行的统计，其中"中文论文数"为个案在本年度发表论文计数，"中文被引"指的是个案在本年度的所有论文被引总数，"SCI/SSCI 数"为个案发表的外文论文计数，"SCI/SSCI 被引"指的是个案在本年度的所有论文被引总数。

在表 4-4 的示例中，编号"16034"的个案共有 32 条人年记录，性别为女，出生于 1962 年，学科为教育学，1984 年本科毕业后就留校工作，同年即被认定为助教等级，之后依次在 1992 年、2000 年和 2015 年经历过三次升等事件。该教师在职期间攻读了研究生，1993 年获得了硕士学位，1998 年获得了博士学位，与目前的工作单位有学缘关系。她在 1991 年之前没有任何科研成果发表，之后差不多每年都有一定数量的成果，2000 年至今发表数量最高为 6 篇，引用率也高达 363 次。相对而言，编号为"12053"的教师职业经历较短，只有 3 条人年记录，性别为男性，学科为数学，出生于 1984 年，2013 年在海外取得博士学位后进入目前这所高校工作，与该校没有学缘关系。截至 2015 年该教师职称级别仍为讲师，并没有经历职称升等事件。他在 2013 年、2014 年及 2015 年各分别发表了 1 篇 SCI 文章，引用次数分别为 7 次、1 次和 1 次。

大学教师学术活力研究：个体、制度与历史

根据《中华人民共和国高等教育法》第四十七条规定，高等学校实行教师职务制度。教师职务设助教、讲师、副教授、教授。教师应当具备下列基本条件：①取得高等学校教师资格；②系统地掌握本学科的基础理论；③具备相应职务的教育教学能力和科学研究能力；④承担相应职务的课程和规定课时的教学任务。教授、副教授除应当具备以上基本任职条件外，还应当掌握系统而坚实的本学科基础理论，并具有比较丰富的教学、科研经验，教学成绩显著，论文或者著作达到较高水平或有突出的教学、科学研究成果。不同于德国、美国等高等教育发达国家，学术职业的入门门槛一般要求具有博士学位或所在学科领域的最高学位，而由于历史原因，我国高校教师的学位等级参差不齐，大概在2000年左右才开始对新招聘教师提出博士学位的明确要求。因此，原有的学术职业体系根据较低职业层次的教师所获学位等级的不同，对其晋升高一阶梯的任职年限设置了不同的规定。比如A大学规定，获得博士学位者在考察期后可直接聘为讲师，获硕士学位者须担任助教两年，获学士学位者则须任助教四年后方可升至讲师。换言之，讲师职称的评定更多依赖的是年资，而不是业绩，因此在接下来的分析中它不是本研究考察的重点。本章只考察绝大多数教师都会经历的由讲师至副教授，由副教授至教授这两个升等事件。据此笔者将全部资料分为两个资料集，分别命名为X集和Y集，其中X集由67位正在担任或者曾经担任过讲师的教师组成，在2016年1月至2月期间资料收集的时候，这些人中有的人已经晋升为副教授（甚至是教授职称），而有的人正在担任讲师，换言之，他们还没有发生晋升事件，因此在X集中他们属于删截案例。Y集由121位具有副教授职称的教师构成，在同样的时间段内他们有的已有教授职称，而有的仍然是副教授职称，同样在Y

集中,他们也被归为删截案例。

三、职称晋升模式及影响因素分析

(一) 描述性统计分析

1. 年龄与职称持续期

总样本中,教师获得讲师职称的平均年龄为 29.8 岁;从参加工作到晋升至讲师职称所花的平均时间为 3.0 年,但其中离散程度较大,最大值为 17 年,最小值为 0 年,这是由于出生年代以及历史原因而造成的差异。比如,不少 1950 年代出生的教师高中未毕业就参加了工作,后来 1977 年高考恢复后升入大学读书,毕业后又进入高校工作,所以待他们被认定为讲师职称时,年龄最大者甚至已是 41 岁了,而绝大多数 80 后教师则是直接拿到博士学位才进入高校工作,随后即被认定为讲师职称。

X 集中,教师晋升至副教授职称时的平均年龄为 34.2 岁。生存分析中的 Kaplan-Meyer 方法适用于小样本,且能够充分利用每个数据所包含的信息,因此本研究中用它来估算了教师由讲师晋升为副教授时间的平均值,如表 4-5 所示,而教师在讲师职称上的持续比例如图 4-2 所示。根据计算结果,教师由讲师晋升至副教授所需时间的平均值为 5.5 年。

表 4-5 Kaplan-Meyer 方法所估计讲师至副教授时间的平均值

	估算	标准误差	95%置信区间	
			下限	上限
平均值	5.518	.092	5.337	5.698
总数	2 323			
事件数	2 234(96.2%)			
删截	89(3.8%)			

累积生存分析

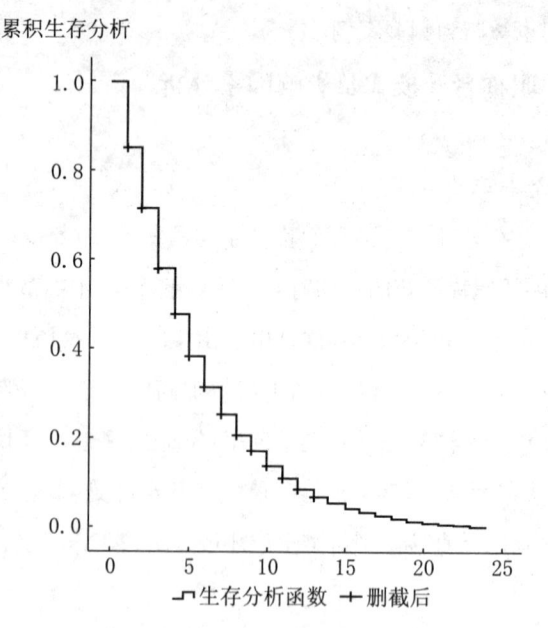

图 4-2　教师从讲师至副教授持续时间的生存函数图

Y 集中,教师获得教授职称的平均年龄为 40.8 岁,研究者采取同样的估算方法测得他们由副教授至教授所需要持续时间的平均值为 7.0 年(见表 4-6,图 4-3)。

表 4-6　Kaplan-Meyer 方法所估计副教授至教授时间的平均值

	估　算	标准误差	95%置信区间	
			下限	上限
平均值	7.024	.120	6.789	7.259
总数	2 323			
事件数	1 662(71.5%)			
删截	661(28.5%)			

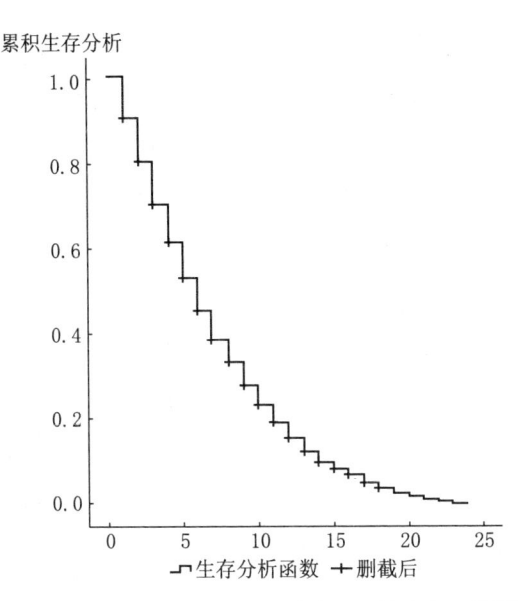

第四章 职业展开过程中的学术阶梯

图 4-3　教师从副教授至教授持续时间的生存函数图

2. 性别差异

国外相关研究认为女教师由于花在教学上的时间多于男性而用于研究的时间相对较少[①],资源获取上的性别不公[②],男性主导的学术圈减少了女性参与交流的机会[③],同行评议中的性别歧视[④],工作

---

① Nettles M T, Perna L W, Bradburn E M.Salary, Promotion, and Tenure Status of Minority and Women Faculty in U.S. Colleges and Universities[R]. National Center of Educational Statistics, Washington D C, 2000.

② Bentely R J. Faculty Research Performance over Time and Its Relationship to Sources of Grant Support[D]. Ann Arbor: University of Michigan, 1990.

③ O'Leary V E, Mitchell J M. Women Connecting with Women: Networks and Mentors[A]//Lie S, O'Leary V E. Storming the Tower: Women in the Academic World. London: Kogan Page, 1990.

④ Wenneras C, Wold A.Nepotism and Sexism in Peer-Review[J]. Nature, 1997, 389(6649):341—343.

与家庭冲突①等原因,通常她们获得学术任期的年龄比男性大,在每个职称等级上耗费的时间都比男性长,晋升的速度落后于男性。②③本研究的数据分析结果部分印证了以上研究结论,女教师获得副教授和教授时的年龄均大于男性,但在晋升速度上并未完全比男性缓慢。具体来看,女教师晋升至副教授的平均年龄为 34.4 岁,男性为 34.1 岁,她们由讲师升至副教授职称所花的时间少于男教师,女性平均时间为 5.03 年,男性为 5.59 年,Mantel 时序检验发现两者存在显著差异($p<0.05$);而女教师晋升至教授时的年龄为 44.8 岁,男性为 40.3 岁,她们由副教授升至教授平均耗时 7.17 年,相较于男性平均时间为 6.95 年要稍微长些,进一步分析发现两者在统计学意义上并没有明显差异。刘爱玉等人在 2011 年对我国事业单位和民办非企业专业技术人才进行的调查显示,女性专业技术人员与男性具有相近的职称晋升轨迹,晋升至副高级和正高级职称所用的时间几乎相等,他们给出的解释是我国经历过"妇女能顶半边天"的社会主义时代,男女平等的观念较为深入人心,不少女性已进入到专业领域且获得了职业成就。④一方面,她们的调查对象与高校女教师之间仍有区别,因此这一解释是否恰适仍待进一步研究。另一方面,本研究的数据样本中仅有 25 位女教师,这并

---

① Acker S, Armenti C. Sleepless in Academia[J]. Gender & Education, 2004, 16(1):3—24.

② Long J S, Allison P D, McGinnis R. Rank Advancement in Academic Careers: Sex Differences and the Effects of Productivity[J]. American Sociological Review, 1993, 58(5):703—722.

③ Toren N, Moore D. The Academic "Hurdle Race": A Case Study[J]. Higher Education, 1998, 35(3):267—283.

④ 刘爱玉,佟新.性别比较视角下的女性专业人才职业生涯[C].中国社会学年会"中国女性人才发展规律与政策研究"论坛,2012.

非研究者刻意所为,而是因为在基本资料收集的过程中,就发现职称等级越高,女教师的数量越少,因此这 25 位女教师可能本身就是少数表现突出者,从而导致晋升时间较短。

3. 学科差异

不同学科内,学者入行快慢、研究主题难度、研究成果发表的时间周期以及成果被认可的周期存在着或多或少的差异,这在某种程度上影响了他们职业发展和地位获取的速度。亨利·罗索夫斯基曾形象地描述过不同专业教师职业发展的差异:经济学家 39 岁在较短的教学生涯中取得了正教授职位,获得了国际声誉和一份像样的酬金,并被定为院长候选人。而曾与他本科时同住一屋的语言学家尽管其成就为哈佛及其他学校的同事们认可,但他的等级是非终身制的高级语言教师,没有保障,地位低,报酬也非常有限,被聘为终身教授的机会和前景并不乐观。①格霍尔姆(T.Gerholm)指出初学者在加入一个学科领域的社会化过程中,最重要的是了解、掌握该学科科学话语经典部分的知识和要求。②而一门学科的体系化程度将影响人们获得能力的方式和速度。相对而言,数学、物理等硬科学由于"知识具有累积性,知识的验证和知识的陈旧有明确的原则",因此初学者很快就可以获得一套话语体系,同行之间对于研究成果有比较一致的判断标准,所以也就更容易对现在和将来所需解决的重大问题达成一致意见,但以历史为代表的软学科由于"知识具有反复性,对知识的确认标准和知识的陈旧标准存在争

---

① [美]亨利·罗索夫斯基.美国校园文化[M].谢宗仙,等,译.济南:山东人民出版社,1996.

② Gerholm T.On Tacit Knowledge in Academia[J]. European Journal of Education,1990,25(3):263.

议",所以研究者之间通常很难就重大问题形成一致意见,对于研究成果的接受也就需要较长的时间。①比如,前者一般使用较短的时间研究范围较小的问题,而后者则花较长的时间研究一些耗费精力的问题。②另外,在成果发表的周期方面,不同学科之间也存在差异。比如,数学方面的论文和生物主要研究领域的论文最少也需要一年,最多要两年多时间。现代语言学家可能要等两三年,论文才能发表在有名的期刊上。发表历史和社会学方面论文的时间介于中间,大约为18个月或几年。③

表4-7 Kaplan-Meyer方法所估计的不同学科晋升持续时间的平均值

学科	讲师至副教授时间				副教授至教授时间			
	估算	标准误差	95%置信区间		估算	标准误差	95%置信区间	
			下限	上限			下限	上限
数学	4.97	0.15	4.67	5.28	7.24	0.24	6.76	7.72
历史	5.82	0.15	5.53	6.12	7.02	0.18	6.66	7.38
教育	5.69	0.17	5.36	6.02	6.81	0.21	6.40	7.22

从表4-7可以看出,数学学科的教师从讲师晋升至副教授所花的时间最短,为4.97年,其次教育学科为5.69年,最后历史学科为5.82年,且Mantel时序检验发现三者之间存在显著差异;而从副教授晋升

---

① 托尼·比彻,保罗·特罗勒尔.学术部落及其领地:知识探索与学科文化[M].唐跃勤,等,译.北京:北京大学出版社,2008:38.
② 托尼·比彻,保罗·特罗勒尔.学术部落及其领地:知识探索与学科文化[M].唐跃勤,等,译.北京:北京大学出版社,2008:113.
③ 托尼·比彻,保罗·特罗勒尔.学术部落及其领地:知识探索与学科文化[M].唐跃勤,等,译.北京:北京大学出版社,2008:120.

至教授,数学所花的时间最长,达到 7.24 年,其次是历史,为 7.02 年,最后是教育,为 6.81 年,但三者之间并不存在统计学意义上的差异。

(二)职称升等事件影响因素的逻辑斯蒂回归分析

接下来笔者就分别考察大学教师由讲师升至副教授,以及副教授升至教授两次升等事件的影响因素。考虑到因变量为二分类变量"升等与否",因此采用事件史分析中的离散时间风险模型,即离散时间的 logistics 模型。控制变量包括性别、年龄、专业、学位类型、毕业院校类型、学院关系、年资等,因变量为论文发表数量和被引数量。

1. 影响教师由讲师晋升至副教授的 logistics 分析

模型 1 说明,在控制了其他变量的情况下,性别以及国内与海外高校,在教师由讲师晋升至副教授的过程中并没有显著的影响。田华芳(F.Tien)对影响台湾地区高校教师职称晋升的因素进行的研究发现,持有国外学位不仅具有一定的声望价值,而且是预测学者科研产出的一个显著指标。[1]近年来内地高校新进教师中海外或境外高校毕业的博士生数量也在快速增加,有人担心他们会挤压国内高校毕业新教师的职业发展空间,至少本研究的结果说明并不存在这种状况。钟云华的研究发现,学缘关系对于职称晋升具有重要影响。在参评副教授或教授时,具有本校学缘关系的大学教师相比没有本校学缘关系的大学教师而言,更容易获得职称晋升,取得更多的学术发展机会。[2]但本研究也未能证实这一结论,可能的原因是本研究在数据收集中未能将学

---

[1] Tien F F. What Kind of Faculty are Motivated to Perform Research by the Desire for Promotion? [J]. Higher Education,2008,55(1):17—32.
[2] 钟云华.学缘关系对大学教师学术职业发展影响的实证研究[J].教育发展研究,2012(1):61—68.

缘关系进行进一步的细化,比方说到底是在本科、硕士,还是博士教育经历中的学缘关系。学科之间略有差异:历史专业的教师晋升至副教授的速度较数学教师要慢,教育与数学学科之间没有可见的差异,这与上文描述性分析中的结果基本吻合。

年龄的作用比较明显,每增加一岁,其晋升的概率增加15.8%,但若在模型2中加入年资这一变量,年龄的作用消失了。换言之,并不是年龄越大,其晋升的概率越大,而是取决于进入职业轨道的早晚,即年资的累积,早一年评定讲师的教师,其升等的机会就增加了72%。本研究中还加入了年资的平方,以检验年资与晋升是否存在线性关系,结果发现两者之间属于非线性关系,即并不是年资越长,晋升的概率越大,年资超过一定的期限后,晋升的概率反而呈下降趋势,这一点在接下来分析年龄的隐性规范对教师工作感受及学术活力的影响时会详细加以说明。

在控制其他条件不变的情况下,三个模型中获得博士学位对于升等都具有明显的正向作用,但硕士学位与本科学位之间并没有统计学意义上的差异。在模型3中,拥有博士学位的教师晋升至副教授的速度是拥有本科及以下学位教师的4.706倍。

由于知识的累进并不是线性的,因此若用每一年的发表情况去预测教师晋升情况可能存在偏差,而且在评定是否升等时也是考虑在这个职称等级内教师的学术产出状况,因此笔者对教师发表数据进行了处理,计算出两个新变量:"第t年累积论文发表量"来代表教师科研发表的数量,"第t年累积论文被引数"代表教师科研发表的质量,结果发现后者对于教师升至副教授没有显著作用。两者相比,更重要的是教师发表的数量。朗等人的研究也发现,相比质量,成果的数量是预测教

第四章　职业展开过程中的学术阶梯

表 4-8　教师由讲师至副教授晋升事件的 logistics 回归模型分析

自变量	模型 1 B	模型 1 EX(B)	模型 1 SE	模型 2 B	模型 2 EX(B)	模型 2 SE	模型 3 B	模型 3 EX(B)	模型 3 SE
常数	−8.245***	0.000	1.223	−7.495***	0.001	1.326	−7.551	0.001	1.352
性别(参照组:女)	0.134	1.143	0.285	0.290	1.337	0.301	0.347	1.415	0.313
年龄	0.158***	1.172	0.029	0.053	1.055	0.036	0.070	1.072	0.038
专业(参照组:数学)									
历史	−0.573*	0.564	0.282	−0.571	0.565	0.295	−0.577	0.561	0.299
教育	−0.397	0.672	0.329	−0.114	0.892	0.342	−0.540	0.583	0.376
学位类型(参照组:本科及以下)									
硕士	0.817	2.263	0.712	0.744	2.103	0.731	0.103	1.109	0.729
博士	2.131**	8.426	0.681	2.430**	11.357	0.709	1.549*	4.706	0.711
毕业学校类型(参照组:国内高校)	−0.114	0.892	0.350	0.343	1.409	0.369	0.633	1.884	0.374
学缘关系	0.039	1.040	0.251	0.072	1.074	0.265	0.092	1.097	0.271

续表

自变量	模型 1 B	模型 1 EX(B)	模型 1 SE	模型 2 B	模型 2 EX(B)	模型 2 SE	模型 3 B	模型 3 EX(B)	模型 3 SE
年资				0.720***	2.054	0.125	0.789***	2.202	0.150
年资^2				−0.036***	0.964	0.008	−0.050***	0.951	0.011
第 t 年论文发表量							−0.089	0.914	0.099
第 t 年论文被引数							0.001	1.001	0.005
第 t 年累积论文发表量							0.084*	1.088	0.044
第 t 年累积论文被引数							0.002	1.002	0.003
−2log likelihood	532.698			490.351			474.603		
Nagelkerke R^2	0.153			0.250			0.284		
df	8			10			14		
样本数	618			618			618		

注：*、** 和 *** 分别表示显著性水平为 $p<0.05$，$p<0.01$，$p<0.001$。

第四章 职业展开过程中的学术阶梯

师晋升与否更好的指标。[①]但从这个三个模型可以看出,在控制了其他变量后,年资对于教师晋升的解释力最强,高达9.7%(0.250－0.153＝0.097),其次才是科研成果(0.284－0.250＝0.034)。

2. 影响教师由副教授晋升至教授的logistics分析

笔者采取同样的处理方法对教师由副教授晋升至教授进行了分析。模型3显示,在教师由副教授升至教授的过程中,学校类型及学缘关系同样没有明显作用。学位类型也没有显著作用,这是因为几乎所有教师在入职前或者职业发展过程中都已经获取了博士学位。但性别和学科对于晋升具有一定的影响作用,其中男性教师晋升至教授的概率是女性的2.621倍,教育专业的教师晋升至教授的速度较数学要快,历史与数学专业之间没有差异。年龄在所有模型中都有显著的影响,但在加入年资和科研成果之后,年龄的作用是反向的,即年龄每增加1年,其晋升的速度减少8.1%,但年资(进入副教授的时间早晚)每增加1年,其晋升的速度增加73.1%。但由于年资的平方对于因变量晋升与否有显著作用,因此它们之间并不是线性关系。换言之,在副教授职称上累积一定时间,超过某个临界点后而迟迟未能获得晋升,之后其晋升的可能性会下降,这与讲师升至副教授的情形类似。相比教师成果的数量,质量才是决定副教授晋升至教授的重要因素。对比三个模型可知,年资是影响教师升等至教授的最重要因素,它的解释率为17.1%(0.218－0.047＝0.171);其次是科研成果发表(0.260－0.218＝0.042),约占4.2%。

[①] Long J S, Allison P D, McGinnis R. Rank Advancement in Academic Careers: Sex Differences and the Effects of Productivity[J]. American Sociological Review, 1993, 58(5):703—722.

表 4-9 教师由副教授至教授晋升事件的 logistics 回归模型分析

自变量	模型 1 B	模型 1 EX(B)	模型 1 SE	模型 2 B	模型 2 EX(B)	模型 2 SE	模型 3 B	模型 3 EX(B)	模型 3 SE
常数	−0.3996**	0.018	1.216	−1.237	0.290	1.482	−1.675	0.187	1.526
性别(参照组:女)	0.668	1.951	0.431	1.242*	3.463	0.484	0.964	2.621	0.520
年龄	0.058*	1.060	0.024	−0.090*	0.914	0.036	−0.081*	0.922	0.037
专业(参照组:数学)									
历史	−0.412	0.663	0.334	−0.546	0.579	0.370	−0.538	0.584	0.376
教育	−0.458	0.632	0.387	−0.628	0.534	0.429	−1.667**	0.189	0.574
学位(参照组:本科及以下)									
硕士	−0.766	0.465	0.911	−1.246	0.288	0.974	−1.153	0.316	1.006
博士	−0.160	0.852	0.821	−0.736	0.479	0.886	−0.755	0.470	0.914
毕业学校类型(参照组:国内高校)	−0.302	0.740	0.418	0.337	1.401	0.454	0.651	1.917	0.471
学缘关系	0.052	1.054	0.307	0.300	1.350	0.330	0.396	1.485	0.335

续表

自变量	模型 1 B	模型 1 EX(B)	模型 1 SE	模型 2 B	模型 2 EX(B)	模型 2 SE	模型 3 B	模型 3 EX(B)	模型 3 SE
年资				0.762***	2.142	0.172	0.729***	2.074	0.176
年资^2				−0.025*	0.975	0.010	−0.025*	0.975	0.011
第 t 年论文发表量							0.097	1.102	0.100
第 t 年论文被引数							0.001*	1.001	0.005
第 t 年累积论文发表量							0.023	1.024	0.029
第 t 年累积论文被引数							0.002*	1.002	0.001
−2log likelihood	362.192			316.098			303.863		
Nagelkerke R^2	0.047			0.218			0.260		
df	8			10			14		
样本数	441			441			441		

注：*、** 和 *** 分别表示显著性水平为 $p<0.05$，$p<0.01$，$p<0.001$。

概言之,讲师升至副教授,以及副教授升至教授这两个晋升事件的时间进度和影响因素不尽相同。在副教授样本集中,教师晋升至副教授职称时的平均年龄为34.2岁,他们由讲师晋升至副教授的中位数为4年,符合大学职称晋升制度中对于讲师晋升副教授3年的底线年限要求。而教授样本集中,教师获得教授职称的平均年龄为40.8岁,他们由副教授升至教授时间的平均值和中位数均为6年,也满足大学职称晋升制度中对于副教授晋升教授5年的底线年限要求。在性别方面,女教师在由讲师升至副教授职称时所花的时间显著少于男教师,女性平均时间为5.03年,男性为5.59年,但女教师由副教授升至教授的平均时间为7.17年,相较于男性平均时间为6.95年要稍微长些,进一步分析发现两者在统计学意义上并没有明显差异。

一个重要的发现是在控制了其他变量的情况下,教师由讲师升至副教授的过程中,年资和科研成果的数量是重要的预测因子,而在副教授升至教授的过程中,除了年资,不是科研的数量而是科研成果的质量才是显著的影响因素。

第三节 晋升事件前后学术活力的变化情况

田华芳等人提出,职称晋升不仅具有激励作用,还对教师行为具有一种事后强化作用。[1]但在此需要更进一步追问,职称晋升制度的这种效用在时间维度上是否是变动的?笔者将136个样本按照现在的职称

---

[1] Tien F F, Blackburn R T. Faculty Rank System, Research Motivation, and Faculty Research Productivity: Measure Refinement and Theory Testing[J]. The Journal of Higher Education, 1996, 67(1):2—22.

第四章 职业展开过程中的学术阶梯

级别分为讲师、副教授和教授三组,分别观察他们晋升前后教师学术活力会发生何种变化。横坐标是职业年龄(career age),纵坐标是教师的学术活力(以教师每一年的论文发表数量进行测量),见图4-4。

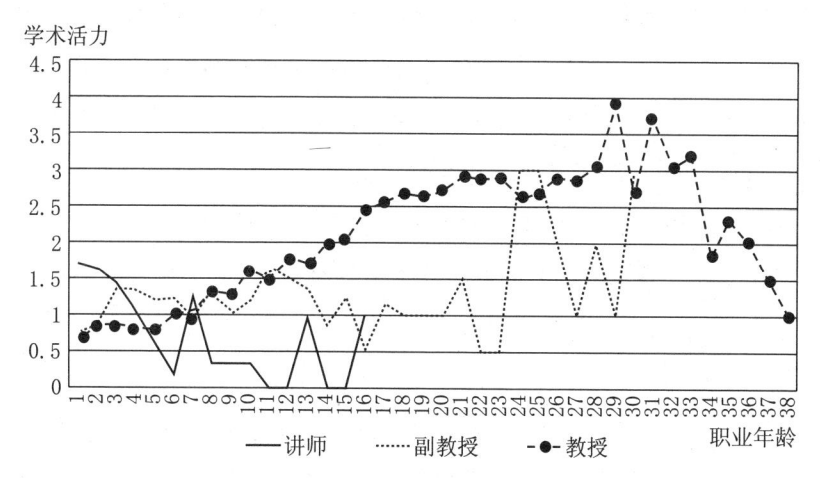

学术活力

图4-4 不同职称教师学术活力的动态变化情况(职业年龄)

对于讲师这个群组来说,他们是博士毕业直接被定级为讲师这个职称,严格意义上还未经历过晋升事件,如果参照副教授这个已经成功晋升的群组来看,他们平均从讲师到副教授所需时间为4年,讲师组的发表数量远大于同阶段副教授和教授群组,但仍未获得晋升。笔者对同一院系刚晋升副教授不久的两位老师的访谈也许能窥探到其中的一个原因。C-ELEC1老师表示自己晋升较慢并非是由于"资格",或者更准确地说是能力问题,原因是学校分配给他们院系的晋升名额太少,这时晋升就变成了新时代的论资排辈,谁先进来谁先上。本系同事C-ELEC2证实了她的回答,这位老师甚至称自己是同龄人中晋升最慢的。

从本系来看，我从讲师晋升到副教授不算特别慢的，但是跟整个高校群体相比，7年时间算是比较慢的。其实很多人晋升资格早就达到了，但因为我们这里有博士学位的讲师特别多，名额又特别少，大家都往后拖了。讲师的发展还是受限的，一方面自己不能招研究生，另外很多外面的课题会限制职称。所以等评上了副教授，离"杰青"申请最低年限的时间又不远了，把好年龄都拖过去了。(C-ELEC1，女，工科)

我们单位有二三十个年轻老师，每年升一两个。因此，跟同龄人相比，我从讲师到副教授算是晋升缓慢的，甚至有可能是最慢的。(C-ELEC2，男，工科)

职称的重要性就在于它不仅代表着一种组织内部对教师过去学术劳动价值的认可，它还预示着工资待遇的增加，职业安全等物质和精神奖励，另外也会为未来的职业发展增添更多的保障，比如研究助手，参与组织内部事务决策的机会等。而且这种认可本身也具有一种内在的公共属性，其溢出效应(spillover effect)增加了教师获取外部资助的机会以及在学术界的可见度。正如 C-ELEC1 老师所说，没有高级职称，不仅现在的研究活动受限，甚至还会给未来的职业发展带来累积性的劣势。

由图 4-4 也可以清晰地看到，超过"正常"的晋升年限之后，教师的发表数量确实会下降。特纳等人(L.Turner & J.Mairesse)的研究也发现，晋升对教师科研产出有正向的影响，但是他们还看到另一个有意思的现象，即在一个职称等级上待得时间愈久，无论对科研产出的数量还

第四章　职业展开过程中的学术阶梯

是质量而言都愈具有消极的影响。①克拉克等人将之归因为由于职称晋升受阻而对教师士气的打击,他们发现遭遇这种状况的教师群体中,64%的人表现出士气下降。②凯韦克发现,教师越长时间得不到晋升的一个直观表现就是他们平均每周的工作时间大大缩短了。③田华芳和布莱克本(F.Tien & R.Blackburn)的研究也发现,在讲师或副教授职称等级上超过6年的平均时间后,往后持续的时间越长,学术产出越低。他们的解释是一旦某个教师在一个职称等级上待的时间过长,其升等的期望就越低,他也就不会再对照职称晋升的标准来自我激励进行学术发表,因此学术产出就越来越低。④

对副教授这个群组来说,第4年晋升之前的发表数量确实在不断增长,但晋升之后却出现了微小的下降。古德温和索尔(T.Goodwin & R.Sauer)对140名美国经济学教授的研究也发现,他们通过终身教职的考核后,学术产出也出现了下降,只是同本研究的结果存在时间先后上的差别,他们对助理教授的考核一般是6—7年的时间。⑤笔者曾对

---

① Turner L, Mairesse J. Individual Productivity Differences in Public Research: How Important are non-individual Determinants? An Econometric Study of French Physicists' Publications and Citations(1986—1997)[R/OL].[2017-01-20]. http://www.jourdan.ens.fr/piketty/fichiers/semina/lunch/Turner2005.pdf.
② Clark S M, Corcoran M, Darrell R L. The Case for an Institutional Perspective on Faculty Development[J]. Journal of Higher Education, 1986, 57(2):176—195.
③ Kyvik S. Age and Scientific Productivity: Differences between Fields of Learning [J]. Higher Education, 1990, 19(1):37—55.
④ Tien F F, Blackburn R T.Faculty Rank System, Research Motivation, and Faculty Research Productivity: Measure Refinement and Theory Testing[J]. Journal of Higher Education, 1996, 67(1):2—22.
⑤ Goodwin T H, Sauer R D. Life Cycle Productivity in Academic Research: Evidence from Cumulative Publication Histories of Academic Economists[J]. Southern Economic Journal, 1995, 61(3):728.

斯坦福大学物理系教师科研产出随年龄变化的关系进行了研究,结果也发现了类似的现象,即他们科研产出的高峰恰好出现在第 6 年终身教职评聘之时,之后产出有一个小的回落(见图 4-5)。[1]古德温他们认为,这并非是一件坏事,因为一些教师在获得了职业安全之后会去开展一些风险更高的研究,而这些研究可能并不能带来立时的科研产出,但也许会产生真正具有原创性和突破性的贡献,而这正是终身教职这项制度的价值所在。[2]

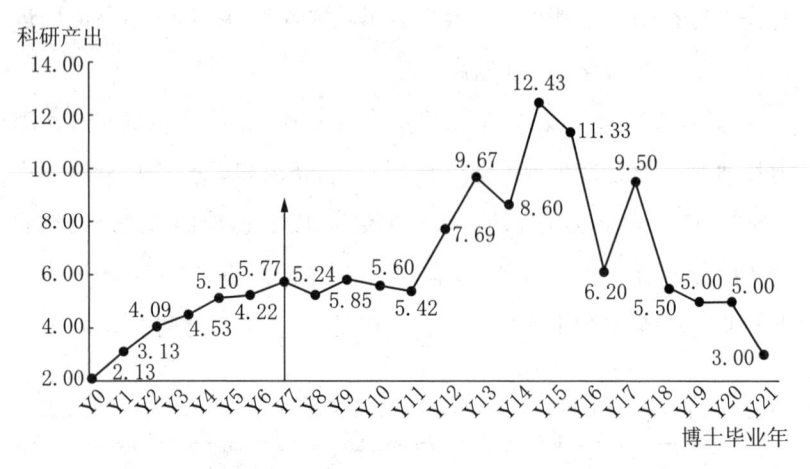

图 4-5　斯坦福大学物理系教师科研产出随时间变化曲线

资料来源:岳英,2015。

若参照教授组从副教授到教授平均 6 年的晋升速度来看,他们确

---

[1] 岳英.美国大学的"非升即走"制度及其期限设置的合理性[J].北京大学教育评论,2015,13(2):67—79.
[2] Goodwin T H, Sauer R D. Life Cycle Productivity in Academic Research: Evidence from Cumulative Publication Histories of Academic Economists[J]. Southern Economic Journal, 1995, 61(3):728.

第四章 职业展开过程中的学术阶梯

实在第8—9年的时间出现了一个产出小高峰,但随后也许是未能成功晋升,学术发表数量又有所下降,尤其是进入第14个年头之后,其发表数量显著低于早期,也就是说在讲师群体中出现的由于滞后所形成的负面效应同样存在于副教授这个群组。虽然回归分析发现,年资是预测职称晋升最重要的指标,但是年资与晋升之间并非线性关系,即超过一定年限后,其晋升的概率会大大下降。传统上我国高校教师晋升制度只有对于职称晋升的最低年限要求,并无上限的要求①,但在学术组织内部,升等通常被简单地视为一种成功或过往业绩的回报,而花费时间的长短也被视为学术能力大小的一种标志。从大学教师访谈的字里行间,也能够感受到他们心中隐约存在着一个"晋升时间进度表",这成为他们评判自己或他人职业发展进度的标尺,并极大地影响了自身的职业进取心和行动策略。

> 我的科研不能算是很顺,不可能有蓬勃的发展。如果我发展得很好的话,肯定不会到了这个年龄还是副教授了。(A-PHY2,女,理科)

劳伦斯(B.Lawrence)发现,偏离组织内部"正常"职业进度会影响主观业绩评价的高低。她对一家电力公司管理人员的研究发现,公司内部对于员工达到不同职级的年龄范围有个固定的界定,比如第一等级一般在35—45岁之间,第三至五等级一般在45—55岁之间,第七等

---

① A校和C校都是于2013年引入"非升即走"制度后开始严格控制讲师至副教授的晋升时间为两个聘期,一般为6年的时间。

级在55—60岁之间,第八等级在60—62岁之间。接着她又分别比较了上级对于小于35岁、35—45岁之间,45岁以上达到第一职级管理人员的业绩评价,结果发现,第一组的主观业绩评价最高,其次是第二组,最后是第三组。据此,她认为,职业晋升的快慢被视为个体能力大小的反映,而这种标签效应影响了未来员工的业绩评价和职业发展。[1]斯特赖特(A.Strike)发现在学术界中也存在这种现象。滞后(behind schedule)对学术职业的发展有负面的影响。如果一个教师在某个职级上待的时间过长,他的晋升机会就变得很小,主观上人们就会认为未晋升的原因是因为其不够优秀或者是对其的研究贡献抱有更高的期待。[2]继而还会降低教师对于组织的公正对待、资源获取、教师指导、同事关系以及业绩反馈的满意度。[3]

对教授这个群体而言,他们并未出现如副教授在10年左右发表数量下降的情况,而且在获得教授这个最高等级之后,其发表数量还呈现持续增加的趋势。芬克尔斯坦的研究也发现,即便在没有了职称晋升的压力后,教授的产出并不会下降,他将之解释为学者发表的动力来自内驱力,而不是外在驱动。[4]卡拉约尔和马特(N.Carayol & M.Matt)给出的解释是这里存在一个筛选效应(selection effect),那些晋升至教授

---

[1] Lawrence B S.New Wrinkles in a Theory of Age: Demography, Norms, and Performance Ratings[J]. Academy of Management Journal, 1988, 31(2):309—337.

[2] Strike A J.Academic Staff's Career Pathway Design in English Pre-1992 Universities: Contemporary Evolution or Systematic De-construction of Homo Academicus? [D]. Southampton: University of Southampton, 2009.

[3] Lawrence J H, Celis S, Ott M.Is the Tenure Process Fair? What Faculty Think[J]. Journal of Higher Education, 2014, 85(2):155—192.

[4] Finkelstein M J. The American Academic Profession: A Synthesis of Social Scientific Inquiry since World War II[M]. Columbus: Ohio State University Press, 1984:101.

职称的学者已经在同辈中经历过筛选,通过同行认可证明了自己的学术能力,所以之后他们的科研产出不会出现下降。[1]除此之外,多年工作规训形成的惯性也可能是原因之一。A-Phi1 老师就说"做科研的动力不可能一直都是兴趣,但就是个必须做的事情"。

另外还有一个值得关注的现象是三个教师组,或者说大体上,三代教师群体在职业早期的学术发表存在着差异,越是年轻的教师发表越多。劳伦斯和布莱克本认为不同教师群体学术活力的差异,既有组织制度的作用,也与不同同期群职业社会化的过程有关[2],后者是本研究下一章着重分析的内容。单就前者而言,通过对上述 A 大学职称晋升规定的文本分析也可以看到,职称晋升的标准在逐步提高,同样是晋升副教授职称,越晚进入学术职业的教师所达到的基本条件就越高,学术发表也就越多。

第四节 个体与制度的互动:几个教师个案的分析

在分析了影响教师晋升的因素以及由此产生的不同时间点上教师活力的变化之后,本节打算用几个典型个案直观地展示制度环境对于个体职业发展带来的差异化影响。

于教师个体而言,也许没有什么比职称晋升更加"折磨人心"了。韦伯在他那篇著名的"以学术为业"的演讲中,也曾提及"大学教师中谁

---

[1] Carayol N, Matt M. Individual and Collective Determinants of Academic Scientists' Productivity[J]. Information Economics & Policy, 2006, 18(18):55—72.
[2] Lawrence J H, Blackburn R T. Age as a Predictor of Faculty Productivity: Three Conceptual Approaches[J]. Journal of Higher Education, 1988, 59(1):22—38.

也不喜欢回忆那些有关聘任的讨论，因为他们很少有愉快的经历"。①访谈中 A-HIS2 老师说这是一种"无形的压力"，"在评教授之前那几年，自己经常生病，深更半夜被家人带到医院去，一本医疗本都写满了"。

A-HIS2 老师是在博士毕业后由另一所高校调入 A 校，当时他已经是讲师职称。待他申请晋升副教授之时，他所在的学院还有一位教师同时也在申请，最终学院为了"大家"共同的利益，让另一位"学术上相对较弱，但任劳任怨工作了很多年的教师"通过院一级职称评定委员会，评上了副教授职称，而让自己通过打擂台②的方式去争取这个名额，结果却没有竞选成功。

> 我是 1998 年博士毕业，原则上两年后可以申报副教授，或者从另一个角度看，我 1993 年评上的讲师，到 2000 年也可以通过正常途径申报副教授了。但系里领导觉得我的科研成果够硬，希望我去学校打擂台，因为我们系同一年还有一个老师也申报了副教授职称，考虑到他是 1984 年就开始工作，到 2000 年还没有评上副教授，这么多年没有功劳，也有苦劳。但结果那年他上了，我反而没有评上。（A-HIS2，男，人文）

评审结果出来后，他各方打听到的原因是"既然是打擂台，名额有限，一定要有上有下"，自己也只能归因为"委员会投票有太多不确定因

---

① ［德］韦伯.学术与政治：韦伯的两篇演说［M］.冯克利，译.北京：生活·读书·新知三联书店，2013：21.
② "打擂台"为破格进行职称晋升的一种形象表达方式，若打擂教师成功获得学校评议会的审定，则不受院校分配名额的限制。

素"。A-HIS2老师"一怒之下,我申请去国外访学了"。

根据默顿所勾画的科学奖励系统的理想类型,科学作为一种社会体制,其最终目的是扩展被证实了的知识(certified knowledge),因此一个运转良好的科学奖励系统应该是遵循普遍主义原则的,即根据科学家科学产出的数量和质量来分配承认,而个人的主观因素和诸如性别、年龄等其他社会属性不应对承认分配产生影响。那么,教师职称制度作为一种价值体系,它理应反映的是大学教师所从事的学术活动的价值序列,是一个由低到高的增值过程。但别敦荣指出,在我国拥有高级职称的教师未必具有较高价值的学术劳动成果,因为它还受制于资历这一重要因素。[①]李汉林等人对单位制的分配机制进行的研究发现,在传统国家社会主义体制下,当国家在单位体制内统一进行资源分配、不存在其他资源分配的机制时,除去个人行政级别、单位内权力地位等制度化标准外,工龄以及教育水平等就有可能成为国家分配资源时最具操作化的个人标准。[②]

A-HIS2老师的不满情绪源自长期以来他所接受和认可的"科研成果够硬"定输赢,与现实中学术评价标准的并不一致,这种得失之间的心理落差又导致他对学术评价的客观性产生质疑以及由此而产生的不公平感。个体通过与参照群体的比较而产生了一种自身权利或利益被其他群体剥夺的内心感受,这是一种"相对剥夺感"。[③]

虽然A-HIS2老师只是一个个案,但是在当时却不是特例。当时

[①] 别敦荣,陈艺波.论学术职业阶梯与大学教师发展[J].高等工程教育研究,2006(6):17—23.

[②] 李汉林,李路路.单位成员的满意度和相对剥夺感——单位组织中依赖结构的主观层面[J].社会学研究,2000(2):3—19.

[③] 罗伯特·K.默顿.社会理论和社会结构[M].唐少杰,齐心,译.南京:译林出版社,2015.

A大学出台的职称管理办法中专门提到了"要破除论资排辈的成规"，坚持有能力者先上，这从反面印证了当时年资是一个非常重要的标准。这一事件带来的后果是十几年过去了，再提及这段陈年旧事，A-HIS2老师虽然表示现在能够理解院系领导统盘全局的"苦心"，但笔者依然能够感受到他那种不满的情绪以及这件事对他内心所带来的伤害。大量实证研究表明，教师对工作环境公正与否的感知会极大影响了个体对组织的满意度和生产力，因此学术奖励系统能否公平运行关乎组织氛围、教师士气和学术活力。①②③④埃德尔在探讨生命历程的关键原则时指出，有些事件何时发生比发生本身更具意义。对教师而言，并非由于自身学术水平而导致的过长时间的激励或奖励延期，对教师的职业自尊和信心都会有一定的打击，也影响了他们职业发展的正常进程，给他们造成的一种感觉是对于自己未来职业的发展缺少掌控和确定性。

某个学科内部既有的年龄分布（age distribution）也会影响个体晋升的速度。在岗位资源有限的情况下，既定的年龄分布就映射着组织内部的机会结构（opportunity structure），影响了个体或群体获取特定

---

① Boice R. Early Turning Points in Professorial Careers of Women and Minorities[A]//Gainen J, Boice R. Building a Diverse Faculty. New Directions for Teaching and Learning, No.53, San Francisco: Jossey Bass, 1993:71—79.

② Huston T A, Norman M, Ambrose S A. Expanding the Discussion of Faculty Vitality to Include Productive but Disengaged Senior Faculty[J]. The Journal of Higher Education, 2007, 78(5):493—522.

③ Lawrence J H, Celis S, Ott M.Is the Tenure Process Fair? What Faculty Think[J]. Journal of Higher Education, 2014, 85(2):155—192.

④ O'Meara K A. Inside the Panopticon: Studying Academic Reward Systems[M]. Higher Education: Handbook of Theory and Research. Springer Netherlands, 2011:161—220.

结果的可能性。①A-HIS6 在 1980 年代大学毕业后并未直接进入大学工作,几经转折后才对学术职业萌发了兴趣,硕士毕业留校工作。待他具备副教授的申请资格时,由于上一辈年长教师还未退休,整个学科呈现高级职称比例过高的结构,副教授名额有限,因此晋升与否根本不在成果,只能交由委员会决定,在他本人看来上与不上的原因是说不清道不明的。

> 我们系是一个老的学科,在教师的年龄构成里面,77 和 78 级毕业的教师所占比例较大。轮到我评职称的时候,这些人都还在。学校也许考虑到职称比例结构,每年最多分配给我们系一个名额。当时有三个人具备评副教授的资格,所谓的资格更多指的是达到了年限要求,而不在于成果的多少,也不知道是怎么评的,我是最后一个评上的。(A-HIS6,男,人文)

这在某种程度上也体现了一种不同代际教师的机会差异。亨克尔(M.Henkel)就指出,1980 年代进入高校的学者所处的学术环境与 1960 年代,甚至 1970 年代的学者截然不同。②从学术劳动力市场的角度来看,供求关系左右了大学教师职业发展的速度。当学术劳动力市场是卖方市场时,大学有时就不得不降低评价标准以晋升作为奖励吸引和留住人才;而当学术劳动力市场供大于求时,大学招聘的筛

---

① Kanter R M. The Impact of Hierarchical Structures on the Work Behavior of Women and Men[J]. Women & Work Problems & Perspectives,1976,23(4):415—430.

② Henkel M. Academic Identities and Policy Change in Higher Education[M]. London: Jessica Kingsley, 2000:180.

选性更强,内部晋升以及评价标准就会较为严苛,教师虽然学术产出相对较多,但在一个职称等级上待的时间较长。[1]正如罗森鲍姆(J.Rosenbaum)所言,人们进入某一职业位置的可能性是不同的,表面看来每个人都在沿着一条似乎是有形的机会结构的链条而发展,这种机会结构链条的意义在于人们可能达到的"下一个位置"并不是对所有的人都开放。因此,专业生涯的进展更像是一场锦标赛,当在第一个竞赛场域成功后,即对其社群传达了能力的信号,进一步获得提升,也同时强化了其在学术共同体内部的专业声望,增加了其流动的机会。[2]而面对这种结构性的力量时,教师个体显得愈加无助,不得不将职业的成功归于"偶然"或"运气"。

国家对于个体职业生涯的影响也体现在政策的多变,缺少一定的连续性。王应密对我国大学学术职业制度变迁过程的考察发现,行政力量主导下的中国大学发展模式使得学术职业制度的演变呈现出某种形式的"有序化"的"无序状态",整个演变历程表现出严重的非此即彼、忽左忽右、大起大落的现象,"钟摆震动"效应明显。"有序化"表现在变革创新主要是由政府通过行政系统与行政手段来有组织策动的,在点上、阶段性上是有序展开的,但从代际的角度来看,由于政策稳定性与连续性差,变革又基本上采取自上而下的大刀阔斧式,"钟摆震荡"的最终结果是线上整体性的"无序",某些代际的教师成为制度的牺牲品。[3]

---

[1] Perrucci R, O'Flaherty K, Marshall H. Market Conditions, Productivity, and Promotion among University Faculty[J]. Research in Higher Education, 1983, 19(4): 431—449.

[2] Rosenbaum J E. Tournament Mobility: Career Patterns in a Corporation[J]. Administrative Science Quarterly, 1979, 24(2):220—241.

[3] 王应密.中国大学学术职业制度变迁研究[D].武汉:华中科技大学,2009:175.

第四章　职业展开过程中的学术阶梯

A-MATH4 老师在 1978 年同时考上大学和研究生,毕业后留校工作,恰好就碰到了国家全面冻结职称评定工作①,他认为"很没有道理,耽误了很多时间"。

> 按照规定,硕士毕业两年可以升至讲师,那年碰到职称冻结,所以我当时一直都没有评,连助教都不是,冻结了 5 年,到了 1987 年才开始评,我才上了讲师。(A-MATH4,男,理科)

而在这个大幅度的调整中就出现了一批错失学术晋升良机的教师们,而这使得他们与那些抓住机会顺利晋升的教师相比,就是冰火两重天的境地。A-HIS2 老师七年前顺利晋升教授,每年至少招 2 名硕士生、1 名博士生,在学术界小有名气,不时有人邀稿,参加课题或论文评审等。他认为教师一定要抓住职称评审的时机,访谈期间他谈及一位同事因为未能上职称而导致的职业停滞,不得不按照退休政策规定过早地结束学术职业生涯。

> 你晚了一年就晚了一年,职称评审就是一步跟不上,步步跟不上。某老师是 1990 年代日本回来的洋博士,我们系里第一个海归博士,曾经还是我读博士时候的老师。我不是对他个人说什么,而且我觉得他学术水平很高,但你看他到现在还是副教授,明年就到

---

① 由于职称与工资、政治与生活待遇挂钩,既带有学术称号性质,又带有职务因素,给管理带来了不便,甚至出现范围无序扩大的问题,1983 年 9 月 1 日,中央决定暂停职称评定工作,对职称评定工作进行检查总结和全面整顿。1985 年 12 月 30 日,中共中央、国务院转发了中央职称改革领导小组《关于改革职称评定,实行专业技术职务聘任制度的报告》,正式决定改革过去职称评定制度,实行专业技术职务聘任制,后延续至今。

了退休的年龄了，没法招研究生了。可惜呀！他口才很好，功底扎实，外语那么好，就是没有达到文章发表量的要求，没有评上教授，他那个学科点都没有了。他退了就没有人了。对他来说，真遗憾！

第五节 本章小结

当笔者问及访谈老师们的职业规划时，且不说 9 位属于"非升即走"制度下聘任的讲师出于职业安全的考虑迫切期望早日能够晋升至副教授职称，22 位副教授或言其目标就是几年内晋升至教授职称，或因职称晋升遥遥无期而忧心忡忡。可见职称晋升在大学教师心中占据何其重要的分量。

通过教师职称事件史的分析发现，教师由讲师升至副教授的过程中，在控制了学位类型等变量的情况下，年资和科研成果的数量是重要的预测因子，而在副教授升至教授的过程中，不同性别、年龄、学科之间都存在差异。而年资和科研成果的质量是显著的影响因素，这说明某种程度上我国学术体制的运行既遵循普遍主义原则，又有特殊主义的成分作用其中，且后者的影响力可能更大。

更重要的一个研究发现是，主观上教师心中有一个"正常晋升时间"的预期，这基本同每个等级职称晋升的年限规定重合；客观上教师科研产出上升或下降的时间点同晋升制度的年限规定之间也存在一定的耦合性：一方面，在晋升副教授之前，随着时间逼近晋升时限，教师科研产出呈增长趋势，这说明职称晋升制度对教师具有正向激励作用，但另一方面，晋升之后的一段时期内，教师学术产出又会出现下降，而且这种抑制作用会在教师错过下一个"正常"晋升时间点后，随着时间的

第四章 职业展开过程中的学术阶梯

拉长而不断增强,可能的原因包括职业滞后给教师工作精神、自我期望、发展机会带来的负面影响导致了教师活力的下降。然而,这种现象并未出现在样本中的教授群体身上,他们通常保持持续的产出,又显示出晋升制度的事后强化作用。因此,以晋升制度为典型代表的组织制度对教师活力不是单纯的激励或抑制作用,而是具有双向的作用。

然而,在我国职称评审的实际运作中,晋升与否考量的不仅仅是教师的学术水平,它还与院系的师资构成、名额分配等一系列无关学术的事务有关,甚至是政府对大学的治理方式,高校管理体制的变革等都会左右一些教师的职业进阶的节奏,成为影响教师学术活力的关键因素,因此如何构建一个更加有效的职业结构和职称晋升制度将是学术界不得不思考的难题。尤其是教师在较高级阶梯持续工作的职业生涯年限越长,越可能对职业前景缺乏方向感和热情,导致职业停滞不前。因此有学者评价说,学术界中的许多规则是象牙塔中爬行晋级的等级制度的派生物,有时的效果是甄别优劣不足,扼杀学术灵气有余。[1]阿尔特巴赫(P.Altbach)在考察世界各国的职业体系后得出的启示是一个有效的学术职业体系应该是公正、透明和稳健的,这需要一个既专业又透明的招聘过程,以及一个可以根据工作绩效进行奖励、能够做出适当选择的评价体系,一个保障学者的职业安全和成功的内部晋升机制。[2]

---

[1] 周雪光.方法·思想·社会科学研究[J].读书,2001(7):32—39.
[2] The Worst Academic Careers:Worldwide. Inside Higher Education[EB/OL]. [2016-10-12]. http://www.insidehighred.com/views/2008/09/15/altbach.

第五章　世代效应:学术人成长历史环境的差异性
——对三个大学教师入职同期群的考察

> 个人只有通过置身于所处的时代之中,才能理解他自己的经历并把握自身的命运,他只有变得知晓他所身处的环境中所有个人的生活机遇,才能明了他自己的生活机遇……我们已开始明白在某个社会中,一代代人的个人生活,他生活在自己的生活历程之中,而这个历程又存在于某个历史序列之中。①
>
> ——米尔斯

在当代社会,个体的生命历程已经越来越制度化。但社会与经济的动荡又会重组不同生命历程阶段相关的制度资源、约束和不同选择,而这些动荡通常是国家宏观政策转变所诱发的。因此,不同同期群成员的不同经历以及他们在当前社会结构中的嵌入性、生命阶段(年龄)体现的历史事件的时间性,对于受到社会变迁的影响和相应的回应所产生的同期群差异有着重要影响。②对于大学教师这个群体而言,进入

---

① [美]米尔斯.社会学的想象力[M].陈强,张永强,译.北京:生活·读书·新知三联书店,2012:4.

② 周雪光.国家与生活机遇:中国城市中的再分配与分层 1949—1994[M].郝大海,等,译.北京:中国人民出版社,2014:242.

第五章 世代效应:学术人成长历史环境的差异性

学术职业时特定的社会、政治、经济和学术环境差异产生了迥然不同的学术职业结构、学术工作认知、学术价值规范,以及随后职业展开过程中的学术发展机会和最终的学术走向。诚如历史社会学家梯利(C.Tilly)所言,某种程度上,事情何时开始影响着它们如何开始。①

第一节 历史变迁、社会环境与教师的学术活力

日常生活情境中,我们经常能够从影像资料中人物的精神气质、言谈举止和穿着打扮等特征判断出他们属于哪个年代,所谓时代在个人身上的烙印大抵就是这个意思。特定的社会成长环境会造就特定的价值观念、思维方式、情感体验和行为习惯。即便在同一个事件面前,由于差异化的过往经历,不同群组也会表现出不同的理解方式。赖德尔认为,每一个同期群(cohort)都从其成员独特的发展和自身稳定持续的宏观分析特征中获得了一致性和连贯性。随后的各个同期群正是通过正规教育内容的变化、同龄群体的社会化过程以及群体特殊的历史经历而分化开来的。②

而对于本书的研究对象大学教师而言,不同群体的职业社会化过程以及特殊的历史经历所伴随的机会、规范和期望也形成了他们独特的职业态度和行为方式。李宜江对中华人民共和国成立以来三代大学青年教师的叙事研究就发现,由于出生和成长于不同的历史时期,每个

---

① Tilly C. Big Structures, Large Processes, Huge Comparisons[M]. New York: Russell Sage Foundation, 1984:14.

② Ryder N B. The Cohort as a Concept in the Study of Social Change[J]. American Sociological Review, 1965, 30(30):843—861.

时代的青年教师有着截然不同的学术与生活境遇。[1]劳伦斯和布莱克本(J.Lawrence & R.Blackburn)认为不同群体迥异的社会化经历能够更有效地解释群体之间学术活力的差异。[2]凯韦克和埃克斯纳斯(S.Kyvik & D.Aksnes)基于1982年、1992年和2001年对挪威研究型大学教师所开展的三次调查数据分析发现,随着时代的变迁,教师整体的学术活力(以科研产出数量进行测量)得到了极大的提升,但就同样处于职业初期的教师而言,越是年轻一代的教师,学术活力越旺盛(见图5-1)。[3]对此,他们的解释是年轻一代学者训练有素且学有

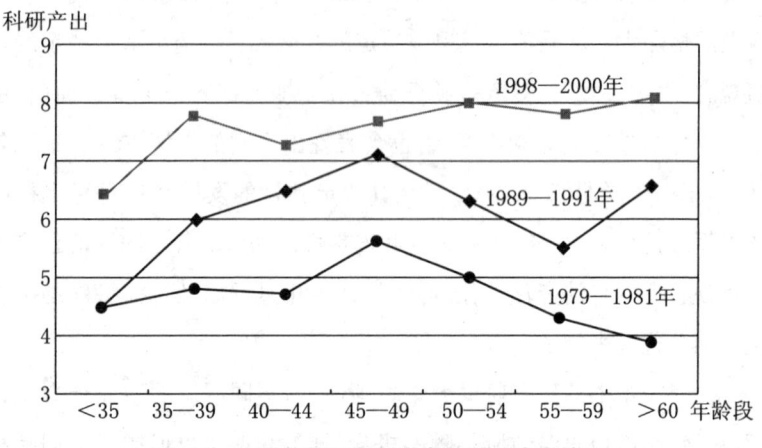

图 5-1　不同年龄同期群学者的科研产出情况

资料来源:S.Kyvik & D.Aksnes,2015。

---

[1] 李宜江.青年教师学术与生活的历史境遇[D].上海:华东师范大学,2013.

[2] Lawrence J H, Blackburn R T. Faculty Careers: Maturation, Demographic, and Historical Effects[J]. Research in Higher Education, 1985, 22(2):135—154.

[3] Kyvik S, Aksnes D W.Explaining the Increase in Publication Productivity among Academic Staff: A Generational Perspective[J]. Studies in Higher Education, 2015, 40(8):1438—1453.

第五章 世代效应:学术人成长历史环境的差异性

所长,科研合作机会的增加,科研资助的增多和科研环境的改善以及外部激励机制的引入等都是促使他们的学术活力得以释放的原因。

在上一章中,笔者对不同职称等级教师学术活力的比较分析也发现,不同时期进入学术职业的教师群体处在职业早期时,其以科研发表数量为表征的学术活力之间同样存在差异,即较晚进入学术职业的群体相较于较早进入者的学术活力要强(见图4-2、图4-3)。因此,在本部分,笔者打算选取三个不同入职同期群体早期教育经历及职业成长期的片段进行描述和比较,由此来反观群体的成长是如何受到国家相关制度政策以及市场因素的制约,而与此同时,群体内部的个性化选择又能映射出嵌入制度之中的他们怎样发挥自己的能动作用与社会结构进行有力的抗衡。

需要补充说明的是,这里划分的标准并不是一般意义上基于生命的存在与死亡、寿命和年龄的增长等生理节奏上的所谓"代"的概念,而更多指的是同时经历某个重要阶段的一组人,比如婚姻、初次就业、出生等同期群(cohort)概念,它"将某个类别当做整体检验,以求取重要特征,是一种明确的宏观分析"[①],因此"同期群"这个概念就非常自然地将群体的变化与社会的变迁连接起来。以往纯粹以五年或十年时间来划分不同世代的教师群体容易造成临界点之间差异的模糊不清,这里将同一时期进入大学工作的教师定义为一个入职同期群。相对来说,以重大社会事件来界定世代更能体现生命历程研究的宏观历史变

---

① [美]纽曼.社会研究方法:定性和定量的取向[M].郝大海,译.北京:中国人民大学出版社,2007:43.

迁视角。39 位访谈对象进入大学工作的时间从 1981 年跨越到 2012 年,笔者依据国家、市场和高校三者之间关系特征将他们划分为三个入职同期群。其中,1981 年至 1990 年初次进入大学工作的教师为第一个入职同期群,简称"1980s 入职同期群","文化大革命"对他们的大学前教育造成了不同程度的影响,他们大多经由国家统一分配进入大学工作;1991 年至 2000 年间初次进入大学工作的教师被称为第二个入职同期群,简称"1990s 入职同期群",他们是一定程度上自主选择了进入大学工作;而最后一个同期群则为 2001 年以后初次进入大学工作的教师,他们是完全意义上自主地选择大学教师这个职业,简称"2000s 入职同期群"。

表 5-1 中华人民共和国成立以来重要的历史及教育事件

	1965 年之前	1966—1976 年	1977—1990 年	1991—2000 年	2000 年至今
	1949 年中华人民共和国成立	"文化大革命"	1977 年高考恢复;1978 年改革开放;1985 年《中共中央关于教育体制改革的决定》	1996 年《国家不包分配大专以上毕业生择业暂行办法》;1998 年高等教育扩招;985 工程启动	2003 年以北京大学为代表的高校人事制度改革
1980s 入职同期群		中小学	大学职业初期	研究生阶段	
1990s 入职同期群			中小学、大学	研究生阶段职业初期	
2000s 入职同期群			中小学	大学、研究生阶段	职业初期

第二节 时空嬗变与三代学术人的成长

以下部分将考察三个不同的入职同期群在早期教育经历、研究训练、学术职业的选择、科研资源的可获得性、学术偏好方面的特征。

一、不可复制的早期经历

众多有关学术人才成长经历的研究发现早期教育与生活经历具有重要作用。[1]根据2011年全国研究生院高校教师的问卷调查,对于题项"高中前教育对于成长为一位出色学者的重要程度","非常重要"为7,"非常不重要"为1,结果发现高校教师较为认同高中前教育经历对于个体学术成长的影响,尤其是认为中学期间养成的学习习惯的重要性程度较高。

表5-2 高中前教育对于成长为一位出色学者的重要程度[2]

	样本数	平均值	标准差	最小值	最大值
中小学时期相对宽松和自由的学习环境	6 205	4.79	1.40	1	7
中小学时期学习习惯的养成	6 208	5.38	1.27	1	7
中小学或大学期间的"贵人"	6 206	4.95	1.36	1	7

"1980s入职同期群"教师共有13位教师,他们出生于1950年至

---

[1] 阎光才.从成长规律看拔尖创新型学术人才培养[J].成才之路,2015(6):37—39.
[2] 该题项来自2011年我国研究生院高校教师调查数据,问卷发放12 609份,回收有效问卷6 334份,回收率为50%,样本在性别、年龄、职称和学科方面都符合我国研究型大学教师的基本现状,具有较高的代表性。调查详细情况参见:阎光才.我国学术职业环境的现状与问题分析[J].高等教育研究,2011(11):1—9.

1969年间,其中4人经历过"文化大革命"和其后的"上山下乡"运动,这次政治事件扰乱了他们原本的生活秩序,使得本应在中学或大学继续接受教育的他们,或在田间劳作,或到工厂去做工,这种被突然中断的教育过程对于他们之后的生命和职业历程留下了持久的影响。言语之间他们总是称自己是"被耽误"的一代。潘鸣啸认为在后来国家四个现代化建设时期,教育水平和毕业文凭被提升到了社会评价的第一位,他们的处境变得更加艰难,这更增强了他们对"耽误了的一代"的认同感。①

即便那些年龄略小,未经历过"上山下乡"的大学教师,也间接地受到这次事件的波及。他们在1980年代初期进入中学读书,而那时刚刚经历过十年动荡的中学,一切都是百废待兴的状态,教育投入、基础设施、师资水平等普遍都比较薄弱。1980年我国人均国民收入仅为376元,教育事业费只占国民收入的2.55%。整个1980年代教育事业费占国民收入比例与人均国民收入呈负相关,教育事业费的增长速度低于国民收入的增长速度,也落后于国民经济发展速度。②

> 高中毕业就没有大学可以上了,我先是在乡务农,兼任农村基干民兵,后来又去修路,其间还收过酒瓶,搬运过磷肥,垒过海堤,挑过棉籽。记得在砖瓦厂做工时,往往一干就是连续两天两夜拉车,最长的一次是连续拉车54小时,最终还是因为砌砖机故障才

---

① 潘鸣啸.失落的一代:中国的上山下乡运动(1968—1980)[M].欧阳因,译.香港:中大文学出版社,2009:212.

② 陈赟.1978年以来我国教育投入研究[J].清华大学教育研究,2006,27(2):23—30.

第五章 世代效应:学术人成长历史环境的差异性

停下来休息,有时干完活就躺在烧好的砖堆上,用草帘往身上一遮就睡着了,根本感觉不到蚊子咬。经历了这些事情之后觉得还是得靠读书改变贫穷和无知,所以恢复高考之后,我就边干活边复习考试。1979年我第一年考没有考上,第二年就上了,那时我已经21岁了。(A-HIS2,"1980s入职同期群")

我们这一代人都是被耽误的。由于"文化大革命"的原因,我在工厂做了五年半的工人,1977年恢复高考后才有机会进入大学学习。(A-PHI1,"1980s入职同期群")

"文化大革命"对我来说耽误了我很多年,我是从1978年入学,从1966年到1978年十几年被耽误掉了,1966年的"大串连"①我也参加过,到了1968年开始工作,全是一片红,插队落户,后来都没有进工厂,后来都是到农村去,"文化大革命"对于我的影响还有可能大部分是心理的影响,心里总是有些不愉快。如果可以进入正规的学校进行学习,可能后面的职业发展会更加好。(A-MATH4,"1980s入职同期群")

"1990s入职同期群"所接受的早期教育是完整的,但某种程度上说那时我国的基础教育仍然相对薄弱。A-EDU1老师在反思自己目前职业所面临的困境时就追溯到自己早期比较薄弱的教育质量。而对于2000s

---

① "串连"始于1960年代初期一批激进的学生感受到学校和当地对于学生运动的压力,于是自发地在本地区的校内、校外寻求同情者和支持者,当时采取的方式有投书党中央,或者直接到北京一些高校察看动态,参观学习。1966年,中央表态支持全国各地的学生到北京交流革命经验,也支持北京学生到各地区进行这种形式的革命串连活动,后形成一种全国性的风潮。它对于高校的直接影响是全国高校基本处于瘫痪或半瘫痪的状态。详见李玉琦.1966—1967"大串连"风潮始末[J].中国青年研究,1994(3):29—32。

以后入职的这个群体,如 A-EDU1 老师所说,他所接受的高等教育是越来越好的,整体上这个同期群恰好经历了我国整体教育投入快速增加、教育水平大提升的时期,他们在早期都接受了相对良好的知识训练。

> 我大学后所受的教育是越来越好。从本科一个名不见经传的教学型学校,我记得考研那时候去图书馆只找到一本类似教材的参考书,你都知道图书馆有多破了;然后到研究生学校是一个 985 高校,再到我博士的学校到×校(境外高校),更是提供了一个国际化的平台。但我小学、初中、高中都是在农村接受的教育,1970 年代到 1980 年代初期整个农村的基础教育都比较差,后来改革发展的大潮把我放在好的环境中去发展,我也很努力,但底子没有打好,这也可能是导致我后劲不足的一个原因吧,说不清楚。(A-EDU1,"1990s 入职同期群")

二、参差不齐的学术训练

在本研究的访谈对象中,"1980s 入职同期群"在 1978 年至 1985 年间进入大学读书,年龄上参差不齐,最年长者已是 28 岁。之后本科毕业后仅有 3 人选择了继续深造,2 人在硕士毕业后直接进入大学工作,1 人在博士毕业后进入大学工作;3 人直接进入大学工作,在工作岗位上又继续拿到硕士或博士学位;其余人则分别流向不同的行业,而后又转入大学工作。"2000s 入职同期群"中本科毕业后 16 人选择继续攻读硕士学位,占比达到 88.9%,其中 2 人硕士毕业后进入大学工作,14 人是直到完成本专业所有学历教育后才进入大学工作;2 人在短暂工作一段时间后又继续攻读硕士和博士学位后再进入大学工作。而中间一个同期群中本科毕业后直接工作的比例为 75%,居于最早和最晚入职同期群之间。

布莱克本与哈维格斯特(R.Blackburn & R.Havighurst)对美国年长学者职业经历的研究发现,那些学术活跃者的特征是博士毕业后直接进入大学从事科研工作,而较少在不同行业或岗位之间转换,而相对不太活跃者的职业经历一般是先从中学教学开始,后又进入大学工作,职业后期更可能转向行政管理工作。[1]陈晓剑等人的研究证实,教育的连贯性对于学术人才的发展至关重要,他们对我国"973"计划项目首席专家的本科、硕士、博士教育连贯性与成长路径进行的研究发现,成长路径的教育连贯性越好,平均成才的人数越多,越有利于研究人才的成长。[2]A-PHY1 的教育经历也许能够对此予以佐证,他本科时候即开始接触到科研,并在此过程中逐渐对学术产生了浓厚的兴趣,在接受过系统的研究生专业训练后选择了学术职业。2011 年又适逢国家推出青年拔尖人才计划的契机,他以人才引进的方式进入 A 大工作。

> 本科做毕业论文设计的时候就进入了实验室,有专门的老师带着一起做科研。我慢慢学习他们如何入手解决这些问题,通过什么思路和途径,国际上做到什么程度,我们应该做哪些改进,慢慢就对科研产生了兴趣。之后继续读研究生,到国外拿到博士学位。(A-PHY1,"2000s 入职同期群")

---

[1] Blackburn R T, Havighurst R J.Career Patterns of U.S. Male Academic Social Scientists[J]. Higher Education, 1979, 8(5):553—572.
[2] 陈晓剑,李峰,刘天卓.基础研究拔尖人才的关键成长路径研究——基于 973 计划项目首席科学家的分析[J].科学学研究,2011, 29(1):44—48.

当然这种教育的中断并非个体的选择,而是突如其来的社会变动改变了他们人生的轨迹。苏力认为这种变动或许导致"1980s 入职同期群"①的职业训练不够专业化和规范化,导致他们中出现重大学术贡献的学者的概率可能要低于下一代经过专业化训练的学人,这对于知识的贡献是一个缺憾。但某种程度上这种经历造就了他们的博学多识、理论联系实际、擅长表达的特点。农业问题研究专家陈一咨就高度赞扬这代人对农村现实有深刻的了解,求真务实和独立思考,同时对农村和农民抱有深厚的感情,因此在 1980 年成立农村发展研究组时,重用他们开展大规模的实地调查,为推行农村改革起到了举足轻重的作用。②

> 他们的许多基础知识也许不如之后经过完整中小学训练的大学新生那么系统,但是他们的知识面一般说来要比之后的大学新生特别是文科新生要宽广,并且理解要深一些。加之他们入校前具有比较丰富的社会生活经验,这也促使了他们对大学教师的教学有更多的经验验证和反思,促使他们下意识地较能够"理论联系实际"。③

---

① 苏力在《也许正在发生》一书中对这个群体的称呼是"50 岁知识分子",比如他提及的汪晖、冯契等人,而在另一篇文章《80 学人与 30 年人文社科发展》中又用了另一个名称"80 学人",对此他的界定是 20 世纪 70 年代末进入高校,并于 20 世纪 80 年代前期进入学界的学人。由此可知,他讨论的对象与本研究中所定义的"1980s 入职同期群"是同一个群体。

② 潘鸣啸.失落的一代:中国的上山下乡运动(1968—1980)[M].欧阳因,译.香港:中大文学出版社,2009:214.

③ 苏力.也许正在发生——转型中国的法学[M].北京:法律出版社,2004:201—202.

第五章 世代效应:学术人成长历史环境的差异性

表 5-3 不同入职同期群本科毕业后去向

毕业去向	读研	大学教师	中学教师	事业单位	公司	不适用	共计
1980s 入职同期群	3(23.1%)	3(23.1%)	4(30.8%)	1(7.7%)	1(7.7%)	1(7.7%)	13(100%)
1990s 入职同期群	6(75.0%)	0	1(12.5%)	0	1(12.5%)	0	8(100%)
2000s 入职同期群	16(88.9%)	1(5.6%)	0	0	1(5.6%)	0	18(100%)

学术职业社会化的最重要时期即研究生阶段,尤指博士阶段的专业训练,因为在此期间他们需要完成从研究问题选择、方法训练、发表风格、专业价值与态度、职业认知等各个方面的训练。克兰[1]、艾里斯[2]、哈根斯[3]等人通过一系列研究表明,决定一个学者职业成功的一个重要因素是他从何处起步,亦即他获得博士学位的院校声望。布莱克本与哈维格斯特发现,博士起步的时间同样重要,攻读博士学位的时间早晚是预测后期学术产出的一个重要因子。早期的学术训练更容易内化为一种工作生活方式,这种效力会一直持续到职业生涯的结束。[4]在"1980s 入职同期群"中,所有教师都拥有研究生学历。其中,A-MATH4 的教育经历最为特殊,当年他同时考上了本科和研究生,两相权衡之下选择直接攻读研究生。

---

[1] Crane D.Scientists at Major and Minor Universities:A Study of Productivity and Recognition[J]. American Sociological Review,1965,30(5):699—714.

[2] Allison P D, Long J S.Departmental Effects on Scientific Productivity[J]. American Sociological Review,1990,55(4):469—478.

[3] Hargens L L, Hagstrom W O.Sponsored and Contest Mobility of American Academic Scientists[J]. Sociology of Education,1967,40(1):24—38.

[4] Blackburn R T, Havighurst R J.Career Patterns of U.S. Male Academic Social Scientists[J]. Higher Education,1979,8(5):553—572.

大学教师学术活力研究：个体、制度与历史

  我属于成分不好的一类人，可能是这个原因没有被录取，我第二年1978年10月份再考，既考本科，又考研究生，两个都录取了。当时比较缺人才，全国恢复研究生考试，同等学力就可以，不需要你读过大学也可以考，自然我就去读研究生了。（A-MATH4，"1980s入职同期群"）

  另外，访谈中A-MATH2老师提及当年高校为了提高教师的专业能力而鼓励在岗教师参加研究生课程班以提升学历水平。而笔者在翻阅A大学的人事档案时确实发现了一份相关文件。这份发布于1998年的文件要求"凡大学本科毕业进校工作、1957年1月1日以后出生的教师和干部，都必须进修硕士研究生课程。在职进修一定数量的研究生课程并成绩合格，是本科毕业的人员晋升教师系列中级专业技术职务的必备条件之一"。A-MATH2坦言，这种速成班更多是为了应付学校职称晋升的学历要求，未必对教师的专业技能提升带来多大的帮助，最后他还是选择了自己考研。

  我们本科毕业在高校算是学历最低的了，学校要组织大家上进修班，才有升职的可能。本科学历的你如果要向上晋升肯定要读研究生的，保底就是学校给你上进修班，一个学期上几次课。但也有很多人自己去考研，毕业了就读研究生了，有的人是过了两年之后读研，因为当时的政策是两年之后才能考研。（A-MATH2，"1980s入职同期群"）

  "1980s入职同期群"教师中持有博士学位的比例仅为69.2%，低

第五章　世代效应:学术人成长历史环境的差异性

于其他两个较年轻的同期群。A-HIS5 老师说当年之所以没有选择继续读博,主要有两方面的原因:首先,能够胜任这代人导师的学者一般为"文化大革命"前毕业的大学生,人数相对较少而且基本年事已高接近退出学术职业;其次,当时职称晋升对于博士资格并无要求,因此他们早已升至高级职称,成为相对成熟的研究者,并且已经开始指导学生,因此对于攻博并无太多学术和现实的需要。

> 本科读完就读了硕士,当时我导师问我要不要继续读博士,那个时候一方面,我很狂傲,认为如果我是有出息的话,硕士就够了,不需要博士学位;另一方面,我出身农村,就是想工作,开始承担家庭的责任。直到今天我没有博士学位。后来工作的过程中,眼界高了,越来越感觉到单纯从学术的角度来讲,在我这个领域中能够做我导师的人不多了,我又不愿意为了学位去拿学位,因为对我来说也没有这个必要,读了博士未必对我的学术有很大的提升。我很感谢那时候的环境,我尽管只有硕士学位,但我成长的道路可能比那些有博士学位的人走得还要顺利得多。(A-HIS5,"1980s 入职同期群")

相比"1980s 入职同期群","1990s 入职同期群"和"2000s 入职同期群"目前全部持有博士学位,但前者获得博士学位的年龄较后者大了两岁,且获得海外博士学位的比例也较后者低。三个同期群教师在博士持续时间上几乎没有差异,但是若计算本科学位到博士学位的间隔时间,显然越是后出生的同期群,间隔时间越小。不可否认,随着整体知识的演进和教育水平的提高,较晚的群体在理论素养、方法规范、实验

表 5-4 不同年代大学教师研究训练情况

	博士学位比例	获得博士学位的年龄	本科学位到博士学位的间隔时间	博士持续时间	海外博士学位	读博期间国外交流机会
1980s 入职同期群	69.2%	36.3	13.7	3.8	7.7%	12.5%
1990s 入职同期群	100%	32	10.3	3.6	12.5%	14.3%
2000s 入职同期群	100%	29.7	7.5	3.8	22.2%	14.3%

设备操练、计算机技能方面都得到了很好的训练。此外,后两个群体在读博期间获得国外高校交流访问的机会这个指标上并没有差异,这在很大程度上得益于改革开放以后国家出台了很多优惠政策鼓励学者参与国际学术交流与合作,访谈者普遍表示这段国外交流经历对于开阔眼界,拓展学术合作交流网络,提高科研水平都有较大的帮助。

读博期间去法国交流访学过一年,开阔了眼界。(A-HIS4,"2000s 入职同期群")

访:读研期间的国外学术交流经历对您的学术发展带来了哪些影响?

答:这种影响是非常大的。因为我去的都是国外最顶尖的学校,就我们这个研究方向,可以说是最好的,最牛的老师就在那里,所以你在那里,站在一个更高的起点看问题,视野会更开阔。同时,你对自己的要求会更高。所以这种研究的小问题,就会想作者是不是太 low 了,我自己也不会为了写文章,为了凑论文篇数而做科研,要做就做好一点的问题。(A-MATH1,"2000s 入职同期群")

三、有无选择的职业选择

已有调查发现,影响学术职业选择的因素包括独立思考的机会、成就感的获得、个人成长和发展的机遇、职业地位/职业自主、学术自由、工作所带来的智力挑战、工作环境、他人影响等。如果将内在因素定义为跟学术工作本身相关,外在因素指的就是学术工作开展的条件或环境,当纳入社会历史因素时,职业就变成个人进行的自我选择与社会选择不断博弈的结果,甚至当国家的力量过于强大时,个体就丧失了就业中的自主权。可见影响我国学术人职业选择的因素大致可以归纳如下,如图 5-2 所示。

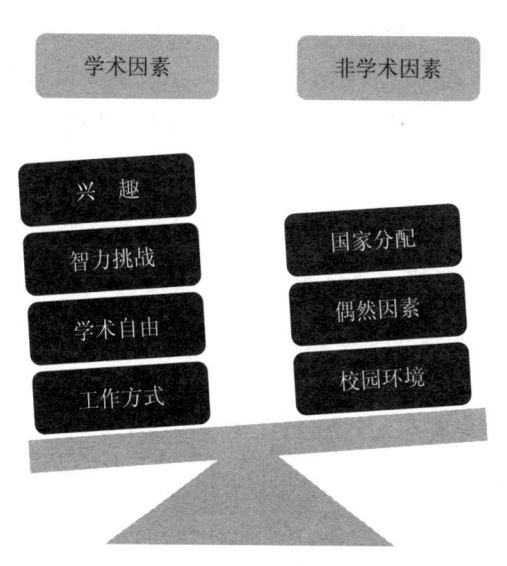

图 5-2 影响学术职业选择的因素

大学教师学术活力研究：个体、制度与历史

之所以如此分类，是因为特定时代里，个人未必有选择工作与否，以及选择到哪里去工作的权利。中华人民共和国成立后直至1980年代中期，我国一直实行的都是毕业统一分配制度。在当时的计划经济体制下，各类各级毕业生的就业工作由国家直接负责，严格按照计划指标进行统一安排。当时全国上下的口号是"党需要我去哪里，我就去哪里"。在国家的制度性安排面前，单位没有用人自主权，个体也没有职业选择权，自然也就无从考虑个人兴趣、偏好或特长等因素。如果不将"文化大革命"期间的"上山下乡"算作工作，本研究中的访谈对象最早是在1981年大学毕业进入工作岗位的，他们就属于被分配的群体，当然这并不是说他们在走上学术道路之后没有对教师这份职业产生浓厚的兴趣和认同感，至少在当时的情境下他们并没有选择的余地，而不得不接受这份工作。换言之，是大学教师这份职业选择了他们，而不是他们选择了大学教师这份职业。A-MATH2老师说自己当时进入学校工作是因为生源地高校恰好有用人需求，学校辅导员未曾征询过他们的任何意见，就"乱点鸳鸯谱"决定了他们的工作去向。

那个时候国家包分配的，原则就是哪里来回哪里去，在省里面去哪里，取决于哪个单位要你。我们班级有三四个是×××省来的，有个人是石化的子弟，然后就去了子弟学校。我和另外一个人没有关系，江苏省两个学校招人，一个是×××学校，一个是×××学校，辅导员乱点鸳鸯谱，就说你去这个吧，他去那个吧。我们就这样被分配了。（A-MATH2，"1980s入职同期群"）

当问及1980年代入职的A-PHI2老师当初的职业选择时，他的感

第五章　世代效应:学术人成长历史环境的差异性

叹是自己是被时代和命运推着走的,自己没有任何选择,这也是"1980s入职同期群"教师的整体感受,他们无法掌控自己的人生和职业。

> 我人生的重大选择都是偶然性的,没有任何选择!(A-PHI2,"1980s入职同期群")

访谈结束,笔者询问一位1980年代入职的教师,"如果可以选择,你会不会选择大学教师这个职业",他说自己可能会选择研究所,那里才是他可以施展科研抱负的地方。

> 访:如果可以选择,会不会选择大学老师这个职业?
> 答:我可能会选择研究所,它比大学更高一级,比如×××研究所。从研究层次上来说,中科院是最高一级,这是中国最高层次的科研院所,大学只不过是教学的,培养大学生的,当然现在也在做科研,争创一流,实际上大学做科研做不过科学院。(A-MATH4,"1980s入职同期群")

1983年国家首次提出"供需见面"的毕业分配办法。据当年5月17日的《人民日报》刊文记述"教育部最近做出决定,北京大学等十所院校的12个专业,今年采取与用人单位直接见面的办法,分配毕业生……这些专业的毕业生分配办法是:学校和用人单位直接联系商定,再由学校提出分配意见,报送教育部。教育部有关负责人说,采取这种办法,目的是广泛了解社会的需要,使这些专业的毕业生尽可能学用一致,并通过实行这种办法摸索改革毕业生分配工作的途径"。①1985年,政府尝试缩小计划分配的范围,实行"供需见面与计划分配相结合"的方式,并提出在可能的范围内兼顾个人意愿。1989年国务院《关于改革高等学校毕业生分配制度的报告》指出今后要逐步实行毕业生自主择业,用人单位择优录取的"双向选择"政策,但仍辅以计划分配的双轨制。1995年,原国家教委出台了《关于1995年进行普通高等学校招生和毕业生就业制度改革的意见》,要求毕业生原则上在本系统、本行业范围内自主择业,在条件成熟后逐步过渡到大多数毕业生自主择业,并在2000年基本实现大学生就业制度改革。总之,虽然1980年代初期国家主导的毕业分配制度就开始出现松动,但整个1990年代仍可视为一个过渡年代,即双向选择为主,计划分配为辅,个体享有就业上的有限选择权。

当笔者问及"1990s入职同期群"当初为什么选择学术职业时,几位教师甚至会直接反问道:不选择这个职业还能选择什么?对于他们来说,似乎本科念完读硕士,硕士念完读博士,博士毕业了就进入大学工作是一个顺理成章、"合乎逻辑"的选择。一个主要的原因是虽然1990年代大学生毕业已经改为市场配置为主,但是相对而言,毕业生的就业渠道和类型依然比较单一,而高校作为一个体制内的事业单位仍然是毕业生目力所及的不错选择。

> 当时读完博士不就是大学老师吗?博士肯定是在大学里面,

---

① 赵晔琴.从毕业分配到自主择业:就业关系中的个人与国家[J].社会科学,2016(4):73—84.

第五章 世代效应：学术人成长历史环境的差异性

基本都是这样。（A-MATH5,"1990s 入职同期群"）

那时候小部分是分配，大量的自己择业。我进高校就是为了解决户口，那时候没有职业规划。（A-ELEC4,"1990s 入职同期群"）

对于这时候进入大学工作的教师而言，一方面计划体制的影响还未完全消除，部分人仍要遵从国家指令，但另一方面由于研究生数量相对较少，1991 年全国博士毕业人数一共才 2 610 人①，学术劳动力市场仍然是卖方市场，甚至硕士仍可以进入高校担任教学科研教师。

当年我们硕士还可以进入 A 大学，后来就比较紧。（A-ELEC1,"1990s 入职同期群"）

当时读完博士不就是大学老师吗？博士肯定是在大学里面，基本都是这样。那时候别人都是求着你去的，给你房子给你解决各种问题，跟现在完全不一样，现在我们的博士找工作别人都不要的，你像我们的学生都没有办法，或者好一点就去国外读博了，国内读了又找不到工作。（A-MATH5,"1990s 入职同期群"）

当时代的脚步走到 2000 年，个人和单位已经实现了完全意义上的双向选择。2000 年 1 月，教育部发出通知，力争在一两年内搭建起比

---

① 1991 年教育大事记[EB/OL].[2015-10-25]. http://old.moe.gov.cn/publicfiles/business/htmlfiles/moe/s8492/list.html.

较完善的毕业生就业制度和就业指导服务体系,尽快落实"不包分配、竞争上岗、择优录取"的新就业体制。①毕业生能够进入学术职业则取决于劳动力市场上供给与需求之间的变化关系。随着我国高等教育的扩招以及国际劳动力市场的冲击,国内学术劳动力市场逐渐出现供过于求的特点,尤其是部分重点大学的教师岗位资源变得越来越紧俏。教育部统计数据显示,1999年全国毕业博士人数突破1万,2014年已达到53 653人。与此同时,高校中拥有博士学位的教师比例也在相应地增加,1999年仅为5%,2006年增至10%,2013年达到20%左右。②"2000s入职同期群"的A-MATH1和A-HIS4老师在求职时并未如想象中那么容易,而且想要进入一个较好的专业发展平台非常之难。

> 我在博三的第一个学期,就是秋季学期出国,我当时那会儿就业形势跟现在不一样,没有这么严峻。所以我等于说是春节过完才开始找工作的。找工作的那时候想法很简单,就是要去好的学校,甚至潜意识也是要去大的城市,因为基本上好的学校也都在大的城市。我当时那会儿就挺年轻气盛的,觉得我到哪里都会要我的,可是面试了几个学校之后发现也不是哪里都要我。(A-MATH1,"2000s入职同期群")

> 我们这个专业毕业的以去高校为主,机会不是很多,我们那一

---

① 李芳.市场变化与自我调适——浅谈高校改革与大学生就业形势[J].经济与社会发展,2000(6):99—101.
② 全国教育统计数据[EB/OL].[2015-10-25]. http://old.moe.gov.cn/publicfiles/business/htmlfiles/moe/s8492/list.html.

第五章　世代效应:学术人成长历史环境的差异性

届基本没有进 985 高校的,之前的有进入的,但不是很多,进的都是一般地方院校。(A-HIS4,"2000s 入职同期群")

然而作为这种学术劳动力市场供给变化的一体两面,在博士生就业形势严峻的同时,也在某种程度上给予高校在选拔潜在的优秀人才时更大的操作空间,而且从长远来看,学术职业准入门槛的抬高,也有利于及早淘汰掉一些并不适合学术工作的人群。芬克尔斯坦考察认为美国不同时期吸引人们进入学术职业的影响存在差异:相比 1960 年代,1970 年代和 1980 年代初期虽然学术劳动力市场上的就业机会紧缩,但教师中出于对学术生活方式的认同以及内在兴趣而选择学术职业的比例却在上升,而那些由于偶然的工作机遇或随大流(drift)而进入学术职业的人数在下降。[1]哈根斯(L. Hargens)对社会学科劳动力市场的实证研究也确实发现,那些在学术劳动力市场需求疲软时期受聘的新教师,较之在学术劳动力市场需求旺盛时受聘的教师而言,在职业初期的科研产出和职业认同感更高。[2]总体来看,他们认为学术工作固有的自主、智力挑战、持续创新等特性是最大的吸引力,比如 A-ELEC3 提到"没有约束力",B-ELEC1 认为"科研每次都不一样",C-ELEC2 觉得相比一般的工作,"做创新的东西更有意义",同时大学教师还肩负着人才培养的职责,A-PHY1 和 A-EDU3 都认为与年轻人交流能给自己带来乐趣。

---

[1] Finkelstein M J. The American Academic Profession: A Synthesis of Social Scientific Inquiry since World War II[M]. Columbus, OH: Ohio State University Press, 1984.
[2] Hargens L L. Academic Labor Markets and Assistant Professors' Employment Outcomes[J]. Research in Higher Education, 2012, 53(3): 311—324.

老师的时间比较灵活,我这个人不喜欢做重复的事情,科研每次都不一样。(B-ELEC1,"2000s入职同期群")

可以与年轻人在一起,感受新鲜的血液。(A-PHY1,"2000s入职同期群")

你愿意和别人分享,其实讲课和写文章都是一个和别人分享的过程。你要先在这个过程中找到了乐趣,才能把你的乐趣告诉别人。如果你在这个过程中都是一种比较痛苦的感觉,你就不会去做那么长时间的准备或者看起来没有实际用处的工作。(A-EDU3,"2000s入职同期群")

能做自己喜欢的科研,自由自在,没有什么约束。(A-ELEC3,"2000s入职同期群")

本科毕业直接去工作,然后读了硕士和博士。工作的时候觉得纯粹做软件开发没有什么意思,感觉做研究更有意思。我知道我喜欢做什么,做创新的东西更有意义,这是最重要的。(C-ELEC2,"2000s入职同期群")

因此从制度与个人的互动角度来说,不同入职同期群在学术职业的"选择"自主权上确实存在差异。"1980s入职同期群"可以说是"被动选择",而"1990s入职同期群"则属于"有限选择",到了最晚的"2000s入职同期群"更多是"自我选择"的结果。也就是说,越是最近的同期群,相对而言受到国家宏观政策等外部干涉越少,学术劳动力市场的供求关系变化影响更大,更多是经过审慎考虑之后出于学术因素的考虑而选择了这份职业。

四、因时变易的科研资源及分配模式

探究宏观层面影响大学教师学术活力的因素不得不提及科研资源,尤其是科研经费。科研经费投入与科研产出之间的正相关关系早已为学界所证实。雷迭斯多夫(L.Leydesdorff & C.Wagner)比较了中国与 OECD 国家的科研投入产出情况。他发现,随着中国在 1990 年代后期科研投入的增加,其整体科研产出相应增加,而且投入产出比正在迅速赶超 OECD 国家。[1]凯维克等人(S.Kyvik & T.Olsen)发现科研经费的增多为学者创造了更多参与国际合作的机会,同时竞争性科研资助方式的变化也激励着学者开展更多的研究。[2]个体获得科研资助的多寡直接影响了学者发表的数量,也在某种程度上决定了论文发表的质量。[3]格里森等人对荷兰科学家的研究还发现,职业早期能否获得经费支持是职业成功的重要保障,也是导致学术人职业分化的关键因子。获得经费支持的科学家在四年后继续留在科学界的可能性增加了 7%,获得教授职称的概率增加了 6%,而且他们再次获得资助的可能性大大增加。[4]王红梅等对我国 1995—2013 年获得自然科学基金资助教师的科研产出所作的分析也发现,获得青年基金能够显著提高他们

---

[1] Leydesdorff L, Wagner C. Macro-Level Indicators of the Relations Between Research Funding and Research Output[J]. Journal of Informetrics, 2009, 3(4):353—362.

[2] Kyvik S, Olsen T B. Does the Aging of Tenured Academic Staff Affect the Research Performance of Universities? [J]. Scientometrics, 2008, 76(3):439—455.

[3] Ebadi A, Schiffauerova A. How to Boost Scientific Production? A Statistical Analysis of Research Funding and Other Influencing Factors[J]. Scientometrics, 2016, 106(3): 1093—1116.

[4] Gerritsen S, Plug E, Wiel K V D. Up or Out? How Individual Research Grants Affect Academic Careers in the Netherlands[R]. The Hague: CPB Netherlands Bureau for Economic Policy Analysis, 2013:10—11.

未来科研产出的数量和质量。①

本研究所考察的三个同期群在职业发展过程中(尤其是在起步阶段)所获得的科研资助数量存在着明显的差异。1970年代以来随着科教兴国战略的实施,一个明显的趋势是国家对于高校的财政支持以及基础研究的投入大幅度上升。1970年代末高校的科技经费为几千万元,1985年增长至6亿元,1990年达到13.96亿元。②以国家自然科学基金的资助为例,据笔者统计1996年至2014年间,经费平均每年以24%的速度增长,1996年仅有645 583万元,到了2014年已高达2 506 814万元③,这对于我国基础研究环境的改善,科研工作者的自由探索与创新发挥着巨大的推动作用。当我们将这种外在科研资助环境的历时变化同不同入职同期群教师的职业发展连接起来的时候,就发现前者给后者带来了深刻影响,有时候甚至是彻底性的改变,比如A-Phi2老师苦于没有经费支持,直接放弃原专业的研究而改弦易辙。

郑也夫在一篇杂谈中提及1980年代末期孙立平(清华大学社会学系教授,1955年生人)进行学术研究的艰苦环境。他说,当时孙立平蜗居在不足十平方米的住房中书写文章和著作,当时根本没有课题费供他开展研究或者是缓解生活压力。④然而,由于不同学科对于研究条件、研究资源种类和数量的要求不同,因此对经费的依赖程度也存在差异。如果说孙立平尚能通过自己的努力进行社会科学研究,对于自然

---

① 王红梅,智强,费继鹏.青年科学基金对我国高校青年教师科研绩效的影响——基于1995—2013年国家自然科学基金的实证分析[J].教育研究,2016(7):91—99.
② 郝维谦,龙正中.高等教育史[M].海南:海南出版社,2000:368—369.
③ 国家自然科学基金委年度报告和统计报告[EB/OL].[2016-12-10].http://www.nsfc.gov.cn/publish/portal0/tab104/.
④ 郑也夫.学风丕变的社会成因[J].文化纵横,2016(1):77—81.

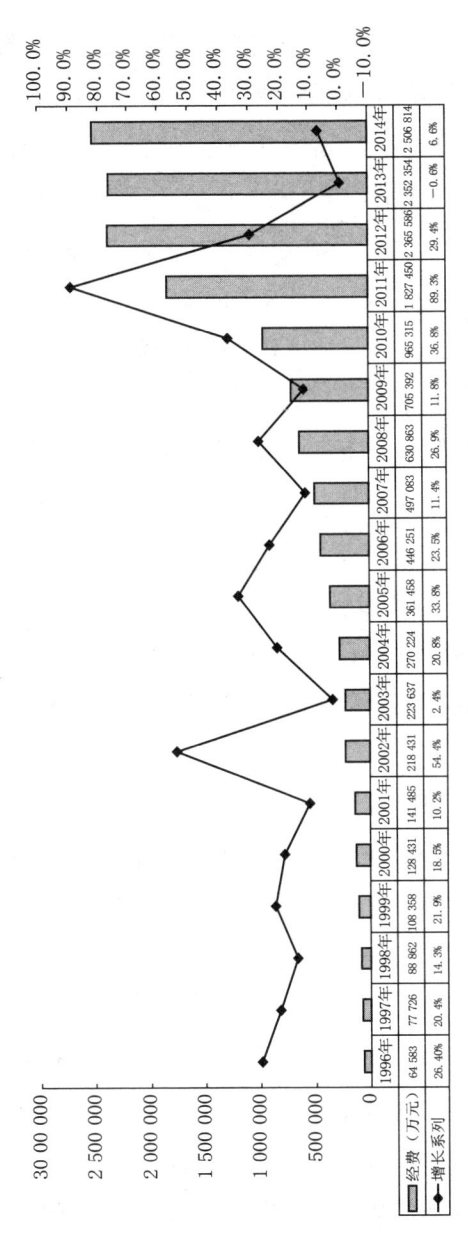

第五章 世代效应:学术人成长历史环境的差异性

	1996年	1997年	1998年	1999年	2000年	2001年	2002年	2003年	2004年	2005年	2006年	2007年	2008年	2009年	2010年	2011年	2012年	2013年	2014年
经费（万元）	64 583	77 726	88 862	108 358	128 431	141 485	218 431	223 637	270 224	361 458	446 251	497 083	630 863	705 392	965 315	1 827 450	2 365 598	2 352 354	2 506 814
增长系列	26.40%	20.4%	14.3%	21.9%	18.5%	10.2%	54.0%	2.4%	20.8%	33.8%	23.5%	11.4%	26.9%	11.8%	36.8%	89.3%	29.4%	−0.6%	6.6%

图 5-3 1996—2014 年国家自然科学基金委历年经费投入①

数据来源：国家自然科学基金委官网。

---

① 笔者对 1996—2014 年间国家自然科学基金委年度报告和统计报告中相关经费投入进行了简单汇总计算，从而绘制了该图。

233

科学来说，没有足够的资金支持来搭建实验室，购买设备和材料，支付研究助手经费等，想要在这种资源消耗型学科领域开展研究，几乎是举步维艰。A-PHI2 老师的现实选择是从生物学科转向了哲学研究。他在本科和研究生期间所接受的都是生物方面的专业训练，但他很早就意识到缺少充足的经费支持根本无法进行生物研究。多亏了他在读书期间因为对哲学感兴趣，也发表了一些相关的文章，毕业时就改行去了大学的哲学系工作，他提到的一个原因就是科研经费问题。

> 国家经费不是很多，没有办法做生物研究。(A-PHI2,"1980s 入职同期群")

据 A-PHY1 老师回忆，当时自己在 1990 年末读书的时候，导师的经费支持还依然有限，但到了自己 2010 年参加工作时，国家对于科研投入了较为充足的经费，使得自己能够根据兴趣开展研究，相对没有受到财务的约束。

> 现在做科研经费比原来多很多，项目申请公开公正，我读书的时候，导师就没有很多经费，现在多很多。(A-PHY1,"2000s 入职同期群")

1990 年代以后，政府对学术研究除了基础性的投入不断增加以外，对重大的或国家急需的科研任务以及与国家战略相关的科研建设的投入也在急剧增加，比如"211 工程"、"985 工程"、"2011 计划"、国家自然科学基金、国家社会科学基金项目以及各部委、各省市的各种基金

第五章 世代效应:学术人成长历史环境的差异性

项目等。①另外,2000年以来各级政府以及高校更是出台了名目繁多的人才培养项目,加大对人力资本的投资,比如中组部的"千人计划",基金委的杰青及优青项目等。获得这些项目资助或得到这些人才称号则意味着获得大量的科研资源和机会。这些客观上都为学者进行科学研究提供了巨大的支持,但另一方面,由于资源的分配已经逐渐从传统上的平均主义取向转向了以竞争性项目为支持手段的效率主义取向,而该类项目的数量毕竟有限,因此能否获得这些人才称号也造成了年轻一代教师内部的急剧分化,这也是导致这代人产生强烈的职业焦虑感的一个重要原因。

五、被诱导的学术偏好

亨克尔(M.Henkel)提出一个有意思的观点,他认为事实上甚至可以说那些在1980年代和1990年代成为大学教师的人与1960年代、1970年代的人所从事的不是同一个职业。②一方面是学术职业本身发生了变化,另外就是不同历史情境下进入学术职业的机会、流动模式和发展速度也不尽相同。虽然同处大学场域之中,但由于时代背景的差异和社会变迁的影响,每代人各有其独特的学术认知和职业志向。比伯和沃利(J.Bieber & L.Worley)对研究生学术职业观社会化过程的研究也发现,他们对大学教师的角色认知一旦形成,几乎是不可动摇并对之后的职业偏好产生长久持续的影响。③

相比较而言,"1980s入职同期群"由于经历过没有书可以读的年

---

① 朱剑.科研体制与学术评价之关系——从"学术乱象"根源问题说起[J].清华大学学报:哲学社会科学版,2015(1):5—15,180.

② Henkel M. Academic Identities and Policy Change in Higher Education[M]. London: Jessica Kingsley, 2000:180.

③ Bieber J P, Worley L K.Conceptualizing the Academic Life: Graduate Students' Perspectives[J]. Journal of Higher Education, 2006, 77(6):1009—1035.

代,因此他们更加崇尚科学和知识,将大学教师视为一个崇高的职业,对教书育人抱有强烈的历史责任感和使命感。A-PHI1 老师说她的人生有两个梦:一个是上大学,一个是当老师。由于"文化大革命"的原因,18 岁的她只能进入面粉厂做工人,上大学的梦变成一种奢望。1977 年恢复高考,她终于得以圆了第一个梦想,但本科毕业不得不服从国家分配,导致她未能如愿实现第二个梦想。33 岁的她毅然决然地放弃了令很多人羡慕的机关工作,选择继续攻读研究生,毕业时,她在出版社、机关和高校之间,毫不犹豫地选择了高校。

> 我终于将自己的两个梦"合二为一"了。做大学老师是我一直追求的梦想,一直就觉得教师这个职业有点崇高,让人有一种崇敬感,以前常说"教师是人类灵魂的工程师"。(A-PHI1,"1980s 入职同期群")

但另一方面,他们也见证了管理主义文化一步步渗透到高等教育和学术职业的过程,政府愈加侧重数目字的问责和质量控制方式,经费分配转向竞争性的专项研究拨款,这些外在环境的变化都诱导着高校和学者"研究至上"的偏好。由于有过鲜明的对比和体悟,他们对这种发展趋势深表担心,但与此同时自己也身不由己地被裹挟其中,行为上也发生了微妙的变化。由于他们大部分已经是教授职称,相对能够在教学和科研之间维持一种平衡,职业危机感并不是非常强烈。

> 学术的方向发生了重大的失误,目前的考核评估都适得其反。背离了评估的目标,其实是评估的异化。(A-HIS5,"1980s 入职同期群")

第五章　世代效应:学术人成长历史环境的差异性

我喜欢没有考核就好了,而且考核还要考核心刊物。全国就这么几家核心刊物,那么多年轻人要评副教授和教授,哪来那么多核心刊物?(A-HIS2,"1980s入职同期群")

而"2000s入职同期群"就是在问责制文化中成长起来的一代,大学以科研为导向,导师也更为强调科研的重要性,这种潜移默化的氛围影响着他们对学术工作的认知。他们接受了这一事实,也更加认同自己作为一个研究者的身份,而不是一个教书匠。A-MATH3说自己博士生就读期间就知道自己是"搞科研",而A-MATH1和A-HIS4老师都将科研置于教学之上,反复强调自己"不是一个上课的工具","以科研为主,教学是低层次的反复"。卡耐基教育基金会的一项博士调查就发现,受训于一类研究型大学(Research I institutions)的博士生相比其他大学的学生对于教学的兴趣淡薄。[1]科克伦和克拉克(M.Corcoran & S.Clark)认为除了研究生阶段的专业规训外,高校对新教师的筛选和聘任标准也是导致新一代教师群体对科研偏好的原因之一。[2]

当初选择读博已经知道今后是搞科研。(A-MATH3,"2000s入职同期群")

我是做科研的,而且我做的是最前沿的科研,我不是不可以

---

[1] Blackburn R T, Bieber J P, Lawrence J H, Trautvetter L. Faculty at Work: Focus on Research, Scholarship, and Service[J]. Research in Higher Education, 1991, 32(4):385—413.

[2] Corcoran M, Clark S M.Professional Socialization and Contemporary Career Attitudes of Three Faculty Generations[J]. Research in Higher Education, 1984, 20(2):131—153.

上课,但是我不是一个上课的工具或者说纯粹的教书匠。(A-MATH1,"2000s入职同期群")

我觉得还是以科研为主,教学是低层次的反复。除非是领导强压下来,我基本没有参与所里的行政事务,反正我感兴趣的就参加,不感兴趣就不去。(A-HIS4,"2000s入职同期群")

如果参照高等教育精英化、大众化和普及化三个发展阶段来看,"1990s入职同期群"这个群体进入大学之时,我国高等教育无疑应该还属于精英化教育阶段。相对而言,这代人对于未来的就业机会和职业成就抱有较高的期待,他们的教育过程更多是受到精英教育理念的影响,同大众化和普及化教育阶段成长起来的群体对高等教育秉持投资和增值的价值观有明显的不同。①他们职业成长就伴随着我国高校绩效考核和量化评价指标的逐步引入和大行其道的过程,访谈中这个群组共有25位教师,其中19人是副教授职称,只有6人是教授职称。因此相比较而言,"1990s入职同期群"面临着更大的职称晋升压力,不得不将重心放在科研上,但如果单从内心的偏好来说,他们觉得教书育人更能够带来极大的满足感,刚好处于这个教学和科研取向两极的中间地带,这种内心的撕扯让他们难以享受学术工作本身应有的愉悦。1990年代入职的A-EDU1老师戏谑地称自己这一代人是"夹心饼干",前有年长教授坐镇,后有新教师的追赶。

虽然科研考核和职称晋升越来越严,越来越难,我还是更愿意

---

① Ladd E C J, Lipset S M. The Divided Academy: Professors and Politics[M]. New York: McGraw-Hill, 1975.

第五章 世代效应:学术人成长历史环境的差异性

把更多的心思放在教学方面。因为我对自己的定位就是愿意做老师,我从跟学生的交流,跟学生的关系中得到极大的满足感,而我个人觉得科研是比较私人,又很公共的东西,努力去做就是了。(A-HIS1,"1990s 入职同期群")

访谈中,当笔者问及一位 1977 年出生的 B-MATH1 老师,不同年代教师在为学上有何差异时,她的观察是不同代际之间在个性上存在着明显的差别,1960 年代出生的教师个人素质较高,尤其是为人更加谦卑,为学更加踏实,而"80 后"个性更加张扬,专业能力较强。威斯金斯(C.Wilkins)发现,目前这一代年轻教师入职后呈现"后表现主义"的特征,即他们虽然处于严苛的考核和监管制度下,但并不是一味地顺从或抵制,而是清楚问责和职业自主之间的冲突,有着清晰的专业追求。① 或许这可以解释为什么年轻教师更加有"个性",不太会顾及周围人的评价。

我觉得"60 后"比我们更努力,整个人的素质更高,比如做人的素质,但不一定是科研水平,他们身上有很多品质值得我们学习,为人做事。而"80 后"学术背景更好,更活跃,多才多艺,能力更强,个性也更强,个体认定的标准就贯彻得特别到底,不会过多考虑周边环境的评价,张扬个性。(B-MATH1,"1990s 入职同期群")

舒斯特和鲍恩(J.Schuster & H.Bowen)认为造成青年教师和年长教师之间工作重心和态度差异,甚至两个群体之间疏离的根源在于目

---

① Wilkins C.Professionalism and the Post-Performative Teacher: New Teachers Reflect on Autonomy and Accountability in the English School System[J]. Professional Development in Education,2011,37(3):389—409.

前大学的考核制度。这种重科研轻教学的做法割裂了学术工作,造成年轻教师只盯着考核标准,游离于正常的院系活动之外,无法寻找到一种归属感,而与此同时也给老教师留下一种得不到学校重视,处于边缘地位的感觉,无法形成一种向心力。①与此同时,原本应由所有教师共同承担的教学和服务工作,由于年轻教师教学任务和事务性工作的减少,这些任务就自然转移到中年教师肩上,从而进一步限制了他们发展自己专业能力的时间和空间。

> 我带了一个青年老师,她上课很随意,这样一个导师制度本身是很好的,但是年轻人心思不在这个方面。我觉得讲课就应该很规范,不是随意的聊天,这就是不一样。老教师和青年老师之间有很大的差异,对于工作的态度。感觉她上课就是走过场。我们学科里面的年轻老师有时问我在干吗,我说在备课,她说我们都不备课,放放电影就好了。两个小时吹水就吹过去了。(B-LIT1,"1980s入职同期群")

> 学校对于他们"80后"年轻教师的科研要求也比较高,但并没有那么多的教学工作量,他们的收入远远超过我们的收入。(B-MATH1,女,数学,"1990s入职同期群")

第三节 本章小结

本部分通过比较1980年代、1990年代和2000年代三个不同入职

---

① Schuster J H, Bowen H R. The Faculty at Risk[J]. Change the Magazine of Higher Learning, 1984, 17(5):13—21.

第五章 世代效应:学术人成长历史环境的差异性

同期群的职业路径,发现他们在早期教育经历、职业选择、研究训练、科研资源、学术取向等方面都存在差异,从而折射出宏大的历史变迁和社会发展进程对于不同的同期群高校教师的成长路径和职业活力带来了迥然不同的机会与挑战。这样进行群体比较分析的目的并不在于在他们之间分出个高下或优劣,因为这种历史的非预期事件本身在他们身上留下的印记或阴影是个体所无法抹掉的,本研究的目的是将个体的发展置于具体的社会历史情境之中,知史鉴今,思考当下以及未来如何为学术人才的成长创造更适宜的环境。

首先,1980年代进入学术职业的这个群体,由于"文化大革命"这个非预期生命事件导致早期教育的中断,知识结构存在缺陷,学术专业化和规范性的训练不足。高度集中的计划经济体制下,无论主观上一开始是否喜欢学术职业,客观现实是他们在职业的选择权上都处于被动的状态。在职业的起步阶段,我国经济刚刚起步,并没有太多的科研经费支持。但特殊的成长经历造就了他们对于科学和知识的崇尚,对于教书育人抱有一种使命感。李宜江对这代教师群体学术与生活的考察也发现,他们社会阅历丰富,求知欲望强烈,学习格外刻苦,心态积极向上,敢于拼搏进取,其经历和道路不可复制,但经验和精神可以发扬传承。[1]

其次,在1990年代计划经济向市场经济转型时期进入学术职业的这一群体,相比上一个群体拥有更完整的教育经历,但与2000年以后进入学术职业的教师相比,他们的中小学教育依然相对薄弱,这也是造成他们目前职业中期发展瓶颈的原因之一。在职业上他们具有有限的选择权,在学术劳动力市场上具有一定的选择空间。在研究训练的专

---

[1] 李宜江.青年教师学术与生活的历史境遇[D].上海:华东师范大学,2013.

业化程度上以及获取的科研资助上跟最新的入职同期群仍有一定的差距。他们认为教学和科研同样重要，甚至前者能够带来更大的满足感。

最后，最近的这个入职同期群更多是出于学术兴趣，喜欢这种自主而具有挑战性的工作方式而选择了教师这份职业。问责制学术文化中成长起来的他们也面临着激烈的内部和外部竞争，而这种竞争更多是以科研表现为评价标准，因此不难理解他们更加注重短期功利性的目标，更多将自己定位为一个研究者，而不是教书匠，这也是他们与其他两个同期群的明显不同之处。也正是由于经历过规范化的学术训练，要么在国外拿到最高学位或者在读期间有过出国交流的机会，因此他们具有国际化的学术视野、合作机会以及较高的学术起点，这些都使得他们在学术发表上更加突出，表现出充足的学术活力。但也有学者指出，现在整个社会的学术、思想、文化等都处于"平台期"，大致路径及规模已经形成。这个时代年轻人"脱颖而出"的概率可能要比变革时期的年轻人要小得多。[①]

总之，不同同期群由于教育经历、专业训练、科研资源等方面的差异而导致他们在职业早期的学术活力有所不同。年轻一代似乎是处在较为有利的地位，然而不同同期群有着不同的机会，年长者由于先发优势，他们在职业后期依然保持着旺盛的学术活力，这在第二章中的实证调查数据分析中已经得到证实。因此，对每一代学人来说，机遇和挑战同样存在。单就宏观环境对大学教师成长的影响来看，稳定的宏观政策环境，开放的学术劳动力市场，严格的学术准入制度，优化的科研资源配置方式等都将有利于建设一支充满活力的高素质专业化教师队伍。

---

① 陈平原.高校青年教师的处境及出路——答廉思研究团队问[J].社会科学论坛，2012(6):95—104.

第六章　研究结论与讨论

组织行为学家亚瑟(M. Arthur)提出,在知识经济时代,雇员的职业发展呈现出一种不同于传统职业生涯的拥有"超越单个就业环境边界的一系列就业机会",即无边界职业生涯模式(boundaryless career)。他列出了六种典型的无边界职业生涯模式,学者就是其中之一。[①]但穆赛琳(C. Musselin)认为学术职业与一般职业的变化趋势恰恰背道而驰,学术职业反而是愈来愈趋向于组织化和结构化,并日益受到来自大学和政府层面的各种管制(regulated)。[②]就我国大学教师而言,一条典型的职业发展道路是:博士毕业后在日渐激烈的学术劳动力市场上寻得一份教职走上工作岗位后,先要经过一定试用期的考验,即一般须在6年内升至副教授,否则将面临解聘的危险,然后继续沿着既定的职称阶梯和岗位阶梯向上攀爬,最后在55岁或60岁退出工作岗位。本研究所关心的就是在这样的职业发展历程中,随着年龄的增长,大学教师学术活力的变化趋势和特征,以及更重要的是来自个体、组织和社会环境层面的因素如何共同形塑了这种样态,由此来反观学术人成长过程

---

① Arthur M B. The Boundaryless Career: A New Perspective for Organizational Inquiry[J]. Journal of Organizational Behavior, 1994, 15(4): 295—306.

② Musselin C. Towards a Sociology of Academic Work[J]. From Governance to Identity, 2008, 24: 47—56.

的高度复杂性。

第一节　学术活力的生命周期样态

（一）学术活力的过程性特征

笔者在综述国外大量探索学术活力生命周期现象的实证研究后发现,随着年龄的增长,学术活力呈现不同的变化样态,但绝大多数都表明年龄这个要素本身与学术活力之间并不存在确定性的关系,而即便极少数研究发现两者存在相关关系,年龄的解释效力也是微乎其微,因此所有推测都指向年龄背后更复杂的个体性和结构性因素。阎光才也认为年龄在高校教师学术职业生涯展开轨迹中仅仅是扮演着一个时间标尺的作用,并不直接影响教师的学术活力。[①]

而我们针对全国研究生院高校教师的本土性考察也在某种程度上呼应了国外的研究结论。这项大规模的实证研究显示:虽然随着年龄的展开,大学教师的学术产出总体上呈现一种增长的形态,但这种增长并不是简单的线性递增,而是一种震荡式上升,其间会出现多个活力的波峰。在职业初期表现为一个上升趋势,随后进入一个相对较为平缓的发展期(38—44 岁),职业中后期又出现一个快速增长期,之后在经历较大起伏后到达职业巅峰,学术产出最旺盛的时期出现在 58 岁左右的职业晚期。而衡量教师活力的其他指标,如教学时间投入、服务时间投入、主观感受也都随着职业的展开而呈现阶段性的特征。在控制其他变量的情况下,年龄本身并不是直接影响学术活力的显著因子,诸如

[①] 阎光才.年龄变化与学术职业生涯展开的轨迹[J].高等教育研究,2014(2):41—47.

性别、学术出身、学科、职称等因素是预测教师的学术活力的重要指标。

从性别角度来看,女性的学术产出始终低于男性,而且其波动幅度较大。在职业初期(30—36岁),女性与男性的差距有逐渐缩小的趋势。但在职业中期(40—46岁),女性进入了一个低落期,之后虽有所回升,但到了职业晚期(52—56岁),女性的学术产出跌至职业生涯最低期,两性的差距也在这时达到了最高值。出身不同教育背景存在一定差异,毕业于海外高校和国内985高校对于学术活力具有正向的作用。在控制其他变量的前提下,不同职称等级教师有不同表现,教授和副教授的学术活力都高于讲师。

具体到不同的学科,自然科学和工程类教师整体的学术产出高于人文和社会科学类,但在职业晚期,后两者的学术产出呈现井喷式的增长。人文学科类教师在职业晚期(52岁之后)产出具有较大的波动,最高的学术产出出现在这个时期,但波动的最低值仍高于职业早期的产出。社会科学类教师整个职业历程的学术产出较为平稳,在即将退出职业时出现峰值。自然科学类教师的学术产出随着年龄的增长较快地增长,职业晚期有较大的下降,但在退出职业时又有所回升。工程类教师的学术产出表现为较为均匀的增长,但在50岁之后出现较大幅度的下降。

(二)学术活力变化的个体成因、制度效应和世代效应

质性分析资料发现,交织着个体生命阶段、入职前的教育和科研经历、所在学科、身份转换等因素,教师工作内容、工作动力、个体偏好和职业感受会随着职业阶段的变化而变化,从而会对当下及以后的学术活力和职业发展产生累积性的影响。

从组织制度的角度来看,以职称晋升制度为典型代表的组织制度

对教师活力不是单纯的激励或抑制作用,而是存在着双向作用。具体表现在教师科研产出上升或下降的时间点同晋升制度的年限规定之间也存在一定的耦合性:一方面,在晋升副教授之前,随着时间逼近晋升时限,教师科研产出呈增长趋势,这说明职称晋升制度对教师具有正向激励作用;但另一方面,晋升之后的一段时期内,教师产出又会出现下降,而且这种抑制作用会在教师错过下一个"正常"晋升时间点后,随着时间的拉长而愈加明显。

从世代效应的角度来看,通过比较1980年代、1990年代和2000年代三个不同入职同期群的职业路径,我们发现特定时代的社会发展进程影响了他们的早期教育经历、职业选择、研究训练、科研资源与条件等,从而导致不同出生群高校教师成长轨迹与学术活力特征存在差异。

当然以上这三个维度并不能绝然分开,教师作为一个行动主体,其职业发展始终是嵌入在组织制度和历史环境之中,三者相互交织缠绕,同步发展。从个体的角度来说,沿着生命历程的各个阶段变动的角色反映的是一种角色序列,但由于先赋性条件、个体动机、身体健康状况、研究训练、工作环境以及同事关系,甚至是生活事件的变化等都使每一个教师的职业发展呈现出独一无二的轨迹。但角色序列在组织层面,又是一种角色分配,它意味着个体接近承担不同角色的机遇结构的模式化途径。[①]这种模式化的角色分配必然会影响到个体的角色序列。在这个过程中个体的成熟、组织的变革以及社会环境的变迁所带来的

---

① [美]R.K.默顿.科学社会学:下[M].鲁旭东,林聚任,译.北京:商务印书馆,2010:717.

各种冲击,共同影响了个人对自我以及学术工作的认识与了解,进而不断建构与塑造新的角色,并表现为不同的活力特征。

总之,大学教师的学术活力不仅有多重表现形态,而且就教师个体或群体来说,它表现出一种阶段性的变化模式,这种变化模式背后既有个体层面动机、兴趣的原因,也受到组织制度的安排、历史环境的变化等一系列因素的影响。

第二节 对学术人成长过程的省思

(一)一种景观,还是多种景观:学术活力再认识

本研究发现,大学教师在不同的职业阶段学术活力的内涵和呈现方式有所差异。在职业初期,学术活力更多表现为教学投入和科研发表。职业中期学术活力的边界更加宽泛,除了科研发表和教学投入外,还包括机构服务、专业共同体的服务。而在职业晚期更多是强调人才培养,包括教学和培养学术接班人、团队搭建等。哈佛大学文理学院原院长亨利·罗索夫斯基在论述大学教师职业之所以疲惫和痛苦的原因时写道:"我们之所以疲惫是因为我们顽固地拒绝承认生活是有阶段的,是需要调整的,譬如我认为年轻教师应当担负起培养研究生的责任。他们最能体现最新科学成就,而且在科学知识面也受过最专门的训练。在研究生的培养方面,应该强调深度和重点明确,同时也要注意该学科的技术前沿和理论前沿问题。这些素质是博士后初期学者们的长处。我认为,比较老的教师应该更积极地投身本科生的教育,因为在本科生教学中,最新专业技能的培养,没有智力开发重要。我们的本科生来校接受文科教育,对学生最有影响力的教师,在处理最专门的问题

时也善于广征博引,触类旁通,不管你教哪一门课程,生活经历是各文科课程的宝贵资源。"①

因此高校管理层应做的并不是如何开发一套精密的统一化的测量工具,而是基于院系历史背景、办学特色和发展目标来支持和鼓励不同教师群体差异化的发展,不是要强求所有人千人一面,只追求一个目标,因为这种要求未必符合教师发展的需要,也不能达到教师和组织共赢的目标。高校是一个生态系统,而教师群体是其中的一个子系统,他们之间是一种合作共生、相互依存的关系。只有不同职业阶段的教师根据自己的兴趣、爱好和特长能够各司其职,各得其所,整个生态系统才能良性运行。

当下教师的分类管理更应该注意到教师在不同阶段的发展特征和诉求,针对不同职业发展阶段教师的兴趣、能力等特点制订多层次多类型的教师发展计划,建立良性的学术激励和引导机制,适时进行干预,提供具有个性化的支持。从不同职业发展阶段的角度来看,对于职业初期的教师而言,他们所需要的是尽快站稳讲台,夯实科研基础,了解各项规章流程,理顺人际关系。因此要建立相应的沟通和对话机制,鼓励学科负责人、合作导师以及同事从不同的角度和方面解决新教师的困惑,明确岗位职责、政策支持和物质回报。比如适当减轻新教师的教学负担,提供系统性的教学培训,提高新教师的教学技能将有利于缓解年轻教师的工作压力。研究中还发现,我国博士生教育过于注重对科研能力的训练,忽视了学习理论、课程设计和教学方法等教学理论知识

---

① [美]亨利·罗索夫斯基.美国校园文化——学生·教授·管理[M].谢宗仙,周灵芝,马宝兰,译.济南:山东人民出版社,1996:192.

和实践能力培养,这种欠缺导致新教师在职业初期耗费了大量时间和精力进行教学活动的摸索,导致教学与科研处于一种失衡状态,加重了工作的焦灼感,影响了学术工作的信心和动力,不利于学术人的快速成长。

职业中期的教师对于学术自主的要求较高,因此学校应该给予教师适当自由发展的空间,规避由于评价制度原因造成的教师工作疏离感、士气低落、产出低下和心灰意懒现象。要创造不同的职业发展路径和激励机制,譬如,针对科研取向的教师给予充分的学术自主,允许不断试错。对于有意从事管理岗位的教师,给予横向发展的机会。对于偏爱教学的教师,提供教学改进和提升培训项目。总之,高校在管理过程中要给予这个阶段教师多重选择的机会和路径,对其不同方面的投入和业绩,在年度和聘期考核中都能够予以体现和重视。

职业晚期,利用其丰富的教学和研究经验,给予教师参与学校决策的机会,并在教学等方面对其取得的成就给予及时的反馈、正面的认可或适当的奖励,鼓励他们主动参与培养和扶持青年教师的成长。

(二)学术人的成长呼唤更加柔性的年龄规定

身处大学这个环境,笔者也愈发感觉到当下大学教师正逐渐成为一种高度受制于"年龄"的职业,很多大学组织内部的核心制度与政策多涉及年龄门槛,譬如学术职称晋升体系,除此之外,国家和各级地方政府还构建了一系列与之呼应的竞争性项目,其中的资格条件都无一例外对年龄提出了刚性的要求,如"优秀青年科学基金项目要求男性申请者未满38岁,女性未满40岁"等。这些项目不仅自成体系,更关键的是它们的获得与否还被纳入常规职称晋升的标准之中,对大学教师学术职业发展构成内外夹击,留给教师个体自主发展的机会越来越稀少、空间越来越逼仄。在我们这次对研究生院高校教师的调查问卷中,教师对于"项目申请中对年龄门槛的设置合理"这个题项的总体评价较差,仅为 3.72 分,这说明绝大多数教师对于目前学术政策管理中的年龄设限持较为否定的态度。①

从社会人的角度来说,任何社会里的个人生活,都是随着年龄的增长,从一个阶段向另一个阶段过渡的序列。②个体会自觉或不自觉地根据这些年龄相关的规范安排自己的生活,观察他人的生活或者以他们同代人的生活作为参照。无可否认,现实生活未必遵循既定的模式,但个体如何理解以及在多大程度上被嵌入到这些年龄规范中,正是生命如何被经历的过程。③借用伯格和卢克曼"现实"(reality)和"知识"(knowledge)的两个术语来解读年龄与个体的关系,年龄规范是一种社会现实,个体在社会化的过程中慢慢习得这些规范,同时也将之内化成自己生命的一部分,并自觉或不自觉地以此来指导自己的生活。年龄作为一种政策工具确实能够解决很多结构性问题:(1)较为合理地安排公共服务的需要;(2)社会控制的一种方式;(3)在不同的生活领域中地位和角色分配的需要;(4)整合和同步家庭与工作的需要。④但年龄规范带来的另一个后果是简单与片面化,漠视个体与群体间生命活力的差异。

---

① 该题项为李克特 7 级量表,1 为"非常不符合",7 为"非常符合",数值越大,代表认可程度越高。
② [法]阿诺尔德·范热内普.过渡仪式[M].张举文,译.北京:商务印书馆,2012.
③ Settersten R A.The Salience of Age in the Life Course[J]. Human Development,1997, 40(5):257—281.
④ Kohli M.The World We Forgot: A Historical Review of the Life Course[A]// Marshall V. Later Life. Beverly Hills, CA: Sage, 2005.

第六章 研究结论与讨论

但转向学术场域,问题似乎复杂得多。我们的研究发现,年龄与教师学术活力之间并不存在一种线性关系,因此年龄本身作为学术人才管理的工具指标与学术人的成长之间存在着一种张力,原因在于它预设了知识生产的线性逻辑,忽略了学术人成长的复杂性和多样性。美国社会学家科塞(L.Coser)指出"学院人的典型生涯是在学术地位的阶梯上一个缓慢攀升的过程,但这个过程可能是优秀知识分子取得成就的障碍,因为学术晋升的要求和知识进步最理想的条件并非必然一致"。①造成这种"不一致"的原因在于教师前进的等级系统机构化和制度化了。学术管理制度要求教师在短期时间内发表作品以获得晋升,但个体的知识累进是一个成熟期缓慢的长期过程,绝非按计划和设计就能促成的,因此两者之间实际上是一种制度安排造成的时间上的紧张和冲突。所以难以想象在当下"非升即走"的制度规约下,康德 57 岁还没有出过任何有影响力的东西,他何以会取得教授头衔,恐怕连最基本的职业安全都无法得到保障! 布迪厄(Pierre Bourdieu)曾激烈抨击年龄等自然标识被科学建构作为知识与分析工具而加以大量利用作为标准,在人们实际行为中也被当成分类定级的原则,因而变成带有冲突的东西。②

因此,在涉及我国大学教师晋升、考核、退休、资助等一系列相关政策时,我们认为应该慎重使用年龄这个政策工具,在可能的范围内减少不必要的自然年龄设限可能给学术人的成长带来的消极作用,如有必要,也应适当给予一定的弹性空间。例如,以针对新任教师的"非升即

---

① [美]刘易斯·科塞.理念人——一项社会学的考察[M].郭方,等,译.北京:中央编译出版社,2009:309.
② [法]P.波丢.人:学术者[M].王作虹,译.贵州:贵州人民出版社,2006:13.

走"政策为例,在有关固定年限的地方需要有更加人性化的设计,考虑到不同教师家庭生活阶段可能面临的困难,给予适当的时间宽限,降低家庭生活与学术职业之间的冲突关系。而一旦通过试用期证明了教师的学术能力,顺利晋升副教授之后,在职称晋升上就需要打破固定年限的规定,只要达到条件就可以申请晋升下一个等级。

其次,常规考核方面,期限的设定要契合不同学科的发展规律,偏重过程式和发展式考核,充分保障教师自由探索的时间和空间,避免形式化的密集考核给教师带来的时间局促感和压力感。

还有在退休年龄政策方面,在目前全国实行延期退休年龄的大背景下,可考虑对高校教师实行差异化的退休年龄政策,根据教师学术活力表现,在充分尊重教师个体选择的基础上,如果其身体状况允许他们仍然可以正常工作,管理部门和高校应为之提供便利的条件和平等的工作环境,允许其申请科研经费、主持科研项目、指导科研团队、招募研究助手等以最大化地激活和提高高校人力资本的利用效率。在本研究的样本中,年长教师仍具有极其旺盛的学术活力,而且调查中教师对"我认为当前教师的退休年龄过早"的总体评价得分为 4.19,但 56 岁以上教师群体的得分达到 4.5 分,整体上他们认为当前我国教师的退休年龄过早。[①]

再次,我国的科研资助政策中经常使用刚性的自然年龄作为上限要求,但国外学术人才管理政策中甚少使用自然年龄这个刚性标准,即便不得不使用时,他们也倾向于使用职业年龄这个指标,即取得博士学

---

① 该题项为李克特 7 级量表,1 为"非常不符合",7 为"非常符合",数值越大,代表认可程度越高。

位后的年限。比如考虑到青年学术人员成果较少,研究经验不足,很难同资深学者同等竞争外部科研资助时,西方国家也会对年轻学者给予政策上的倾斜。譬如美国斯隆研究奖(Sloan Research Fellowship)旨在资助分子生物学、计算机科学、经济学、数学、神经科学、海洋科学、物理等领域刚刚起步的年轻学者,其中它对于"年轻学者"的界定为近6年获得博士学位的研究者。[①]澳大利亚研究理事会(Australian Research Council)的青年研究人员基金(Discovery Early Career Research Award)也是针对博士毕业5年之内的学者。[②]英国在进行研究评估的时候对年轻研究人员的年限放得更宽,即以博士毕业日期算起7年内的都算作年轻研究人员。相比自然年龄,职业年龄考虑更加灵活,允许那些较晚进入学术职业或者由于非预期事件导致职业中断的教师同样享受优惠政策支持。凡此种种,可以在今后我国学术人才管理制度中加以借鉴。

第三节 研究的创新点及不足之处

本书与已有研究进行了深度的对话,并在此基础上尝试从选题视角、分析框架和研究方法三个方面作了进一步的发展。

第一,选题视角。本书在选题上不同于以往研究多为静态、孤立地研究某个教师群体,而以教师学术活力为切入点,以小见大,考察了大

[①] 美国斯隆研究奖[EB/OL].[2016-5-16].http://www.sloan.org/sloan-research-fellowships/eligibility-requirements/?L=vdvstzncyxjko.

[②] 澳大利亚研究理事会青年研究人员基金项目[EB/OL].[2016-5-16].http://www.arc.gov.au/discovery-early-career-researcher-award.

大学教师学术活力研究：个体、制度与历史

学教师动态成长的过程特征和影响因素，一定程度上丰富了对教师学术活动和成长过程特征的认识。笔者在综合国内外已有的研究基础上，提出教师学术活力是一种行为和状态的组合体。一个有活力的教师应该是对教学充满激情，或专心投入学术研究，或发挥专业特长服务于学校、学术共同体以及社会的发展，教师本人要能够从任何一项学术工作之中获得一种满足感和成就感。同时，教师学术活力会随着职业的展开而发生变化，在不同的职业阶段呈现多样化的形态。这对当下构建科学、合理的学术管理制度提供了有力的学理参考。

第二，分析框架。本书的研究框架具有一定的新意，借助生命历程这个多学科的分析框架，既考虑到分析视角的个体生命历程维度，又兼顾组织结构维度，同时也包括历史维度，能够更深刻地理解学术人成长过程的复杂性和多样性。

第三，方法运用。本书综合运用了量化研究和质性研究相结合的方法，包括问卷调查法、文献计量法、个案访谈法等，收集了丰富的横向和纵向量化数据，既能对比同一时期不同阶段教师的学术活力特征，又能展示教师学术活力的生命周期变化趋势，两相比较和佐证，而翔实的回溯性质性材料又使本书能够深入剖析这种起伏变化背后的影响因素。尤其是在制度分析章节，本书尝试使用事件史分析方法探析个体和制度之间的因果互动机制。

但笔者也深知由于学力尚浅，研究经验不足，目前对该议题的分析仍存在不少难以克服的问题，在此一并指出，期望这种自我反思一方面能够为其他学人提供可资借鉴的经验，另一方面也是对未来研究空间的一种展望。

第一，研究广度与深度的取舍问题。笔者在研究对象的选择上力

第六章　研究结论与讨论

求能够涵盖处于不同职业阶段的大学教师,意图能够展示教师职业生涯不同阶段学术活力变化的整体性趋势、特征及机制,以期展示学术活动和学术人成长过程的复杂性。这在某种程度上拓展了研究的广度,但也极易折损了研究的深度。比如研究确实考虑到学术人成长过程的性别差异,在分析中提及生育、家庭投入等因素的影响,但这还只是流于浅层次的描述,显然笔者对于性别在大学教师学术活力和职业发展中所扮演的重要作用估计不足,性别、家庭与学术工作之间的交叠互动关系可以成为今后拓展研究的一个方向。另外,虽然笔者将影响大学教师学术活力的因素分为个体、制度和历史三个维度,分列在第三、四、五章进行阐释,但在现实生活中每一位大学教师的学术生命历程都是以上各个因素共同交织而成,难以截然分开,如何能够在凸显每一个维度的同时又不至于太混杂,始终是笔者写作过程中的困惑,至今仍未能很好地解决这个问题。

第二,研究资料的信度问题。由于本书采用回溯性的方法进行资料的收集,时间跨度很大,因此在此过程中难以把控访谈者对过往事实的遗忘,甚至美化程度,对数据的客观性造成一定的影响。埃德尔也曾说"由于在回顾性重建中,人们难免会用现有的眼光修正过去的经历,因此论据是脆弱的"。[1]虽然借助个人网页、公开发表的个人自述、演讲、校史馆档案等对资料进行了修正,以期能够增强资料的信度,但资料自身存在的不足仍难以避免。

第三,研究结论的可推广性。本书聚焦于我国研究型大学教师这个群体,对其他类型学校的教师未能涉及,因此要把这种研究所获得的

---

[1] 埃尔德.大萧条的孩子们[M].田禾,译.南京:译林出版社,2002:7.

结论进行推广,难免具有一定的局限性。不同的院校类型在办学理念、目标、模式、举措等方面存在很大的差异,这种差异就会导致教师以及组织对于学术活力内涵的理解迥异。鲍德温就发现,文理学院教师与研究型大学教师活力的特征具有明显的不同。[1]而将来的研究中如果能够对研究型大学、研究教学型大学以及教学型大学教师的学术活力展开院校层面的比较研究,则对于深化理解组织制度与大学教师主体之间的有效互动更有裨益。

---

[1] Baldwin R G.Faculty Vitality beyond the Research University: Extending a Contextual Concept[J]. Journal of Higher Education, 1990, 61(2):160.

附录一 2014年全国研究生院教师调查问卷(简版)[①]

一、基本信息(请将答案填写在横线上,或直接在所选答案上画"√")

1. 您的性别:_____ ① 男 ② 女

2. 您出生于19_____年

3. 您的婚姻状况:_____ ① 已婚 ② 未婚

4. 您获得的最高学位:_____ ① 博士学位 ② 硕士学位 ③ 学士学位 ④ 其他

5. 您获得最高学位的时间是_____年(请填写具体年份)

6. 您是从哪一年开始在高校工作的?_____(请填写具体年份)

7. 您获得最高学位的高校为:_____
① 海(境)外高校 ② 中科院、社科院 ③ 国内"985工程"院校
④ 国内"211工程"院校 ⑤ 国内一般本科院校

8. 您获得最高学位所属的学科门类为:_____
① 哲学 ② 经济学 ③ 法学 ④ 教育学 ⑤ 文学 ⑥ 历史学
⑦ 理学 ⑧ 工学 ⑨ 农学 ⑩ 医学 ⑪ 军事学 ⑫ 管理学 ⑬ 艺术

[①] 在此仅列出本书分析所涉及问题题项,因此题项序号会有跳跃。

9. (1) 您现在从教的专业是(请填写具体专业名称):_____
   (2) 您现在工作单位的学科或专业地位为:_____
   ① 国家重点(含培育)   ② 省(直辖市)重点   ③ 普通

10. 目前,您的职称级别为:_____
    ① 正高级   ② 副高级   ③ 中级   ④ 初级及以下

11. 目前,您在校内哪一类机构担任行政职务?_____
    ① 学校职能部门   ② 学部   ③ 院(系、所)   ④ 无

二、教学与科研情况(请将答案填写在横线上,或直接在所选答案上画"√")

12. 最近3年,您的科研产出情况(第一作者或通讯作者)如何?(请将答案写在表格内)

成果		篇(项)数	
(1) 专业(学术)期刊论文	EI(不包括会议论文)	篇	
	SCI	篇	
	SSCI	篇	
	CSSCI	篇	
	其他	篇	
(2) 独著		本	
(3) 专利(仅发明专利)		项	
(4) 课题立项(个人主持)	横向课题	项	经费: (万元)
	纵向课题	项	经费: (万元)

15. (1) 最近1年,您的本科生课程教学量是:_____学时/周
    (2) 最近1年,您的研究生课程教学量是:_____学时/周

16. (1) 您每周工作的时间约为_____

① 40 小时及以下　② 41—50 小时　③ 51—60 小时　④ 61—70 小时　⑤ 70 小时以上

(2) 工作日期间,您平均每天睡眠的时间约为_____小时

17. (1) 下列选项中,您投入时间和精力最多 3 项是(从多到少排序):_____

(2) 下列选项中,您认为最重要的 3 项应该是(从高到低排序)_____

① 课堂教学　② 科研　③ 学生课外交流与指导　④ 各类行政事务　⑤ 社会服务

18. 现在主要从事的研究性质倾向于:_____

① 基础研究　　② 应用研究　　③ 实验与开发

三、教师工作状态(请将答案填写在横线上,或直接在所选答案上画"√")

21. 请判断以下各项与您当前的符合程度(从 1 到 7 程度逐步递增)。

	非常不符合————→非常符合
(1) 我对自己的教学工作有信心	1　2　3　4　5　6　7
(2) 我对自己的科研能力有信心	1　2　3　4　5　6　7
(3) 我很清楚自己的学术发展目标	1　2　3　4　5　6　7
(4) 目前,我的科研创造力处于活跃时期	1　2　3　4　5　6　7
(5) 目前,我有强烈的从事科研的意愿	1　2　3　4　5　6　7
(6) 目前,我有充足的时间用于科研活动	1　2　3　4　5　6　7
(7) 我了解当前的退休政策	1　2　3　4　5　6　7
(8) 我认为当前教师的退休年龄过早	1　2　3　4　5　6　7
(9) 我热爱当前的工作	1　2　3　4　5　6　7

22. 您的压力来自下列哪些方面?(从 1 到 7 程度逐步递增)

	无压力 ——→ 压力非常大						
(1) 教学工作量	1	2	3	4	5	6	7
(2) 学生评教	1	2	3	4	5	6	7
(3) 学生对我的期望	1	2	3	4	5	6	7
(4) 研究课题申请	1	2	3	4	5	6	7
(5) 科研工作量	1	2	3	4	5	6	7
(6) 研究生指导	1	2	3	4	5	6	7
(7) 职称晋升	1	2	3	4	5	6	7
(8) 行政职务晋升	1	2	3	4	5	6	7
(9) 年度与聘期考核	1	2	3	4	5	6	7
(10) 与学术无关的各种行政事务	1	2	3	4	5	6	7
(11) 同事关系	1	2	3	4	5	6	7
(12) 家庭成员关系	1	2	3	4	5	6	7
(13) 家庭经济负担	1	2	3	4	5	6	7
(14) 赡养父母	1	2	3	4	5	6	7
(15) 子女教育问题	1	2	3	4	5	6	7

23. 请您对下面有关科研管理政策与制度安排做出判断(从 1 到 7 程度逐步递增)。

	非常不符合 ——→ 非常符合						
项目申请中对年龄门槛的设置合理	1	2	3	4	5	6	7

附录二　访谈提纲

一、职业经历

1. 您当初为什么会选择"大学教师"这个职业？

2. 您能否简单叙述下您的职业发展经历，其中您认为影响（包括积极和消极两个层面）您职业发展的重要事件是哪几件？

——博士之前的经历（本科、硕士、中学教书或行政经历、其他工作经历）

——博士经历（博士奖学金、研究基金、助教或助研、课程学习、导师指导）

——第一份正式工作

——晋升（副教授、教授）及晋升之后教学、科研、课题申报、行政事务、经济待遇是否发生变化

——工作岗位转换（教学、科研或行政职务）

——跳槽经历

——国内外交流访学

二、个体层面

3. 您能否简单描述下您从事大学教师这份职业的感受？

4. 当下时间、精力的分配如何？（教学、科研、社会服务）

5. 从职过程中有哪些让你感到开心的事情？哪些是很沮丧、困惑

的呢？

6. 您认为应该从哪些方面评价一个大学教师是否具有学术活力？

7. 跟同辈相比，您如何评价自己的职业发展速度？

8. 对于接下来的职业发展，您有何目标？怎样提高？（教学、科研、社会服务）

三、组织层面

9. 您对当前学校的教学与科研考核评价制度有何看法或建议？

10. 您对当前学校的职称晋升制度有何看法或建议？

11. 在院系主要同哪些同事进行交流？系领导有没有对您的工作提出要求？

12. 您有没有参与学校的学术管理事务？

13. 您有没有担任各类协会、期刊编委的工作？

14. 您是否感受到来自年龄的压力？您如何看待各类人才称号或科研项目的年龄设限？

15. 您如何看待 55/60 岁强制退休政策？是否设想过退休后的生活？

四、其他

16. 您的家人如何看待大学教师这份职业？家庭分工模式？

17. 您如何评价当下的学术环境？

18. 您认为当下大学教师的社会地位如何？（整体形象、工作环境、经济收入、社会认同等）

19. 如果可以，您还会选择学术职业吗？

参考文献

一、中文论著

[1] [印]阿玛蒂亚·森,玛莎·努斯鲍姆.生活质量[M].龚群,聂敏里,王文东,等,译.北京:社会科学文献出版社,2008.

[2] [美]阿伯特.职业系统——论专业技能的劳动分工[M].李荣山,译.北京:商务印书馆,2016.

[3] [美]阿特巴赫.变革中的学术职业[M].青岛:中国海洋大学出版社,2006.

[4] [美]埃尔德.大萧条的孩子们[M].田禾,译.南京:译林出版社,2002.

[5] [美]巴伯.科学与社会秩序[M].顾昕,译.北京:生活·读书·新知三联书店,1991.

[6] [德]贝克.风险社会[M].何博闻,译.南京:译林出版社,2004.

[7] [美]贝克尔.人力资本理论[M].郭虹,等,译.北京:中信出版社,2007.

[8] 托尼·比彻,保罗·特罗勒尔.学术部落及其领地:知识探索与学科文化[M].唐跃勤,等,译.北京:北京大学出版社,2008.

[9] [法]P.波丢.人:学术者[M].王作虹,译.贵州:贵州人民出版社,2006.

[10] [美]伯格,托马斯·卢曼.现实的社会建构[M].汪涵,译.北京:北京大学出版社,2009.

[11] [美]博克.走出象牙塔:现代大学的社会责任[M].徐小洲,陈军,译.杭州:浙江教育出版社,2001.

[12][法]布尔迪厄.区分:判断力的社会批判[M].刘晖,译.北京:商务印书馆,2015.

[13][美]邓津.定性研究:第1卷,方法论基础[M].重庆:重庆大学出版社,2007.

[14][法]迪尔凯姆.社会学方法的准则[M].狄玉明,译.北京:商务印书馆,1995.

[15]杜本峰.事件史分析及其应用[M].北京:经济科学出版社,2008.

[16][美]凡勃仑.学与商的博弈——论美国高等教育[M].惠圣,译.上海:上海人民出版社,2008.

[17][法]范热内普.过渡仪式[M].张举文,译.北京:商务印书馆,2012.

[18]费孝通.乡土中国[M].北京:北京大学出版社,2012.

[19][法]福柯.规训与惩罚[M].刘北成,杨远婴,译.北京:生活·读书·新知三联书店,2012.

[20]郭志刚.社会统计分析方法[M].北京:中国人民大学出版社,1999.

[21][英]惠特利.科学的智力组织与社会组织[M].赵万里,陈玉林,薛晓斌,译.北京:北京大学出版社,2011.

[22][英]吉登斯.社会的构成[M].北京:生活·读书·新知三联书店,1998.

[23][英]吉本斯,等.知识生产的新模式——当代社会科学与研究的动力学[M].陈洪捷,沈文钦,等,译.北京:北京大学出版社,2011.

[24][美]乔纳森·科尔,斯蒂芬·科尔.科学界的社会分层[M].赵佳苓,译.北京:华夏出版社,1989.

[25][美]科尔.科学的制造:在自然界与社会之间[M].林建成,王毅,译.上海:上海人民出版社,2001.

[26][美]科尔宾,施特劳斯.质性研究的基础——形成扎根理论的程序和

方法:第三版[M].朱光明,译.重庆:重庆大学出版社,2014.

[27] [美]克拉克.高等教育系统——学术组织的跨国研究[M].王承绪,等,译.杭州:杭州大学出版社,1994.

[28] [美]克拉克.高等教育新论——多学科的研究[M].王承绪,等,译.杭州:浙江教育出版社,2001.

[29] [美]克拉克·W.象牙塔的变迁——学术卡里斯玛与研究性大学的起源[M].徐震宇,译.北京:商务印书馆,2013.

[30] [美]克兰.无形学院[M].刘珺珺,译.北京:华夏出版社,1988.

[31] [美]柯林斯.互动仪式链[M].林聚任,王鹏,宋丽君,译.北京:商务印书馆,2009.

[32] [美]科塞.理念人——一项社会学的考察[M].郭方,等,译.北京:中央编译出版社,2009.

[33] 库恩.科学革命的结构[M].金吾伦,胡新和,译.北京:北京大学出版社,2003.

[34] [挪威]拉尔森.社会科学理论与方法[M].任晓,等,译.上海:上海人民出版社,2002.

[35] 李志峰.必要的不平等:高校学术职业分层[M].北京:知识产权出版社,2015.

[36] 刘德寰.年龄论——社会空间中的社会时间[M].北京:中华工商联合出版社,2007.

[37] 刘珺珺.科学社会学[M].上海:上海科技教育出版社,2009.

[38] [美]罗索夫斯基.美国校园文化——学生·教授·管理[M].谢宗仙,周灵芝,马宝兰,译.济南:山东人民出版社,1996.

[39] 罗志田.道大无外:校园与社会[M].北京:社会科学文献出版社,2015.

[40] 吕小康.社会转型与规则变迁[M].天津:南开大学出版社,2012.

[41] 吕文江.理性与文化之间:一桩土地纠纷之分析[M].北京:社科文献出版社,2008.

[42] [美]马奇,马丁·舒尔茨,周雪光.规则的动态演变:成文组织规则的变化[M].童根兴,译.上海:上海人民出版社,2005.

[43] [美]马奇,麦克伊沃.怎样做文献综述[M].陈静,等,译.上海:上海教育出版社,2011.

[44] [德]曼海姆.卡尔·曼海姆精粹[M].徐彬,译.南京:南京大学出版社,2002.

[45] [美]米尔斯.社会学的想象力[M].陈强,张永强,译.北京:生活·读书·新知三联书店,2012.

[46] 缪榕楠.学术组织中的人:大学教师任用的新制度主义分析[M].南京:南京师范大学出版社,2008.

[47] [美]默顿.科学社会学:上[M].鲁旭东,林聚任,译.北京:商务印书馆,2010.

[48] [美]默顿.科学社会学:下[M].鲁旭东,林聚任,译.北京:商务印书馆,2010.

[49] [美]默顿.社会理论与社会结构[M].唐少杰,齐心,等,译.南京:译林出版社,2008.

[50] [美]纽曼.社会研究方法:定性和定量的取向[M].郝大海,译.北京:中国人民大学出版社,2007.

[51] [美]普赖斯.小科学,大科学[M].宋剑耕,等,译.上海:世界科学社,1982.

[52] [英]斯劳特,拉里·莱斯利.学术资本主义[M].梁骁,黎丽,译.北京:北京大学出版社,2014.

[53] [波]什托姆普卡.默顿学术思想评传[M].北京:北京大学出版

社,2009.

[54] 苏力.也许正在发生[M].北京:法律出版社,2004.

[55] [英]特纳.仪式过程:结构与反结构[M].黄剑波,柳博赟,译.北京:中国人民大学出版社,2006.

[56] [法]涂尔干.社会分工论[M].渠东,译.北京:生活·读书·新知三联书店,2000.

[57] [波]托马斯,兹纳涅茨基.身处欧美的波兰农民[M].张友云,译.南京:译林出版社,2000.

[58] 王俊.遮蔽与再现:学术职业中的性别政治[M].武汉:华中师范大学出版社,2011.

[59] 王希.在美国发现历史[M].北京:北京大学出版社,2010.

[60] [德]韦伯.学术与政治:韦伯的两篇演说[M].冯克利,译.北京:生活·读书·新知三联书店,2013.

[61] 肖东发,李武.学术论文写作与学术规范[M].北京:北京大学出版社,2009.

[62] 谢立忠.结构—制度分析,还是过程—事件分析?[C].北京:社会科学文献出版社,2010.

[63] [美]休厄尔.历史的逻辑:社会理论与社会转型[M].朱联璧,费滢,译.上海:上海人民出版社,2012.

[64] 阎光才.美国的学术体制:历史、结构与运作特征[M].北京:教育科学出版社,2011.

[65] 钟祖荣,齐建芳,王玉.外国人才研究史纲[M].北京:蓝天出版社,2005.

[66] 周雪光.组织社会学十讲[M].北京:社会科学文献出版社,2003.

[67] 周雪光.国家与生活机遇:中国城市中的再分配与分层(1949—1994)

[M].郝大海,等,译.北京:中国人民大学出版社,2014.

[68][美]朱克曼.科学界的精英——美国的诺贝尔奖金获得者[M].北京:商务印书馆,1979.

二、中文期刊

[1] 曹爱华.女博士的科研观:"科学人"与"经济人"之间的博弈[J].石家庄铁道大学学报:社会科学版,2007,1(2).

[2] 操太圣,卢乃桂.高校初任教师的教学专业发展探析[J].高等教育研究,2007(3).

[3] 包蕾萍.生命历程理论的时间观探析[J].社会学研究,2005(4).

[4] 包蕾萍,桑标.习俗还是发生?——生命历程理论视角下的毕生发展[J].华东师范大学学报:教育科学版,2006,24(1).

[5] 别敦荣,陈艺波.论学术职业阶梯与大学教师发展[J].高等工程教育研究,2006(6).

[6] 陈平原.高校青年教师的处境及出路——答廉思研究团队问[J].社会科学论坛,2012(6).

[7] 陈晓剑,李峰,刘天卓.基础研究拔尖人才的关键成长路径研究——基于973计划项目首席科学家的分析[J].科学学研究,2011,29(1).

[8] 陈义平.论求职[J].社会学研究,1995(6).

[9] 陈赟.1978年以来我国教育投入研究[J].清华大学教育研究,2006,27(2).

[10] 杜常贺,王明辉,杨振波,等.员工活力问卷(SMVM)的中文版修订[C].中国心理学会成立90周年纪念大会暨全国心理学学术会议,2011.

[11] 高扩昌,任桂婷.普通高校青年教师科研能力的现状与对策[J].内蒙古师范大学学报:教育科学报,2009(1).

[12] 顾昕.科学共同体的社会分层[J].自然辩证法通讯,1987(4).

[13] 谷志远.高校青年教师学术产出绩效影响因素的实证研究——基于个性特征和机构因素的差异分析[J].高教探索,2011(1).

[14] 郭丽君.学术职业的思考[J].学术界,2004(6).

[15] 郭丽君,吴庆华.地方高校青年教师发展需求探析[J].现代大学教育,2013(5).

[16] 郭于华,常爱书.生命周期与社会保障——一项对下岗失业工人生命历程的社会学探索[J].中国社会科学,2005(5).

[17] 黄纪.多层次事件史分析法:学理之延伸及对立委政治生涯研究之应用[R],2008.

[18] 姜梅,史静寰.学术资本主义对学术职业发展的影响[J].江苏高教,2015(6).

[19] 乐国安,曹晓鸥.K.W.Schaie 的"西雅图纵向研究"——成年人认知发展研究的经典模式[J].南开学报:哲学社会科学版,2002(4).

[20] 梁立明,赵红州.科学发现年龄定律是一种威布尔分布[J].自然辩证法通讯,1991,13(1).

[21] 林小英,宋鑫.促进大学教师的"卓越教学":从行为主义走向反思性认可[J].北京大学教育评论,2014,12(2).

[22] 林曾.夕阳无限好——从美国大学教授发表期刊文章看年龄与科研能力之间的关系[J].北京大学教育评论,2009(1).

[23] 林曾.年龄与科研能力:来自美国四年制大学理科教授的调查报告[J].科学学研究,2009,27(8).

[24] 李芳.市场变化与自我调适——浅谈高校改革与大学生就业形势[J].经济与社会发展,2000(6).

[25] 李福华.论高等学校教师职称评审的结果公正与程序公正[J].清华大学教育研究,2016,37(2).

[26] 李汉林,李路路.单位成员的满意度和相对剥夺感——单位组织中依赖结构的主观层面[J].社会学研究,2000(2).

[27] 李汉林.改革30年与中国单位制度的变迁——分析与思考[J].学术动态:北京,2008(18).

[28] 李琳琳.我国大学教师服务工作特征探析[J].高等教育研究,2014(11).

[29] 李强,邓建伟,晓筝.社会变迁与个人发展:生命历程研究的范式与方法[J].社会学研究,1999(6).

[30] 李志锋,沈红.论学术职业的本质属性——高校教师从事的是一种学术职业[J].武汉理工大学学报,2007,12(6).

[31] 李志峰,浦文轩,刘进.权力与学术职业分层——学校权力对高校教师职务晋升影响的实证研究[J].高等教育研究,2013(7).

[32] 李枝秀.学科文化视角下的大学教师学术职业发展——基于一所地方综合性大学的调查研究[J].教育学术月刊,2016(7).

[33] 刘精明.向非农职业流动:农民生活史的一项研究[J].社会学研究,2001(6).

[34] 刘爱玉,佟新.性别比较视角下的女性专业人才职业生涯[C].中国社会学年会"中国女性人才发展规律与政策研究"论坛,2012.

[35] 宋鑫,林小英,魏戈,等."教学学术"视角下的大学教学现状研究——基于北京大学的大样本调查[J].中国大学教学,2014(8).

[36] 苏国贤,陈心田,叶匡时.我国企业人口组成形态之分析[J].管理学报,1998,15(2).

[37] 佟新.职业生涯研究[J].社会学研究,2001(1).

[38] 佟新,周旅军.就业与家庭照顾间的平衡:基于性别与职业位置的比较[J].学海,2013(2).

[39] 王海威,孙林.大学教师心理契约的特征及其管理对策[J].中国高教研

究,2009(10).

[40] 王红梅,智强,费继鹏.青年科学基金对我国高校青年教师科研绩效的影响——基于1995—2013年国家自然科学基金的实证分析[J].教育研究,2016(7).

[41] 王英杰.共同治理:世界一流大学治理的制度支撑[J].探索与争鸣,2016(7).

[42] 魏钦恭,秦广强,李飞."科学是年轻人的游戏"?——对科研人员年龄与论文产出之间关系的研究[J].青年研究,2012(1).

[43] 吴开泽.生命历程视角的城市居民二套房获得[J].社会,2016(1).

[44] 吴秋凤.论高校教师生命周期及青年教师培育机制[J].天中学刊,2002(3).

[45] 徐静,徐永德.生命历程理论视域下的老年贫困[J].社会学研究,2009(6).

[46] 杨锐.当代学术职业的国际比较研究[J].高等教育研究,1997(5).

[47] 叶赋桂,罗燕.高等学校教师地位分析[J].河北师范大学学报:教育科学版,2006,8(6).

[48] 叶启政.均值人与离散人的观念巴别塔:统计社会学的两个概念基石[J].台湾社会学,2001(1).

[49] 殷建华.基于生命周期理论视角的教师专业社会化探析[J].江苏教育研究,2009(10).

[50] 于海琴,李玲,梅健.大学教师工作疏离感特征及其在组织行为中的作用路径[J].清华大学教育研究,2016,37(5).

[51] 袁曦临,曹春和.基于学术生命周期理论的高校人才价值评价[J].科技管理研究,2009(8).

[52] 阎光才.学术认可与学术系统内部的运行规则[J].高等教育研究,2007(4).

[53] 阎光才.文化乡愁与工具理性:学术活动制度化的轨迹[J].北京大学教育评论,2008(4).

[54] 阎光才.高校学术失范现象的动因与防范机制分析[J].高等教育研究,

2009,1(2).

[55] 阎光才.学术系统的分化结构与学术精英的生成机制[J].高等教育研究,2010(3).

[56] 阎光才.我国学术英才成长过程中的赞助性流动机制分析[J].中国人民大学教育学刊,2011(3).

[57] 阎光才.学术等级系统与锦标赛制[J].北京大学教育评论,2012,10(3).

[58] 阎光才,牛梦虎.学术活力与高校教师职业生涯发展的阶段性特征[J].高等教育研究,2014(10).

[59] 阎光才.从成长规律看拔尖创新型学术人才培养[J].成才之路,2015(6).

[60] 张斌.学术共同体中的特殊主义及其运行空间[J].中国高等教育评论,2012.

[61] 张斌.博士毕业生互聘网络中的院系分层与结构化特征——基于部分物理学学者学缘的社会网络分析[J].教育研究,2013(1).

[62] 张银霞.从人才单位所有制到聘任制——我国高校教师人事制度改革的质性分析[J].中国人民大学教育学刊,2012(4).

[63] 赵红州.关于科学家社会年龄问题的研究[J].自然辩证法通讯,1979(4).

[64] 赵康.专业、专业属性及判断成熟专业的六条标准——一个社会学角度的分析[J].社会学研究,2000(5).

[65] 赵晔琴.从毕业分配到自主择业:就业关系中的个人与国家[J].社会科学,2016(4).

[66] 钟云华.学缘关系对大学教师学术职业发展影响的实证研究[J].教育发展研究,2012(1).

[67] 周雪光.方法·思想·社会科学研究[J].读书,2001(7).

[68] 周文霞,邵懿,王倩.中国高校教师聘任制政策文本研究[J].浙江工商大学学报,2007,87(6).

[69]朱剑.科研体制与学术评价之关系——从"学术乱象"根源问题说起[J].清华大学学报:哲学社会科学版,2015(1).

三、学位论文

[1]姜丽静.历史的背影:一代女知识分子的教育记忆[D].上海:华东师范大学,2008.

[2]江小华.学术晋升下的教师士气——以中美两所大学为例[D].上海:华东师范大学,2013.

[3]李宜江.青年教师学术与生活的历史境遇——以安徽省S大学为中心的考察[D].上海:华东师范大学,2013.

[4]宋旭璞.中国国家科研资助制度研究[D].上海:华东师范大学,2012.

[5]王应密.中国大学学术职业制度变迁研究[D].武汉:华中科技大学,2009.

[6]张俊超.大学场域的游离部落——研究型大学青年教师发展现状及应对策略研究[D].武汉:华中科技大学,2008.

四、英文文献

[1] Abramo G, D'Angelo C A, Costa F.Research Productivity:Are Higher Academic Ranks more Productive than Lower Ones?[J]. Scientometrics,2011,88(3).

[2] Acker S, Armenti C.Sleepless in Academia[J]. Gender & Education,2004,16(1).

[3] Adanms C W. The Age at which Scientists do Their Best Work[J]. Isis,1946,36.

[4] Aiken L R. Aging:An Introduction to Gerontology[M]. Thousand Oaks:SAGE Publications,Inc.,1995.

[5] Allison P D, Long J S. Departmental Effects on Scientific Productivity

[J]. American Sociological Review, 1990, 55(4).

[6] Allison P D, Stewart J A. Productivity Differences among Scientists: Evidence for Accumulative Advantage[J]. American Sociological Review, 1974, 39(4).

[7] Altbach P G, Reisberg L, Yudkevich M. Paying the Professoriate: A Global Comparison of Compensation and Contracts[M]. New York: Routlege, 2012.

[8] Anderson M S, Ronning E A, Devries R, et al. Extending the Mertonian Norms: Scientists' Subscription to Norms of Research[J]. Journal of Higher Education, 2010, 81(3).

[9] Arthur M B.The Boundaryless Career: A New Perspective for Organizational Inquiry[J]. Journal of Organizational Behavior, 1994, 15(4).

[10] Axelson L J.Differences in Productivity of Doctorates in Sociology[J]. Journal of Educational Sociology, 1959, 33(2).

[11] Baldwin R.Adult and Career Development: What are the Implications for Faculty? [J]. Current Issues in Higher Education, 1979, 2.

[12] Baldwin R G, Blackburn R T. The Academic Career as a Developmental Process: Implications for Higher Education[J]. The Journal of Higher Education, 1981, 52(6).

[13] Baldwin R G. Faculty Vitality Beyond the Research University: Extending a Contextual Concept[J]. Journal of Higher Education, 1990, 61(2).

[14] Baldwin R G, Lunceford C J, Vanderlinden K E.Faculty in the Middle Years: Illuminating an Overlooked Phase of Academic Life[J]. The Review of Higher Education, 2005, 29(1).

[15] Barzilai-Nahon K.Gatekeeping: A Critical Review[J]. Annual Review

of Information Scienceand Technology, 2009, 43(1).

[16] Baser O, Pema E.Publications over the Academic Life Cycle: Evidence for Academic Economists[J]. Economics Bulletin, 2004, 1(1).

[17] Bayer A E, Dutton J E. Career Age and Research-Professional Activities of Academic Scientists: Tests of Alternative Nonlinear Models and Some Implications for Higher Education Faculty Policies[J]. The Journal of Higher Education, 1977, 48(3).

[18] Bayer A E, Smart J C. Career Publication Patterns and Collaborative "Styles" in American Academic Science[J]. Journal of Higher Education, 1991, 62(6).

[19] Bedeian A G, Fleet D D V, Hyman H H. Scientific Achievement and Editorial Board Membership [J]. Organizational Research Methods, 2008, 12(2).

[20] Bently R J. Faculty Research Performance over Time and Its Relationship to Sources of Grant Support[D]. Ann Arbor: University of Michigan, 1990.

[21] Bergquist W H. The Four Cultures of the Academy: Insights and Strategies for Improving Leadership in Collegiate Organizations[M]. San Francisco: Jossey-Bass Publishers, 1992.

[22] Bess J L.Organizational Implications of Faculty Role/Activity Preferences[A].Paper P resented at the Annual Meeting of the American Educational Research Association, 1976.

[23] Bieber J P, Worley L K. Conceptualizing the Academic Life: Graduate Students' Perspectives[J]. Journal of Higher Education, 2006, 77(6).

[24] Blackburn R T, Behymer C E, Hall D E. Research Note: Correlates

of Faculty Publications[J]. Sociology of Education, 1978, 51(2).

[25] Blackburn R T. Faculty Career Development: Theory and Practice [A]//Clark S M, Lewis D R. Faculty Vitality and Institutional Productivity. New York: Columbia University, Teachers College Press, 1985.

[26] Blackburn R T, Havighurst R J. Career Patterns of U. S. Male Academic Social Scientists[J]. Higher Education, 1979, 8(5).

[27] Blackburn R T, Lawrence J H. Aging and the Quality of Faculty Job Performance[J]. Review of Educational Research, 1986, 56(3).

[28] Blackburn R T, Lawrence J H. Faculty at Work: Motivation, Expectation, Satisfaction [M]. Baltimore: The Johns Hopkins University Press, 1995.

[29] Blackburn R T. Tenure: Aspects of Job Security on the Changing Campus[R]. Southern Regional Education Board, 1972.

[30] Bland C J, Bergquist W H. The Vitality of Senior Faculty Members: Snow on the Roof-Fire in the Furnace[R]. ASHE-ERIC Higher Education Report, Vol.25, No.7, Washington D C: The George Washington University, 1997.

[31] Bland C J, Schmitz C C. Faculty Vitality on Review: Retrospect and Prospect[J]. Journal of Higher Education, 1988, 59(2).

[32] Bland C J, Seaquist E, Pacala J T, et al. One School's Strategy to Assess and Improve the Vitality of Its Faculty[J]. Academic Medicine, 2002, 77(5).

[33] Boice R. Early Turning Points in Professorial Careers of Women and Minorities[A]//Gainen J, Boice R. Building a Diverse Faculty. New Directions for Teaching and Learning, No.53, San Francisco: Jossey Bass, 1993.

参考文献

[34] Boice R.The New Faculty Member[M]. San Francisco, CA: Jossey-Bass, 1992.

[35] Bonaccorsi A, Cinzia D. Age Effects in Scientific Productivity: The Case of the Italian National Research Council[J]. Scientometrics, 2003, 58(1).

[36] Braxton J M, Toombs W.Faculty Uses of Doctoral Training: Consideration of a Technique for the Differentiation of Scholarly Effort from Research Activity[J]. Research in Higher Education, 1982, 16(3).

[37] Brown A L. Bridges and Barriers to Faculty Vitality: The Grossmont College Project, 1995—1996[A]. Paper Presented at the National Institute for Staff and Organizational Development Conference on Teaching and Leadership Excellence, 1996.

[38] Burack E H. The Sphinx's Riddle: Life and Career Cycles[J]. Training & Development Journal, 1984, 38.

[39] Caffarella R S, Zinn L F. Professional Development for Faculty: A Conceptual Framework of Barriers and Supports[J]. Innovative Higher Education, 1999, 23(4).

[40] Caplow T, McGee R J. The Academic Marketplace[M]. New York: Basic Books, 1958.

[41] Chen Xiangming. The Academic Profession in China[A]//Philip G A. The Decline of the Guru. New York: Palgrave Macmillan, 2003.

[42] Christensen H, Jacomb P A. The Lifetime Productivity of Eminent Australian Academics[J]. International Journal of Geriatric Psychiatry, 1992, 7(9).

[43] Chudacoff H. How Old Are You? Age Consciousness in American Culture[M]. Princeton: Princeton University Press, 1989.

[44] Clark B. Academic Profession: National, Disciplinary, and Institutional Settings[M]. Berkeley: University of California Press, 1987.

[45] Clark B R. The Academic Life. Small Worlds, Different Worlds[M]. Princeton: Princeton University Press, 1987.

[46] Clark S M, Lewis D R. Faculty Vitality and Institutional Productivity: Critical Perspectives for Higher Education[M]. New York: Teachers College Press, 1985.

[47] Clark S M. The Academic Profession and Career: Perspectives and Problems[J]. Teaching Sociology, 1986, 14(1).

[48] Clemente F. Early Career Determinants of Research Productivity[J]. American Journal of Sociology, 1973, 79(2).

[49] Cleveland J N, Landy F J. The Influence of Rater and Ratee Age on Two Performance Judgments[J]. Personnel Psychology, 1981, 34(34).

[50] Cole J, Singer B. A Theory of Limited Differences: Explaining the Productivity Puzzle in Science[A]//Zukeman H, Cole J, Bruer J. The Outer Circle: Women in the Scientific Community. New York: W.W.Norton & Company, 1991.

[51] Cole S. Age and Scientific Performance[J]. American Journal of Sociology, 1979, 84(4).

[52] Cole S, Cole J R. Scientific Output and Recognition: A Study in the Operation of the Reward System in Science[J]. American Sociological Review, 1967, 32(3).

[53] Corinne T F, Nicholas L S. Age in America: The Colonial Era to the Present[M]. New York: New York University Press, 2015.

[54] Crane D. Scientists at Major and Minor Universities: A Study of Pro-

ductivity and Recognition[J]. American Sociological Review, 1965, 30(5).

[55] Cytrynbaum S, Lee S, Wadner D.Faculty development through the life course[J]. Journal of Instructional Development, 1982, 5(3).

[56] Cytrynbaum S, Crites J O. The Utility of Adult Development Theory in Understanding Career Adjustment Process[A]//Arthur M, Hall D, Lawrence B. Handbook of Career Theory. Cambridge: Cambridge University Press, 1982.

[57] Dalton G W, Thompson P H, Price R L. The Four Stages of Professional Careers—A New Look at Performance by Professionals[J]. Organizational Dynamics, 1977, 6(1).

[58] Dankoski M E, et al. An Expanded Model of Faculty Vitality in Academic Medicine[J]. Advances in Health Sciences Education, 2012, 17(5).

[59] Dannefer D. Adult Development and Social Theory: A Paradigmatic Reappraisal[J]. American Sociological Review, 1984, 49(1).

[60] Dannefer D. Aging as Intracohort Differentiation: Accentuation, the Matthew Effect, and the Life Course[J]. Sociological Forum, 1987, 2(2).

[61] Davis R A. Note on Age and Productive Scholarship of a University Faculty[J]. Journalof Applied Psychology, 1954(38).

[62] Dennis W. Age and Productivity among Scientists[J]. Science, 1956, 123.

[63] Diamond A M. An Economic Model of the Life-Cycle Research Productivity of Scientists[J]. Scientometrics, 1984, 6(3).

[64] Diamond A M J. The Life-Cycle Research Productivity of Mathematicians and Scientists[J]. Journal of Gerontology, 1986, 41(4).

[65] Dill D D. The Structure of the Academic Profession: Toward a Definition of Ethical Issues[J]. Journal of Higher Education, 1982, 53(3).

[66] Diomand A M. An Optimal Control Model of the Life-Cycle Research Productivity of Scientists[J]. Scientometrics, 1987, 11(3—4).

[67] Doeringer P B, Piore M J. Internal Labor Markets and Manpower Analysis[M]. Lexington: Heath Lexington Books, 1971.

[68] Dundar H, Lewis D R. Determinants of Research Productivity in Higher Education[J]. Research in Higher Education, 1998, 39(6).

[69] Ebadi A, Schiffauerova A. How to Boost Scientific Production? A Statistical Analysis of Research Funding and Other Influencing Factors[J]. Scientometrics, 2016, 106(3).

[70] Eble K E, McKeachie W J. Improving Undergraduate Education Through Faculty Development: An Analysis of Effective Programs and Practices [M]. San Francisco: Jossey-Bass, 1985.

[71] Eisenstadt S N. From Generation to Generation: Age Groups and Social Structure[M]. Oxon: Routledge, 1956.

[72] Elder G H. Age Differentiation and the Life Course[J]. Annual Review of Sociology, 1975.

[73] Elder G H. Time Human Agency and Social Change: Perspectives on the Life Course[J]. Social Psychology Quarterly, 1994, 57(1).

[74] Enders J, Teichler U. A Victim of Their Own Success? Employment and Working Conditions of Academic Staff in Comparative Perspective[J]. Higher Education, 1997, 34(3).

[75] Enders J, Weert E D. Towards a T-shaped Profession: Academic Work and Career in the Knowledge Society [A]//The Changing Face of Academic Life. Palgrave Macmillan UK, 2009.

[76] Entrekin L V, Everett J E. Age, and Midcareer Crisis: An Empirical

Study of Academics[J]. Journal of Vocational Behavior, 1981, 19(1).

[77] Erikson E. Childhood and Society[M]. New York: Norton, 1964.

[78] Evans I M, Meyer L H. Motivating the Professoriate[J]. Higher Education Management & Policy, 2003, 15(3).

[79] Featherman D L, Lerner R M. Ontogenesis and Sociogenesis: Problematics for Theory and Research about Development and Socialization Across the Lifespan[J]. American Sociological Review, 1985, 50(5).

[80] Feldman K A. Seniority and Experience of College Teachers as Related to Evaluations They Receive from Students[J]. Research in Higher Education, 1983, 18(1).

[81] Finkelstein M J. Faculty Vitality in Higher Education[A]//National Center for Educational Statistics Conference Report. Integrating Research on Faculty: New Ways to Communicate about the Academic Life of Faculty. Washington D C: U.S. Department of Education, 1996.

[82] Finkelstein M J, Seal R, Schuster J H. The New Academic Generation: A Profession in Transformation[M]. Baltimore: Johns Hopkins University Press,1998.

[83] Finkelstein M J. The American Academic Profession: A Synthesis of Social Scientific Inquiry since World War II[M]. Columbus, OH: Ohio State University Press, 1984.

[84] Finkelstein M J. The Study of Academic Careers: Looking back, Looking forward[A]//Smart J C. Higher Education: Handbook of Theory and Research. Springer: the Netherlands, 2006.

[85] Floyd A, Dimmock C. "Jugglers", "Copers" and "Strugglers": Academics' Perceptions of Being a Head of Department in a Post-1992 UK Uni-

versity and How It Influences Their Future Careers[J]. Journal of Higher Education Policy & Management, 2011, 33(4).

[86] Fortes M. Age, Generation and Social Structure[A]//Davidi Kertzer, Jennie Keith, et al. Age & Anthropological Theory. New York: Cornell University Press, 1984.

[87] Fox M F. Publication Productivity among Scientists: A Critical Review [J]. Social studies of science, 1983, 13(2).

[88] Fox M F. Women, Science and Academia: Graduate Education and Careers[J]. Gender & Society, 2001, 15(5).

[89] Freedman M, Brow W, Ralph N, et al. Academic Culture and Faculty Development[M]. California: Montaigne Inc., 1979.

[90] Freidson E. Professionalism, the Third Logic. On the Practice of Knowledge[M]. Chicago: Chicago University Press, 2001.

[91] Fulton O, Trow M. Research Activity in American Higher Education [J]. Sociology of Education, 1974, 47(1).

[92] Furniss W T. Reshaping Faculty Careers[M]. Washington D C: American Council on Education, 1981.

[93] Galaz-Fontes J F, Metcalfe A S. Changing Biographies and Careers of Academics[A]//Teicher U, William K C. Forming, Recruiting and Managing the Academic Profession. Switzerland: Springer International Publishing, 2015.

[94] Gappa J, Austin A, Trice A. Rethinking Faculty Work: Higher Education's Strategic Imperative [M]. San Francisco: John Wiley and Sons, 2007.

[95] Gerholm T. On Tacit Knowledge in Academia[J]. European Journal of Education, 1990, 25(3).

[96] Gerritsen S, Plug E, Wiel K V D. Up or Out? How Individual Research Grants Affect Academic Careers in the Netherlands[R]. The Hague: CPB Netherlands Bureau for Economic Policy Analysis, 2013.

[97] Gersick C J G. Time and Transition in Work Teams: Toward a New Model of Group Development[J]. Academy of Management Journal, 1988, 31(1).

[98] Gibson D E. "Role Models."[A]//Greenhaus J H, Callanan G A. Encyclopedia of Career Development. Thousand Oaks, CA: Sage Publications, 2006.

[99] Goodwin T H, Sauer R D. Life Cycle Productivity in Academic Research: Evidence from Cumulative Publication Histories of Academic Economists[J]. Southern Economic Journal, 1995, 61(3).

[100] Greller M M, Stroh L K. Careers in Midlife and Beyond: A Fallow Field in Need of Sustenance[J]. Journal of Vocational Behavior, 1995, 47(3).

[101] Grimes P W, Register C A. Career Publications and Academic Job Rank: Evidence from the Class of 1968[J]. The Journal of Economic Education, 1997, 28(1).

[102] Groeneveld L, Koller N, Mullins N C. The Advisers of the United States National Science Foundation[J]. Social Studies of Science, 1975, 5(3).

[103] Hagedorn L S. Conceptualizing Faculty Job Satisfaction: Components, Theories, and Outcomes[J]. New Directions for Institutional Research, 2000, 2000(105).

[104] Hagedorn L S. Retirement Proximity's Role in the Prediction of Satisfaction in Academe[J]. Research in Higher Education, 1994, 35(6).

[105] Hammel E.Report of the Task Force on Faculty Renewal[R]. Berke-

ley: University of California, Population Research, 1980.

[106] Hardigree A E. Meta-Analysis of Age and Job Performance Relation: Is Job Complexity a Moderator? [M]. Houston: Rice University, 2006.

[107] Hargens L L, Hagstrom W O. Sponsored and Contest Mobility of American Academic Scientists[J]. Sociology of Education, 1967, 40(1).

[108] Harley S, Muller-Camen M, Collin A. From Academic Communities to Managed Organisations: The Implications for Academic Careers in UK and German Universities[J]. Journal of Vocational Behavior, 2004, 64(2).

[109] Hart D W, Thompson J A. Untangling Employee Loyalty: A Psychological Contract Perspective[J]. Business Ethics Quarterly, 2007, 17(2).

[110] Havighurst R J, Mcdonald W J, Maeulen L, et al. Male Social Scientists: Lives after Sixty[J]. Gerontologist, 1979, 19(1).

[111] Hendricks J. Creativity over the Life Course—a Call for a Relational Perspective[J]. International Journal of Aging & Human Development, 1999, 48(2).

[112] Henkel M. Academic Identities and Policy Change in Higher Education[M]. London: Jessica Kingsley, 2000.

[113] Henkel M. Can Academic Autonomy Survive in the Knowledge Society? A Perspective from Britain[J]. Higher Education Research & Development, 2007, 26(1).

[114] Herbert W M. Do University Teachers Become More Effective with Experience? A Multilevel Growth Model of Students' Evaluations of Teaching Over 13 Years[J]. Journal of EducationalPsychology, 2007, 99(4).

[115] Hermanowicz J C. Honor in the Academic Profession: How Professors Want to Be Remembered by Colleagues[J]. Journal of Higher Education,

2016，87(3).

[116] Hess D J. Science Studies: An Advanced Introduction[M]. New York: New York University Press, 1997.

[117] Hodgkinson H L. Adult Development: Implication for Faculty and Administrators[J]. Educational Record, 1974,55(4).

[118] Hofmeister H. Life Course [A]//Immerfall S, Therborn G. Handbook of European Societies: Social Transformations in the 21st Century. Netherlands: Springer, 2010.

[119] Hooper L M, Wright V H, Burnham J J. Acculturating to the Role of Tenure-Track Assistant Professor: A Family Systems Approach to Joining the Academy[J]. Contemporary Family Therapy, 2012, 34(1).

[120] Horner K L, Murray H G, Rushton J P. Relation between Aging and Rated Teaching Effectiveness of Academic Psychologists[J]. Psychology & Aging, 1989, 4(2).

[121] Horn J L, Cattell R B. Age differences in Fluid and Crystallized Intelligence[J]. Acta Psychologica, 1967, 26(2).

[122] Howe A B, Smith S P. Age and Research Activity[A]. Paper Prepared for the Project on Faculty Retirement. New Jersey: Princeton University, 1990.

[123] Huston T A, Norman M, Ambrose S M.Expanding the Discussion of Faculty Vitality to Include Productive but Disengaged Senior Faculty[J]. The Journal of Higher Education, 2007, 78(5).

[124] Hutchinson E B, Zivney T L. The Publication Profile of Economists [J]. Journal of Economic Education, 1995, 26(1).

[125] Infeld D L. Disciplinary Approaches to Aging(Vol.3): Sociology of

Aging[M]. New York: Routledge, 2002.

[126] Kalivoda P, Sorrell G R, Simpson R D. Nurturing Faculty Vitality by Matching Institutional Interventions with Career-stage Needs[J]. Innovative Higher Education, 1994, 18(4).

[127] Kanter R M. The Impact of Hierarchical Structures on the Work Behavior of Women and Men[J]. Women & Work Problems & Perspectives, 1976, 23(4).

[128] Kaufman R L, Spilerman S. The Age Structure of Occupations and Jobs[J]. American Journal of Sociology, 1982.

[129] Kinney D P, Smith S P. Age and Teaching Performance[J]. Journal of Higher Education, 1992, 63(3).

[130] Kirchner C, Voelker I, Bock O L. Priming with Age Stereotypes Influences the Performance of Elderly Workers[J]. Psychology, 2015, 6(2).

[131] Kohli M. The World We Forgot: A Historical Review of the Life Course[A]//Marshall V. Later Life. Beverly Hills, CA: Sage, 2005.

[132] Kohn A. Punished by Rewards: The Trouble with Gold Stars, Incentive Plans, A's, Praise and Other Bribes[M]. Boston: Houghton Mifflin, 1993.

[133] Kooij D, Lange A D, Jansen P, et al. Older Workers' Motivation to Continue to Work: Five Meanings of Age: A Conceptual Review[J]. Journal of Managerial Psychology, 2008, 23(4).

[134] Kyvik S. Age and Scientific Productivity: Differences between Fields of Learning[J]. Higher Education, 1990, 19(1).

[135] Kyvik S, Aksnes D W. Explaining the Increase in Publication Productivity among Academic Staff: A Generational Perspective[J]. Studies in Higher Education, 2015, 40(8).

参考文献

[136] Kyvik S. Productivity Differences Fields of Learning and Lotka's Law [J]. Scientometrics, 1989, 15(3—4).

[137] Lachman M E. Development in Midlife[J]. Psychology, 2004, 55(55).

[138] Lashbrook J. Promotional Timetables: An Exploratory Investigation of Age Norms for Promotional Expectations and Their Association with Job Well-being[J]. The Gerontologist, 1996, 36(2).

[139] Laudel G, Gläser J. From Apprentice to Colleague: The Metamorphosis of Early Career Researchers[J]. Higher Education, 2008, 55(3).

[140] Lawrence B S. New Wrinkles in a Theory of Age: Demography, Norms, and Performance Ratings[J]. Academy of Management Journal, 1988, 31(2).

[141] Lawrence J H. A Framework for Assessing Trends in Academic Careers[J]. New Directions for Higher Education, 2002, 1998(104).

[142] Lawrence J H, Blackburn R T. Age as a Predictor of Faculty Productivity: Three Conceptual Approaches[J]. The Journal of Higher Education, 1988, 59(1).

[143] Lawrence J H, Blackburn R T. Faculty Careers: Maturation, Demographic, and Historical Effects[J]. Research in Higher Education, 1985, 22(2).

[144] Lawrence J H, Celis S, Ott M. Is the Tenure Process Fair?: What Faculty Think[J]. Journal of Higher Education, 2014, 85(2).

[145] Lazarsfeld P F, Thielens W Jr. The Academic Mind: Social Scientists in a Time of Crisis[M]. Glencoe, Illinois: The Free Press, 1958.

[146] Leahey E, Keith B, et al. Specialization and Promotion in an Aca-

demic Discipline[J]. Research in Social Stratification and Mobility, 2010, 28(2).

[147] Lehman C H. Age and Achievement[M]. Princeton: Princeton University Press, 1953.

[148] Leisyte L, Dee J R. Understanding Academic Work in a Changing Institutional Environment [M]. Higher Education: Handbook of Theory and Research. Springer Netherlands, 2012.

[149] Leslie Nai-Kwai Lo. State Patronage of Intellectuals in Chinese Higher Education[J]. Comparative Education Review, 1991, 35(4).

[150] Levin S G, Stephan P E. Research Productivity over the Life Cycle: Evidence for Academic Scientists[J]. The American Economic Review, 1991, 81(1).

[151] Levinson D J, Darrow C M, Klein E B, Levinson M H, McKee B. The Season of a Man's Life[M]. New York: Ballantine Books, 1978.

[152] Lewis L S. Scaling the Ivory Tower: Merits & Its Limits in Academic Careers[M]. New Brunswick: Transaction Publishers, 1998.

[153] Leydesdorff L, Wagner C. Macro-Level Indicators of the Relations Between Research Funding and Research Output[J]. Journal of Informetrics, 2009, 3(4).

[154] Light D W, Marsden L R, Corl T C. The Impact of the Academic Revolution on Faculty Careers[R]. AABE-ERIC Higher Education Report, No.10, Washington D C, 1973.

[155] Lindholm J A. Pathways to the Professoriate: The Role of Self, Others, and Environment in Shaping Academic Career Aspirations[J]. Journal of Academic Librarianship, 2004, 75(6).

[156] Linsky A S, Straus M A. Student Evaluations, Research Productivity,

and Eminence of College Faculty[J]. Journal of Higher Education, 1975, 46(1).

[157] Linton R. Age and Sex Categories[J]. American Sociological Review, 1942, 7(5).

[158] Long J S, Allison P D, McGinnis R. Entrance into the Academic Career[J]. American Sociological Review, 1979, 44(5).

[159] Long J S, Allison P D, McGinnis R. Rank Advancement in Academic Careers: Sex Differences and the Effects of Productivity[J]. American Sociological Review, 1993, 58(5).

[160] Long J S, McGinnis R. Organizational Context and Scientific Productivity[J]. American Sociological Review, 1981, 46(4).

[161] Long J S. Productivity and Academic Position in the Scientific Career[J]. American sociological review, 1978, 43(6).

[162] Louise Archer. Younger Academics' Constructions of "Authenticity", "Success" and Professional Identity[J]. Studies in Higher Education, 2008, 33(4).

[163] Lynn Quinn. Understanding Resistance: An Analysis of Discourses in Academic Staff Development[J]. Studies in Higher Education, 2012, 37(1).

[164] Manis J G. Some Academic Influences upon Publication Productivity[J]. Social Forces, 1950, 29.

[165] Mason M A, Goulden M. Do Babies Matter? The Effect of Family Formation on the Lifelong Careers of Academic Men and Women[J]. Academe, 2002, 88(6).

[166] Mccallum L W. A Meta-analysis of Course Evaluation Data and Its Use in the Tenure Decision[J]. Research in Higher Education, 1984, 21(2).

[167] Mcdowell J M. Obsolescence of Knowledge and Career Publication

Profiles: Some Evidence of Differences among Fields in Costs of Interrupted Careers[J]. American Economic Review, 1982, 72(4).

[168] Mills N. Now That I'm Tenured, Where do I Go from Here? The Vitality of Mid-career Faculty[J]. Council on Undergraduate Research Quarterly, 2000, 20.

[169] Morrison E, Rudd E, Picciano J, et al. Are You Satisfied? PhD Education and Faculty Taste for Prestige: Limits of the Prestige Value System[J]. Research in Higher Education, 2011, 52(1).

[170] Murphy M, Curtis W. The Micro-Politics of Micro-Leadership: Exploring the Role of Programme Leader in English Universities[J]. Journal of Higher Education Policy & Management, 2013, 35(1).

[171] Musselin C. European Academic Labor Markets in Transition[J]. Higher Education, 2005, 49(1).

[172] Musselin C. Towards a European Academic Labour Market? Some Lessons Drawn from Empirical Studies on Academic Mobility[J]. Higher Education, 2004, 48(1).

[173] Musselin C. Towards a Sociology of Academic Work[J]. From Governance to Identity, 2008, 24.

[174] Nettles M T, Perna L W, Bradburn E M. Salary, Promotion, and Tenure Status of Minority and Women Faculty in U.S. Colleges and Universities [R]. National Center of Educational Statistics, Washington D C, 2000.

[175] Newton P M. Periods in the Adult Development of the Faculty Member[J]. Human Relations, 1983, 36(5).

[176] Noble J H, Others A. Faculty Productivity and Costs: A Multivariate Analysis[J]. Evaluation Review, 1992, 16(3).

[177] O'Leary V E, Mitchell J M. Women Connecting with Women: Networks and Mentors[A]//Lie S, O'Leary V E. Storming the Tower: Women in the Academic World. London: Kogan Page, 1990.

[178] O'Meara K A, Bennett J C, Neihaus E. Left Unsaid: The Role of Work Expectations and Psychological Contracts in Faculty Careers and Departure [J]. The Review of Higher Education, 2016, 39(2).

[179] O'Meara K A. Inside the Panopticon: Studying Academic Reward Systems[M]. Higher Education: Handbook of Theory and Research. Springer Netherlands, 2011.

[180] Over R. Does Research Productivity Decline with Age? [J] Higher Education, 1982, 11(5).

[181] Over R. Does Scholarly Impact Decline with Age? [J]. Scientometrics, 1988, 13(13).

[182] Over R. Early Career Patterns of Men and Women in British Universities[J]. Higher Education, 1985, 14(3).

[183] Parsons T. Age and Sex in the Social Structure of the United States [J]. American Sociological Review, 1942, 7(5).

[184] Parsons T, Platt G M. The American Academic Profession: A Pilot Study[M]. Cambridge, MA: Harvard University Press, 1968.

[185] Patterson L E, Sutton R E, Schuttenberg E M. Plateaued Careers, Productivity, and Career Satisfaction of College of Education Faculty[J]. The Career Development Quarterly, 1987, 35(3).

[186] Paula E S, Levin S G. Striking the Mother Lode in Science: the Importance of Age, Place and Time[M]. New York: Oxford University Press, Inc., 1992.

[187] Pelz D, Andrews F M. Scientists in Organizations, Productive Climates for Research and Development[M]. New York, 1966.

[188] Perrucci R, O'Flaherty K, Marshall H. Market Conditions, Productivity, and Promotion among University Faculty[J]. Research in Higher Education, 1983, 19(4).

[189] Podgorecki A. Higher Faculties: A Cross-National Study of University Culture[M]. Westport: Praeger Publishers, 1997.

[190] Polanyi M. The Republic of science: Its Political and Economic Theory[J]. Minerva, 1962, 1(1).

[191] Ponjuan L, Conley V M, Trower C. Career Stage Differences in Pre-Tenure Track Faculty Perceptions of Professional and Personal Relationships with Colleagues[J]. Journal of Higher Education, 2011, 82(3).

[192] Quetelet A A. Treatise on Man and the Development of His Faculties [M]. New York: Franklin, 1968.

[193] Ralph N B. Faculty Development: A Stage Conception[J]. Improving College & University Teaching, 2010, 26(1).

[194] Rees A, Smith S P. Faculty Retirement in the Arts and Sciences[M]. New Jersey: Princeton University Press, 1991.

[195] Reskin B F. Academic Sponsorship and Scientists' Careers[J]. Sociology of Education, 1979, 52(3).

[196] Reskin B F. Scientific Productivity and the Reward Structure of Science[J]. American Sociological Review, 1977, 42.

[197] Rhodes S R. Age-Related Differences in Work Attitudes and Behavior: A Review and Conceptual Analysis[J]. Psychological Bulletin, 1983, 93(2).

[198] Rice R E. The Academic Profession in Transition: Toward a New Social Fiction[J]. Teaching Sociology, 1986, 14(1).

[199] Rosenbaum J E. Tournament Mobility: Career Patterns in a Corporation[J]. Administrative Science Quarterly, 1979, 24(2).

[200] Rosenfeld R A. Academic Men and Women's Career Mobility[J]. Social Science Research, 1981, 10(4).

[201] Roth J A. Timetables[M]. Indianapolis, Ind.: The Bobbs-Merrill Co., 1963.

[202] Ryan R M, Frederick C. On Energy, Personality, and Health: Subjective Vitality as a Dynamic Reflection of Well-being[J]. Journal of Personality, 1997, 65(3).

[203] Ryder N B. The Cohort as a Concept in the Study of Social Change [J]. American Sociological Review, 1965, 30(30).

[204] Sax L J, Hagedorn L S, Arredondo M, et al. Faculty Research Productivity: Exploring the Role of Gender and Family-related Factors[J]. Research in Higher Education, 2002, 43(4).

[205] Schaie K W. Age Changes in Adult Intelligence[A]//Woodruff D S, Birren J E. Aging: Scientific Perspectives and Social Issues. New York: D.Van Nostrand Company, 1975.

[206] Schuster J H, Bowen H R. The Faculty at Risk[J]. Change the Magazine of Higher Learning, 1984, 17(5).

[207] Scott J L, Fox M F. Scientific Careers: Universalism and Particularism[J]. Annual Review of Sociology, 2003, 21(1).

[208] Settersten R A. The Salience of Age in the Life Course[J]. Human Development, 1997, 40(5).

[209] Shaw V. Life Course of Academic Professionals: Substantive Tasks, False Assumptions, Institutional Accommodations, and Personal Adjustments [J]. Advances in Life Course Research, 2005, 9(9).

[210] Shirom A. Feeling Vigorous at Work? The Construct of Vigor and the Study of Positive Affect in Organizations[J]. Research in Occupational Stress & Well Being, 2003, 3(6).

[211] Siegel P, Ghiselli E E. Managerial Talent, Pay, and Age[J]. Journal of Vocational Behavior, 1971, 1(2).

[212] Simmons N. Caught with Their Constructs Down? Teaching Development in the Pre-Tenure Years[J]. International Journal for Academic Development, 2011, 16(3).

[213] Simonton D K. Age and Literary Creativity: A Cross-cultural and Transhistorical Survey[J]. Journal of Cross-Cultural Psychology, 1975, 6(3).

[214] Simonton D K. Age and Outstanding Achievement: What do We Know after a Century of Research? [J]. Psychological Bulletin, 1988, 104(2).

[215] Siow A. Tenure and Other Unusual Personnel Practices in Academia [J]. The Journal of Law, Economics, and Organization, 1998, 14(1).

[216] Smith K S, Kalivoda P L. Academic Morphing: Teaching Assistant to Faculty Member[A]//Kaplan M. To Improve the Academy, 1998.

[217] Snyder R A, Howard A, Hammer T L. Mid-career Change in Academia: the Decision to Become an Administrator[J]. Journal of Vocational Behavior, 1978(13).

[218] Stephan P E. The Economics of Science[J]. Journal of Economic Literature, 1996,34(3).

[219] Strike A J. Academic Staff's Career Pathway Design in English Pre-

1992 Universities: Contemporary Evolution or Systematic De-construction of Homo Academicus? [D]. Southampton: University of Southampton, 2009.

[220] Stroebe W. The Graying of Academia: Will It Reduce Scientific Productivity?[J]. American Psychologist, 2010, 65(7).

[221] Sturman M C. Searching for the Inverted U-Shaped Relationship Between Time and Performance: Meta-Analyses of the Experience/Performance, Tenure/Performance, and Age/Performance Relationships[J]. Journal of Management, 2003, 29(5).

[222] Teichler U, Arimoto A, Cummings W K. The Changing Academic Profession[M]. Heidelberg: Springer Netherlands, 2013.

[223] Tien F F, Blackburn R T. Faculty Rank System, Research Motivation, and Faculty Research Productivity: Measure Refinement and Theory Testing[J]. Journal of Higher Education, 1996, 67(1).

[224] Tien F F. What Kind of Faculty are Motivated to Perform Research by the Desire for Promotion? [J]. Higher Education, 2008, 55(1).

[225] Tierney W G, Rhoads R A. Conceptualizing Faculty Socialization [A]//Altbach P G. Contemporary Higher Education: International Issues for the Twenty-first Century. New York: Garland Publishing, Inc., 1997.

[226] Tierney W G, Rhoads R A. Enhancing Promotion, Tenure and Beyond: Faculty Socialization as a Cultural Process[R]. Washington D C: The George Washington University, School of Education and Human Development, ASHE-ERIC Higher Education Report, No.93-96, 1994.

[227] Toombs W. Faculty Development: The Institutional Side[A]//Baldwin R G, Blackburn R T. College Faculty: Versatile Human Resources in a Period of Constraint. New Directions for Institutional Research, No.40, San Fran-

cisco: Jossey-Bass, 1983.

[228] Toren N, Moore D. The Academic "Hurdle Race": A Case Study[J]. Higher Education, 1998, 35(3).

[229] Toren N. The Temporal Dimension of Gender Inequality in Academia [J]. Higher Education, 1993, 25(4).

[230] Tremblay M, Roger A. Individual, Familial, and Organizational Determinants of Career Plateau[J]. Group & Organization Management, 1993, 18(4).

[231] Tuckman B W. Developmental Sequence in Small Groups[J]. Psychological Bulletin, 1965, 63(63).

[232] Tuckman H P. Publication, Teaching and the Academic Reward Structure[M]. Lexington, Mass: Lexington Press, 1976.

[233] Turner L, Mairesse J. Individual Productivity Differences in Public Research: How Important are non-individual Determinants? An Econometric Study of French Physicists' Publications and Citations(1986—1997)[R/OL]. [2017-1-20]. http://www.jourdan.ens.fr/piketty/fichiers/semina/lunch/Turner2005.pdf.

[234] Vernon R. International Investment and International Trade in the Product Cycle[J]. International Economics Policies & Their Theoretical Foundations, 1966, 8(4).

[235] Weintraub S, Powell D H, Whitla D K, Catlin R, Funkenstein H H, Kaplan E F. Patterns of Cognitive Change with Aging in Physicians: Results from Computerized Assessment of Mental State[A]. Paper Presented at the Annual Meeting of the American Association for the Advancement of Science, 1991.

[236] Welch A. The Professoriate[M]. Heidelberg: Springer Netherlands, 2005.

[237] Wenneras C, Wold A. Nepotism and Sexism in Peer-Review[J]. Nature, 1997, 389(6649).

[238] White M, Foner A. Aging and Society, Volume 1: An Inventory of Research Findings[M]. New York: Russell Sage Foundation, 1968.

[239] Wilkins C. Professionalism and the Post-Performative Teacher: New Teachers Reflect on Autonomy and Accountability in the English School System[J]. Professional Development in Educaiton, 2011, 37(3).

[240] Williams R, Blackburn R T. Mentoring and Junior Faculty Productivity[J]. Journal of Nursing Education, 1988, 27(5).

[241] Williams S L, Fox C J. Organizational Approaches for Managing Mid-Career Personnel[J]. Public Personnel Management, 1995, 24(3).

[242] Wilson L. The Academic Man: A Study in the Sociology of a Profession[M]. London: Oxford University Press, 1942.

[243] Wolfinger N H, Mason M A, Goulden M. Stay in the Game: Gender, Family Formation and Alternative Trajectories in the Academic Life Course[J]. Social Forces, 2009, 87(3).

[244] Wolf W L, Ward K. Academic Mothers: Exploring Disciplinary Perspectives[J]. Innovative Higher Education, 2015, 40(1).

[245] Wray K B. Is Science Really a Young Man's Game? [J]. Social Studies of Science, 2003, 33(1).

[246] Wright E O, Perrone L. Marxist Class Categories and Income Inequality[J]. American Sociological Review, 1977, 42(1).

[247] Xie Y, Shauman K A. Sex Differences in Research Productivity: New

Evidence about an Old Puzzle[J]. American Sociological Review, 1998, 63(6).

[248] Yan F. The Academic Profession in China in the Context of Social Transition: An Institutional Perspective[J]. European Review, 2010, 18(S1).

[249] Yan Guangcai, Yue Y, Niu M. An Empirical Study of Faculty Mobility in China[J]. Higher Education, 2015, 69(4).

[250] Zenger T R, Lawrence B S. Organizational Demography: The Differential Effects of Age and Tenure Distributions on Technical Communication[J]. Academy of Management Journal, 1989, 32(3).

[251] Zuckerman H, Merton R K. Age, Aging, and Age Structure in Science[A]//Riley M W, Johnson M, Foner A. Aging and Society, Volume 3: A Sociology of Age Stratification. New York: Russel Sage Foundation, 1972.